江南文史纵横

（第一辑）

范家进　主编

浙江工商大学出版社
ZHEJIANG GONGSHANG UNIVERSITY PRESS
·杭州·

图书在版编目（CIP）数据

江南文史纵横. 第一辑 / 范家进主编. — 杭州 ：
浙江工商大学出版社，2020.1
ISBN 978-7-5178-3654-4

Ⅰ. ①江… Ⅱ. ①范… Ⅲ. ①文史资料－华东地区
Ⅳ. ①K295

中国版本图书馆 CIP 数据核字（2020）第 008037 号

江南文史纵横(第一辑)
JIANGNAN WENSHI ZONGHENG(DIYIJI)
范家进 主编

责任编辑	王　耀　白小平	
封面设计	林朦朦	
责任印制	包建辉	
出版发行	浙江工商大学出版社	
	（杭州市教工路 198 号　邮政编码 310012）	
	（E-mail：zjgsupress@163.com）	
	（网址：http://www.zjgsupress.com）	
	电话：0571－88904980,88831806（传真）	
排　　版	杭州朝曦图文设计有限公司	
印　　刷	虎彩印艺股份有限公司	
开　　本	710mm×1000mm　1/16	
印　　张	17	
字　　数	310 千	
版 印 次	2020 年 1 月第 1 版　2020 年 1 月第 1 次印刷	
书　　号	ISBN 978-7-5178-3654-4	
定　　价	68.00 元	

编 委 会

主　　编　范家进

编　　委　（以姓氏拼音为序）

　　　　　成梦溪　郭剑敏　姜　勇　渠晓云

　　　　　唐　妍　杨齐福　朱鹏飞

编辑室主任　唐　妍　成梦溪

（本书由浙江天启教育咨询有限公司提供出版资助）

目　　录

名家专稿

咸同文教之厄与江南文化版图重构 ……………………… 周　武（003）

史学探微

晚清历史中小人物：吴文墭 ……………… 杨齐福　丁亮亮（027）

论近代官僚本地化

　　——以浙江省为例 ……………………………… 徐　杨（033）

绝境吟唱：鲁王监国政权中的两浙士人 …………… 彭　志（045）

近代上海的大出丧现象及其成因

　　——以《申报》为中心的考察 ………………… 冯志阳（057）

文研天地

从徐志摩的《再别康桥》说开去

　　——对中国现代诗的几点思考 ………………… 万　燕（081）

与古典传统对话共和：

　　作为"元写作"新诗再崛起的必由之路 ……… 沈　健（097）

世界主义者鲁迅的书刊装帧实践、探索与意义 …… 沈　珉（104）

梁启超对鲁迅文艺思想的影响 …………… 刘广新　朱鹏飞（119）

清代小说中花园的空间价值与意义 ……………… 唐　妍（126）

"红色记忆"审美的历史图绘与多维审视

　　——论刘起林教授《红色记忆的审美流变与叙事境界》 … 周会凌（138）

青年习作

无序的有序：混沌理论视野下的《地铁》 ……………………… 朱钰婷（147）

打开沪上"传奇"的历史空间

    ——评夏商长篇小说《东岸纪事》 ……………………… 俞清瑶（156）

艰难崎岖的精神生长之路

    ——浅析巴金关于《寒夜》的创作谈 ………………… 郭婷婷（167）

《黄雀记》：被吞噬的青春之歌 ……………………………… 曾 珍（175）

王国维论"性" ……………………………………………… 乔万春（184）

众生相中坚守天地人间独行

    ——试析宗璞《野葫芦引》中的孟樾教授 …………… 应丹楠（192）

明珠蒙尘：试论地方戏曲非遗的现代化生存

    ——以宁海平调耍牙为例 ………… 朱鸽妮 徐樱姿 邱 逸（201）

人与兽的纠葛

    ——浅谈鲁迅笔下的动物意象 ………………………… 顾圣音（211）

日常阅读既需要"莫逆之交"，也需要"点头之交"

    ——范家进教授访谈 ……………………………………… 徐心仪（221）

江南文苑

认识你自己

    ——钱谷融传（一） ……………………………………… 韩星婴（227）

北大上学记 ………………………………………………… 陈改玲（241）

短诗一束 …………………………………………………… 金丽娜（251）

花镜（外五首） …………………………………………… 盛栩莹（255）

编后记 ………………………………………………………………（262）

名家专稿

咸同文教之厄与江南文化版图重构

周　武

　　1865 年,曾国藩奉旨移督畿辅,刘寿曾作《送曾相国移督畿辅序》,其中说:"乾嘉之间,大江南北,文学称极盛。后起诸儒,挹芳承轨,矢音不衰。洎粤寇难作,名城剧郡,波动尘飞。上天荐瘥,衣冠道尽。宿儒抱经以行,博士倚席不讲。拾樵采梠,惶恤其生。盖二百年来,斯文之运一大厄焉。"[①]翻检同光年间续修或新修的江南地区府志、县志、乡镇志,以及各种笔记,扑眼而来的不是沧桑、血泪,就是大厄、巨劫、奇变。这种由沧桑、血泪、大厄、巨劫、奇变汇聚而成的创伤性记忆,不仅记录和见证了咸通年间江南曾经亲历和遭受的文教大厄,而且以一种非常的方式促成了江南文化版图的重构。

一、名教奇变: "千年罕觏" 的文教之厄

　　唐宋以降,江南经济已开始超越北方,商业和交通日趋发达,北方的军国费用日益仰赖南方,所谓"赋出天下而江南居十九"(韩愈)。至迟到南宋时期,江南的人文随着经济的发展而日渐兴盛,有"东南财赋地,江浙人文薮"之称。到了明清时期,江南经济与人文更是举世瞩目。全国印刷文化及书籍文化的重心集中在苏州、南京、杭州、常州等江南名城,这里拥有全国最多的进士,最多的书院,最多的讲会、诗社文社和学术流派,当然也有最多的藏书家和刻书处[②]。作为全国性的人文中心,没有人会怀疑,这里是思潮、书籍、学问

---

　　① 刘寿曾:《送曾相国移督畿辅序》,《传雅堂文集》卷 2。
　　② 明人胡应麟《少室山房笔丛》云:"今海内书,凡聚之地有四:燕市也。金陵也。阊阖也。临安也。"明代全国有四大图书交易中心,而江南有其三。这就是说,至少到了明代,江南已成为全国书籍交易最重要的中心。

和人才的摇篮,是"科甲之乡"和人文的渊薮①。据统计,乾隆时期江浙两省进呈的书目就占了全国进呈书目总数的大半,足见当时江南人文之盛。② 苏州因经济上的富庶与繁华,文化上的精致与优雅,更成为江南乃至全国的人文中心。在相当长的历史时期里,江南不仅成为中国最富庶、繁华的地方,而且是主导天下雅俗的地方,所谓"苏人以为雅者,则四方随而雅之;俗者,则随而俗之"③。江南文化对边缘市镇——甚至是北京和广州——均具有极强的辐射力。因此,以苏州为中心的江南又常常成为全国视线聚焦的地方,即使是乾隆皇帝也无法抗拒它那由富庶与繁华、精致与优雅组合而成的奇特魔力,面对江南的这种魔力,他的心里有一种说不出的滋味。他既为江南所吸引,数度南巡,又觉得江南有一些他无法认同的东西,不失时机地刻意予以贬抑。乾隆皇帝的这种心理,哈佛大学的孔飞力教授在《叫魂》一书中有刻画:

在北京统治者对江南的矛盾心理和暧昧态度背后,是以苏州为中心的江南在社会经济和人文传统方面所具有的超强的辐射能力,这种辐射能力是任何一个其他区域所无法比拟和匹敌的。从某种意义上说,明清时期的苏州,以及以苏州为中心城市的江南代表了中国传统社会和文化的极致。

但是,这种局面在太平军入主江南之后发生了根本性的变化。1853 年太平军定都天京之后,富庶、繁华的江南进入了长达十余年之久的战时状态。在这种状态下,江南经受了有史以来最残酷的战争洗礼,向称"縠帛殷阜"的江南地区已完全地变成了另一派景象:曾经人烟稠密的江南成了人烟寥落之区,那令人羡慕的富庶繁华在延烧不熄的战火中化作昨日的故事,代之而起的是一派"愁惨气氛"。《中国之友报》的副主笔在苏州陷落后曾由上海前往苏州考察,他在《苏州旅行记》中这样写道:"我们离开上海后,沿途经过了低

---

① 江南向以文教显名于天下,明清时期尤盛。最能反映江南文教之盛者,莫过于科甲。据明清进士题名录统计,明清两代自明洪武四年(1371)首科到清光绪三十年(1904)末科,共举行殿试 201 科,外加博学鸿词科,不计翻译科、满洲进士科,共录取进士 51681 人,其中明代为 24866 人,清代为 26815 人。江南共考取进士 7877 人,占全国 15.24%,其中明代为 3864 人,占全国 15.53%,清代为 4013 人,占全国 14.97%。明清江南进士题名不仅在数量上居全国之冠,而且荣膺鼎甲的人数亦位列全国榜首。号称"天子门生"的状元,明代 89 人,江南八府,苏州 7 人,常州 4 人,松江 3 人,杭州、嘉兴和湖州各 2 人,应天 1 人,多达 21 人,占近四分之一。清代江南更是魁星光芒四射,状元 112 人(不计 2 个满状元),江南各府,苏州 29 人(含太仓州 5 人),常州 7 人,湖州 6 人,杭州 5 人,镇江吐人,江宁和嘉兴各 3 人,松江 1 人,共多达 58 人,占半数以上。特别是苏州一地,占了四分之一以上。苏州状元之多,以至于苏州人汪碗在词馆日,将状元夸为苏州"土产",令揶揄苏州少特产的同僚张口结舌。康熙末年的江苏布政使杨朝麟感叹道:"本朝科第,莫盛于江左,而平江一路,尤为鼎甲萃薮,冠裳文物,兢丽增华,海内称最。"参见范金民:《明清江南进士数量、地域分布及其特色分析》,《南京大学学报》(哲学、人文、社会科学版)1997 年第 2 期。

② 孙毓修:《各省进呈书目》,商务印书馆 1926 年版。

③ 王士性:《广志绎》卷 2,"两都"。

洼的平原,其间河道纵横。这片中国最富饶的土地,一直伸展到天边,我们的视线除了时或为不可胜数的坟墓、牌坊和成堆的废墟所阻外,可以一直望到天边的尽头。荒芜的乡间,天气虽然优美,但显得沉郁忧闷。举目四望,不见人影。这片无垠的田野,原为中国的美丽花园,今已荒废不堪,这种景象更加重了周围的愁惨气氛,好像冬天永远要留在这里似的。^①"换句话说,曾经是"中国的美丽花园"的江南地区在战后已成为一片"荒废不堪"、满目疮痍的废墟。

洋人的观察感性直观,江南士人的亲历感受则尤为痛切! 同治三年(1864)十月,毛祥麟送子侄赴金陵参加江南乡试,沿途所见,不胜今昔之感:

> 自沪至昆,炊烟缕缕,时起颓垣破屋中,而自昆至苏境,转荒落。金阊门外,瓦砾盈途,城内亦鲜完善。虎丘则一塔仅存,余皆土阜。由是而无锡,而常州,而丹阳,蔓草荒烟,所在一律。其于宿莽中时露砖墙一片,或于巨流内横蠡乱石数堆者……两岸见难孩数千,同声乞食,为惨然者久之。余若奔牛、吕城、新丰诸镇,向称繁庶,今则一望平芜,杳无人迹。偶见一二乡人,类皆骨立声嘶,奄奄垂毙。问之,则云:"一村数百人,今什不存一矣。而又日不得食,夜不成眠,行将尽死耳!"其言极惨,不忍卒听。越日,出月河闸过江,浪骇涛奔,曾不改昔;而焦山山色,苍紫夺目,疏林中精蓝灿然,风过时,梵呗声隐隐飘至……又见白塔孤立云表,下无一树一屋者,金山是也。倏过镇江口,见杰阁飞空,崇楼压水,则为洋人互市处。洎至燕子矶,虽茅屋参差,稍有市集,亦仅数十家而已。江宁城濠两岸,铅丸累累,沙中白骨纵横,想见历年战斗之苦。城较旧时高数尺,轰塌处亦已修整。入旱西门,经制府署,讶其式不类衙宇,盖即伪西王府也。城中房屋,惟西南尚称完善,然亦十去四五,东北则一览无余矣。偶出聚宝门,见山石高耸处,有营四五座。询之居人,知即雨花台,竟不复识其路径。所惜者,报恩寺塔,千古壮观,亦归乌有。而秦淮水遏不流,岸曲河房,尽成灰烬。忆当年,珠帘翠幕,凤管弯箫,不知玉碎花摧时,作何光景也! 皇城旧址,蹂躏尤深,行四五里,不见一人,亦无一屋。……若向来名胜,已俱荡焉无复存矣,可慨也夫!^②

① 呤唎:《太平天国亲历记》,王维周、王元化译,上海人民出版社1997年版,第601页。
② 毛祥麟:《墨余录》,上海古籍出版社1985年版,第17—19页。

在这篇文字的末尾，毛祥麟深致感叹："惜乎六朝如梦，其所摧毁者，尤令人黯然意消耳。"其实，就江南而言，"尤令人黯然意消"的，又岂止是一座座被摧毁的城池，也许更在于江南文教所遭受的奇变。

太平天国崇奉拜上帝教，以上帝为独一真神，反对一切偶像崇拜，虽然它缔造"人间天国"的承诺曾寄托着千百万农民的憧憬和向往，并以此召唤、聚合和裹挟了一群又一群无助的底层民众，猛烈地冲击圣道，从一开始就受到士绅的峻拒，"从者具（俱）是农夫之家，寒苦之家"，"读书明白之士子不从"①。1854 年，曾国藩作《讨粤匪檄》，着墨最多的在此，用以召唤"血性男子"和"抱道君子"的也在于此：

> 自唐虞三代以来，历世圣人扶持名教，敦叙人伦，君臣、父子、上下、尊卑，秩然如冠履之不可倒置。粤匪窃外夷之绪，崇天主之教。自其伪君伪相，下逮兵卒贼役，皆以兄弟称之，谓惟天可称父，此外凡民之父皆兄弟也，凡民之母皆姊妹也。农不能自耕以纳赋，而谓田皆天王之田；商不能自买以取息，而谓货皆天王之货；士不能诵孔子之经，而别有所谓耶稣之说、新约之书，举中国数千年礼义人伦、诗书典则，一旦扫地荡尽。此岂独我大清之变，乃开辟以来名教之奇变，我孔子孟子之所痛哭於九原，凡读书识字者，又乌可袖手安坐，不思一为之所也。
>
> 自古生有功德，没则为神，王道治明，神道治幽，虽乱臣贼子穷凶极丑亦往往敬畏神祇。李自成至曲阜不犯圣庙，张献忠至梓潼亦祭文昌。粤匪焚郴州之学官，毁宣圣之木主，十哲两庑，狼藉满地。嗣是所过郡县，先毁庙宇，即忠臣义士如关帝岳王之凛凛，亦皆污其宫室，残其身首。以至佛寺、道院、城隍、社坛，无朝不焚，无像不灭。斯又鬼神所共愤怒，欲一雪此憾於冥冥之中者也。②

太平军"窃外夷之绪，崇天主之教"，"凡一切孔孟诸子百家妖书邪说尽行焚除，皆不准买卖藏读也，否则问罪也"③。在运动初期表现得尤为激烈，所到之处，"一切孔孟诸子百家妖书邪说"俱在焚除毁弃之列。当涂士绅马寿龄曾作《金陵癸甲新乐府五十首》，其中有一首叙其事道：

---

① 罗尔纲：《增补本李秀成自述原稿注》，中国社会科学出版社 1995 年 3 月版，第 102 页。
② 《曾国藩全集·诗文》，岳麓书社 1986 年版，第 232 页。
③ 黄再兴：《诏书盖玺颁行论》，见《太平天国印书》，江苏人民出版社 1979 年版，第 463—464 页。

尔本不读书,书于尔何辜,尔本不识孔舆孟,孔孟于尔亦何病。搜得藏书论担挑,行过厕溷随手抛,抛之不及以火烧,烧之不及以水浇。读者斩,收者斩,买者卖者一同斩,书苟满家法必犯,昔用撑肠今破胆。文章浩劫古原有,贤圣精灵自不朽,卜筮之书拜(并?)泯灭,窃恐祖龙笑其后。①

类似这样的记载在时人笔记中可谓触目皆是。长洲潘锺瑞在《苏台麋鹿记》中曾记其亲眼所见:

> 余尝途遇一小长毛,年约十二三,手持袖珍书一套,镂版极精,上好绵纸刷印,装订亦工,楠木夹版袭之,彼特以为玩物,随便翻弄,时抛高而接取之,远堕涂泥,竟去不复顾;然则书之遭劫甚矣。人家楹联屏幅补壁之具,尽行扯碎,此犹近人手笔也。至鉴赏家所藏法书、名画、重缇叠锦包裹,又加木匣装储,珍若珙璧,亦复毁坏,此又世间琼宝之大厄矣。或曰:贼不识字,间亦爱画,册页则去其版面,手卷则截其头尾,层层折叠,怀之以去,岂有鉴赏巨眼耶?大都取画之有绘色者,糊之窗壁,如小儿游戏耳。②

这在太平军中是非常多见且非常自然的事情,但在江南士人的眼中却是无法容忍的。唐德刚在《晚清七十年》中认为,士人多拒绝与太平天国合作,一个非常重要的原因,就是taste,因为趣味不同。这是很有道理的。江南士人多把太平天国毁孔庙、弃经籍、废学校之举与秦时焚书坑儒、元时贬圣人为中贤相提并论,认为是中国文运的又一次浩劫。③ 所谓"贼不知文字,虽孔孟之书亦毁,此文字之劫也"④,"至古器古书,名人字画皆不识,或掷破,或撕毁,较秦火尤甚,殊堪痛恨"⑤。

不仅"一切孔孟诸子百家妖书邪说",佛、道亦遭遇灭顶之灾——"太平军所到之处,宝塔被毁了,和尚被杀了,寺庙被烧掉了。举世闻名的南京钟楼也不能幸免。耸立在这雄伟壮观的古迹下的宝塔,跟钟楼一起被付之一炬,四散的断砖碎石被派作修补城墙之用"⑥。太平军这种焚除毁弃典籍和一切偶

① 中国史学会:《太平天国》第4册,神州国光社1959年版,第735页。
② 中国史学会:《太平天国》第5册,神州国光社1959年版,第285页。
③ 蓼村遁客:《虎窟纪略》,见《太平天国史料专辑》,上海古籍出版社1979年版,第40页。
④ 太平天国历史博物馆:《太平天国资料丛编简辑》第2册,中华书局1963年版,第31页。
⑤ 中国史学会:《太平天国》第4册,神州国光社1959年版,第681页。
⑥ 史式徽:《江南传教史》第1卷,上海译文出版社1983年版,第267页。

像的过激做法,导致拜上帝教所代表的神道与儒学所代表的圣道之间无法化约的紧张,以及太平军与士绅群体之间的激烈对峙。在"抱道君子"的眼中,"是耶稣诸说,非扬非墨,既属异端,在中国即为邪教,……逆焰日张,而崇奉其教愈笃,遂毁先王圣人之道,废山川岳渎诸神。维耶稣是奉,几欲变中华为夷俗,是天主教流毒至于此极,又岂耶稣所能逆料哉!"①"耶稣在海外教人为善,海外举为神人可已,在中国则为异端,奉其教且应诛。"②正是在这个意义上,曾国藩把对太平天国的作战视作卫道之战、"文化之战"。

伴随着太平军的胜利进军,拜上帝教与传统名教之间的冲突也扩大了。尽管洪秀全在拜上帝教中有意识地杂糅了儒教的某些内容,1853年定都天京之后,甚至还在一定程度上承认了儒教的合法性,但这并不能改变其在士绅心目中的形象。明乎此,就能理解为什么在太平天国中几乎无法找到像样士绅的影子。这是一个方面,另一方面,只要战乱还在持续、蔓延,战乱所造成的破坏就不可能停止。

在这场长达十数年之久的战乱中,江南学界的基础大致已毁灭殆尽,江南地区一向引以为傲的学校、书院、藏书楼几乎全部都在硝烟和炮火中化为灰烬,叶德辉指出,战后江南连一座完好的藏书楼都没有了,数个世纪累积起来的丰富藏书大都散佚。

作为"科甲之乡"和"鼎甲萃薮",江南之科甲鼎盛,人文荟萃,是与书院的繁荣紧密相关的,但是,在延烧不息的战火中,书院受到前所未有的致命冲击。江南地处风暴中心,更难逃劫运,破坏尤为严重,几乎陷于全面瘫痪的状态。金陵的尊经、惜阴、钟山、紫阳、正谊书院,杭州的敷文、崇文、紫阳、孝廉堂、诂经精舍,或焚或毁,俱被"鞠为邱墟",横舍荒余。据统计,咸丰年间,广西、两湖、江、浙、皖、赣、云、贵九省毁废的书院,已多达300余所,③单咸丰十年(1860),太平军攻打杭州,浙江书院被毁坏者达50余所。

书院之外,江南藏书受损亦极为惨重。东南文籍,夙称美备,镇、扬、杭三阁,又得副天府储藏。军兴以来,散亡殆尽。④ 同治六年(1867),江苏学政鲍源深曾在一份奏疏中写道:

> 近年各省,因经兵燹,书多散佚。臣视学江苏,按试所经,留心

---

① 中国史学会:《太平天国》第3册,神州国光社1959年版,第251页。
② 中国史学会:《太平天国》第3册,神州国光社1959年版,第263页。
③ 白新良:《中国古代书院发展史》,天津大学出版社1995年版,第217页。
④ 莫友芝:《持静斋藏书纪要序》,张剑等编:《莫友芝诗文集》(下册),人民文学出版社2009年版,第794页。

访察，如江苏松、常、镇、扬诸府，向称人文极盛之地，学校中旧藏书籍，荡然无存。藩署旧有恭刻钦定经史诸书版片，亦均毁失。民间藏书之家，卷帙悉成灰烬。乱后虽偶有书肆所刻经书，俱系删节之本，简陋不堪。士子有志读书，无从购觅。苏省如此，皖、浙、江右诸省情形，谅亦相同。以东南文明大省，士子竟无书可读，其何以兴学校而育人才？①

以藏书楼为例，"南三阁"——扬州大观堂之文汇阁、镇江金山寺之文宗阁及杭州圣因寺之文澜阁，作为江南地区官府藏书的重地，全都毁于战火。同治年间，曾国藩曾使莫友芝探访文汇阁和文宗阁，莫事后在上曾国藩书中报告说："留二郡间二十许日，悉心咨问，并谓阁书向由两淮盐运使经营，每阁岁派绅士十许人，司其曝检借收。咸丰二三年间，毛贼且至扬州，绅士曾呈请运使刘良驹筹费，移书避山中。坚不肯应。比贼火及阁，尚扃钥完固，竟不能夺出一册。镇江阁在金山，僧闻贼将至，亟督僧众移运佛藏避之五峰下院，而典守阁书者扬州绅士，僧人不得与闻，故亦听付贼炬，惟有浩叹。比至泰州，遇金训导长福，则谓扬州库书虽与阁俱焚，而借录未归与拾诸煨烬者，尚不无百一之存。长福曾于泗、泰间三四处见之。问其人皆远出，仓猝无从究诘。"②咸丰十一年(1861)太平军进攻杭州，文澜阁亦受到重创，所藏《四库全书》星散，直到光绪六年(1880)在巡抚谭钟麟、布政司德馨及当地人士邹在寅等的努力下才得以在原址上重建。

官府藏书如此，私家藏书楼更难以自存。自明以来，江南久已成为全国私家藏书的中心。所以江南之有兵燹，乃私人收藏事业之大劫焉。陈登原《古今典籍聚散考》曾引无名氏之《焚书论》云："余生不幸，虽未坑儒，业已焚书，所见者洪逆之乱，所至之地，倘遇书籍，不投之于溷厕，即置之于水火。遂使东南藏书之家，荡然无存。"③杭州汪氏振绮堂、孙氏寿松堂于辛酉乱后尽散，南京朱氏开有益斋，松江韩氏藏书，长洲汪氏之艺芸书舍，海宁蒋氏之别下斋，常熟翁氏之采衣堂，扬州吴氏之测海楼，苏州潘氏之西圃，宁波徐氏之烟屿楼·水北阁、全氏之双韭山房，等等，尽付劫灰。其他如常熟之铁琴铜剑楼虽未毁于乱，但亦"略有散亡"。兹将毁于太平之乱的私家藏书楼列表

---

① 鲍源深：《请购刊经史疏》，载陈弢辑：《同治中兴京外奏议约编》卷五，上海书店1985年影印本。

② 李希泌、张椒华：《中国古代藏书与近代图书馆史料(春秋至五四前后)》，中华书局1982年版。

③ 无名氏：《焚书论》，《纪闻类编》卷4，转引自陈登原：《古今典籍聚散考》，商务印书馆1936年版，第234页。

于后①：

藏书家	藏书毁损情形	文献出处
孙星衍	庚申书散。	《前尘梦影录》
黄澄量	咸丰十一年（1861）太平军进浙东，五桂楼藏书遭部分损失。	《浙江第二藏书楼——五桂楼考略》
顾秉源	遭寇乱，书与屋俱毁。	《松江府续志》卷二十四
姚文田	其书本寄石门胡氏，皆毁于兵。	《答瞿子久问两浙藏书家》
李宗传	金陵沦陷，举家逃难，书尽散失。	《碑传集补·李君家传》
马泰荣	太平军攻占浙江，其书流散于战火中。	《中国藏书家辞典》
瞿秉渊、瞿秉清	咸丰庚申，瞿氏之书，一劫于孤里，再劫于香唐角。散失宋元本卷以千计，明刊本及钞本、校本数更倍蓰。	《知退斋稿·虹月归来图记》卷二，《铁琴铜剑楼藏书题跋集录·自序》
陶璐	卷轴至六十架，惜遭兵乱，荡然无存。	《嘉秀藏书集录》
汪士锺	粤寇至，……宋元善本悉为邻家携去。	《清朝野史大观》卷十
张镇	秘册甚多，太平军攻苏州，多散失。	《民国无棣县志》卷十二
韩应陛	太平军陷松江，楼与书俱毁。	《艺风堂文漫存》卷三
罗以智	庚申之劫，书被劫。	《武林藏书录》卷六
季锡畴	咸丰十年（1860）遗书千卷，烬于火。	《昭常两县志》
王兆杏	藏书在太平军攻占杭州时损失不少。	《近代藏书三十家》
潘遵祁	香雪草堂书，在洪杨之役损失几尽。	《近代藏书三十家》
胡珽	庚申冬，避乱沪城，劫余之书，斥卖几尽。	《杭郡诗三辑》
朱绪曾	粤寇陷江宁，藏书灰烬。	《开有益斋读书志跋》
吴昆田	庚申之乱，藏书及著述皆为灰烬。	《吴家轩墓表》
邵懿辰	杭城之变（1861），遗书散失殆尽。	《四库简明目录标注跋》
吴云	其书以兵乱毁焉。	《续碑传集》卷三十八
蒋光煦	咸丰庚申，别下惜焉。	《澂山检书图文》
徐时栋	太平军战争时，藏书被偷去不少。	《徐时栋与烟屿楼》
瞿世瑛	汗牛充栋之藏，惜失于庚申之乱。	《武林藏书录》
张敬谓	太平军之乱，园毁书烬。	《杭郡诗三辑》卷二十八

---

① 参见范凤书：《中国私家藏书史》，大象出版社 2001 年版，第 477—481 页。

藏书家	藏书毁损情形	文献出处
汪曾学	辛酉(1861)冬,杭城陷,吾家藏书数十万卷,大半化为灰烬。	《江月松风集·题识》
姚仰云	好聚书册,遭太平之乱,书毁于兵矣。	《姚海槎先生年谱》
唐仁寿	咸丰八年(1858)太平军陷浙中,藏书荡然。	《杭州府志》卷一四六
缪荃孙	申浦老屋,存书四大橱,庚申之难,只字不存。	《艺风藏书记缘起》
李恕	积十万卷,毁于太平天国时期。	《近代藏书三十家》

叶德辉在《吴门书坊之盛衰》一文中,曾谈到晚清藏书家的变迁:

　　……赭寇乱起,大江南北,遍地劫灰。吴中二三百年藏书之精华,扫地尽矣。幸有常熟瞿氏铁琴铜剑楼保守子遗,聊城杨氏海源阁收拾余烬,兰陵孙祠书籍归于吾县袁氏卧雪庐。江浙所有善本名钞,又陆续会于湖州陆氏百宋楼、仁和丁氏善本书室。长篇短册,犹可旗鼓中原。今则袁氏所蓄,久饱蠹鱼。陆书售之日本,丁书售之江南图书馆。南北对峙,惟杨瞿二家之藏。①

曾经盛极一时的文化中心——苏州和杭州的文化基础设施所受的破坏尤为严重,作为承传江南文化载体的士绅在漫天烽火中或死或逃,地处江南边缘的扬州于1853年被太平军攻陷后,再也没有恢复它在中国文化界的学术和文学地位②,也就是说,江南已变成了文化的"真空"地带。艾尔曼教授在《从理学到朴学》一书中这样写道:

　　学者们死了,著作佚散了,学校解散了,藏书楼毁掉了,江南学术共同体在太平天国的战火中消失了。形成一流学术的环境及图书馆都没有了。图书业空前凋敝,一度繁荣兴旺的出版业如今已所剩无几。此时此刻,江南一代学术精英已是烟消云散。③

---

　①　叶德辉:《书林清话》,中华书局1957年版。

　②　其中一个重要原因,是扬州学派的中坚人物大多死于这场战乱,李详后来在回顾这段惨史时指出:"句生(王翼凤)以咸丰庚申殉难杭州,其兄西御及季子(杨亮)殉于郡城,孟詹(刘文淇)避兵,以忧死。安吴(包世臣)展转淮北,遇盗惊悸而卒,于是扬州风流文采尽矣。"见李详:《窳记》,《国粹学报》第57期"从谈门"。

　③　艾尔曼:《从理学到朴学》赵冈译,江苏人民出版社1995年版,第172—174页。

二、"振兴文教"：尊崇正学与国家意识形态重建

文教关乎文脉，尤关乎正学和国家意识形态。因此，早在金陵克复之前，曾国藩、左宗棠、胡林翼等犹在与太平军血战肉搏之时，就已开始致力于文教的恢复与重建，"所至郡县，即兴学校，讲文艺，崇儒重道"①。金陵收复之后，曾国藩更将"振兴文教"视为"纲维国本"之举，从容擘画。一直随伺曾国藩左右的方宗诚在《柏堂师友言行记》中叙其事道：

> 曾公既克复金陵，立书院以养寒士，立难民局以招流亡，立忠义局以居德行文学之士，立书局校刊四书、十三经、五史，以聘博雅之士；故江浙被难者，无不得所依归。②

曾国藩的另一个幕僚刘寿曾在《送曾相国移督畿辅序》中亦特别提到这一点：

> 当安庆江宁之复也，公私埽地，百度草创，公于是时，从容整暇，规复讲舍，奏开乡闱，咨访老成魁硕之儒，授馆给饩，延以宾礼，属介弟沅浦中丞表章先辈王氏船山之学，公复与爵相李公刊刻经史，衣被庠序，于是士林之气郁者通，靡者振，忧劳憔悴者感于和平，如披云见日，光景再中，如导海归墟，万流仰镜，中兴人文之盛，实赖公腼启而扶持之。③

其实，"振兴文教"以"纲维国本"，并不只是曾国藩等封疆大吏个人的意志，更体现了朝廷与疆吏的一种共识。同治二年（1863），清廷就已下令各省督抚清理书院财产，筹措经费，恢复旧有书院：

> 近来军务省分各府州县，竟将书院公项藉端挪移，以致肄业无人，月课废弛。嗣后由各督抚严饬各属，于事平之后，将书院膏火一

---

① 慕玄父：《柏堂师友言行记·序》，见《柏堂师友言行记》卷首。
② 方宗诚：《柏堂师友言行记》卷3，1926年版京华书局铅印本（近代中国史料丛刊本），第71页。
③ 刘寿曾：《送曾相国移督畿辅序》，见《传雅堂文集》卷2，光绪丁丑刊本。

项,凡从前置有公项田亩者,作速清理,其有原存经费无存者,亦当设法办理,使士子等聚处观摩,庶举业不致久废,而人心可以底定。①

湘军攻陷金陵不久,同治帝又立即谕令曾国藩,"江南现经荡平,亟宜振兴文教",让他尽速修复贡院,以便"来岁特开一科,以免士子日久向隅"。同年又因御史汪朝棨奏"现在地方新复,亟宜兴建学宫",下令"各州县学宫,如有被贼焚毁者,自当次第兴修,……以副朝廷振兴文教至意"②。可以说,"振兴文教"是朝廷与疆吏在战后重建过程中一面共同的旗帜。

正因为"天子垂意斯文,封疆大吏咸承上意,兴书院以教育人才"③,几乎陷于全面瘫痪状态的江南各地书院在战后不数年即得以次第恢复和重建。据统计,同治朝新建书院有 368 所,光绪朝又添 667 所,两朝新书院共计 1035 所,占清代所建书院总数的四分之一上④。考虑到战后"公私埽地,百度草创"的状况,在短期内就取得这样的成绩,无论是速度,还是数量与规模,都称得上是十分惊人的了。

书院是讲习之所,也是养士之地。因此,朝野把"振兴文教"视为战后恢复和重建的中心环节,同时又把"兴修书院"摆在"振兴文教"计划的优先位置,是非常自然的。但朝廷再三谕令"兴修书院",封疆大吏亦亟亟于"兴修书院",朝野上下戮力同心,显然别有深意,那就是借"兴修书院"以培育人才,重振士气,收拾和鼓舞人心。书院向以制艺为宗,书院常课亦以举业为主,战后兴修的书院当然也不例外。然而,兵燹之后,世风丕变,在朝廷和有识官绅的倡导和敦促之下,讲求实学逐渐成为书院的一种风气。早在同治元年(1862),朝廷便明令翰林院:"自明年癸亥科起,新进士引见分别录用后,教习庶吉士,务当课以实学,治经、治史、治事及濂洛关闽诸儒等书,随时赴馆,与庶吉士次第讲求,辨别义利,期于精研力践,总归为己之学,其有余力及于诗古文词者听之。"⑤此谕虽非针对书院而言,但作为朝廷的意志,它的导向意义是很明显的。上海的龙门书院、陕西的味经书院等在创设之初,就明确提出"月课性理、策论"以实学为旨归。书院以实学为旨归,反映的正是这样一种风气和趋势。

鉴于战后学校书院及其他官府藏书"荡然无存",民间藏书"悉成灰烬",

---

① 《钦定大清会典事例》卷 395,《礼部·学校·各省书院》。

② 《穆宗实录》卷 131,《四年二月》。

③ 俞樾:《紫阳课艺序》,见《春在堂杂文》卷 1,近代中国史料丛刊本,台湾文海出版社 1968 年版,第 6 页。

④ 白新良:《中国古代书院考》,《南开史学》1992 年第 2 期。

⑤ 《清穆宗实录》,中华书局 1986 年版,第 1423 页。

士子几无书可读，要"振兴文教"，便不能不设局重新刊刻经史。于是，江浙一带的督抚、学政纷纷上书奏请"设局刊书"，浙江巡抚马新贻在《设局刊书疏》中说：

> 欲兴文教必先讲求实学，不但整顿书院，并须广集群书。浙省自遭兵燹，从前尊经阁、文渊阁所存书籍均多毁失，士大夫家藏旧本，连年转徙，亦成乌有。军务肃清之后，省城书院如敷文、崇文、紫阳、孝廉堂、诂经精舍均已先后兴复，举行月课，惟书籍一项，经前兼署抚臣左宗棠饬刊《四书》《五经》读本一部，余尚未备。士子虽欲讲求，无书可读。而坊肆寥寥，断简残篇，难资考究，无以嘉惠士林，自应在省设局重刊，以兴文教。①

需要说明的是，"设局刊书"并非始于战后，同治二年（1863），湘军统帅曾国藩与其弟曾国荃即已在安庆首创官书局，刊刻《王船山遗书》②。次年，湘军攻陷天京，曾国藩将官书局迁南京，定名为金陵书局（光绪初年，金陵书局更名为江南书局）。况周仪《蕙风簃二笔》记其事道："咸丰十一年八月，曾文正克复安庆，部署确定，命莫子偲大令采访遗书，既复江宁，开官局于冶城山，此江南官书局之俶落也。"③但各省官书局踵兴，却是战乱平定之后。同治六年（1867），江苏学政鲍源深上《请购刊经史疏》，奏请将殿版书籍照旧颁发各学，将旧存学中书籍设法购补，并建议"筹措经费择书之尤要者循例重加刊刻"。这一建议很快被朝廷采纳，同年五月初六同治帝颁布上谕："著各直省督抚转饬所属，将旧存学中书籍广为购补，并将列圣御纂经史各书先行敬谨重刊，颁发各学……。"正是这一道上谕，最终促成了各省官书局的次第设立。现将各省创设官书局列表于后：

---

① 陈弢辑：《同治中兴京外奏议约编》卷 5，上海书店 1985 年版。

② 官府设局刊书更早还可以追溯到胡林翼于咸丰九年（1859）为编《读史兵略》而设立的机构，以及左宗棠在宁波设立刻书机构，但因二者均未立局名，且所刻亦未见规模，影响有限，因此，学界咸认曾国藩兄弟在安庆设立的书局，为清季官书局之肇始。

③ 转引自净雨：《清代印刷史小记》，见宋原放主编：《中国出版史料·古代部分》第 2 卷，湖北教育出版社，第 113 页。

表1 晚清官书局设置一览表①

局名	地点	设置年代	创设人	备注
	武昌	咸丰九年（1859）	胡林翼	未见局名，为清季官设书局之最早者，设置目的为编《读史兵略》。
	杭州	同治三年（1864）	左宗棠	未见局名，仅刻有《六经》。先是设局宁波，年代不详；同治二年（1863）二月迁杭州。
金陵书局	南京	同治三年（1864）	曾国藩	局先设安庆，未见其名。同治三年（1864）九月迁金陵（南京），后即用金陵书局名。光绪初年更名江南书局。光绪二十七年（1901）后为江楚编译官书局兼管。
正谊书局	福州	同治五年（1866）	左宗棠	为刊《正谊堂全书》而设，次年（1867），改正谊书院。
浙江书局	杭州	同治六年（1867）	马新贻等	宣统元年（1909）归并浙江图书馆，改名官书印行所。
崇文书局	武昌	同治六年（1867）	李翰章 曾国荃	即湖北官书局，光绪三年（1877）改为湖北官书处。
聚珍书局	南京	同治六年（1867）	李鸿章	光绪五年（1879）裁撤。
江苏书局	苏州	同治七年（1868）	丁日昌	《（民国）吴县志》卷三十亦有记载，但创办人、创办年代均误。光绪末年停止刊书。
淮南书局	扬州	同治八年（1869）	方浚颐	光绪三十三年（1907）归并江楚编译官书局办理。
江西书局	南昌	同治十一年（1872）	刘坤一	
成都书局	成都	同治年间	吴棠	光绪三十年（1904）署四川总督锡良奏改官书局为官报书局，或即指此局。（《德宗实录》卷五三七）
山东书局	济南	同治年间	丁宝桢	光绪二十年（1894）与通志局合并。

① 参见梅宪华：《晚清的官书局》，见宋原放主编：《中国出版史料·近代部分》第1卷，湖北教育出版社2004年版，第540—543页。

局名	地点	设置年代	创设人	备注
广东书局	广州	同治年间	瑞麟等	或称"粤东书局""羊城书局"。(见粤东书局刊本《通志堂经解》卷首;羊城书局刊本《牧令全书》卷首)
湖南书局	长沙	同治十三年(1874)		前身为长沙府学尊经阁(同治三年后一度改称"尊经书局"),同治十三年(1874)改称湖南书局。辛亥革命后自行停办。
浚文书局	太原	光绪五年(1879)	曾国荃	即山西官书局
天津官书局	天津	光绪七年(1881)	李鸿章	为专门发售南方各省书局刻书而设,未见刻书。
广雅书局	广州	光绪十二年(1886)	张之洞	光绪末年停办。所刻书多为清人学术著作,为各书局中有特色者。
桂垣书局	桂林	光绪十五年(1889)	马丕瑶	
思贤书局	长沙	光绪十六年(1890)	王先谦等	
贵州官书局	贵阳	光绪二十二年(1896)	嵩昆	未见刻书。
云南官书局	昆明	光绪二十四年(1898)	崧蕃	清末停办,书版归云南图书馆。
保定官书局				刻书有《归钱尺牍》等,创设年月、设置者均不详。
京师官书局	北京	光绪二十一年年底(1896年年初)		为中央直接设置之官书局,孙家鼐为管理官书局大臣。光绪二十四年(1898)并入京师大学堂。
京师编译局	北京	光绪二十四年(1898)		同年归并京师大学堂,光绪二十七年管学大臣张百熙奏请于京师大学堂附设译书局,据此该局或在光绪二十四年(1898)后停办。
大同译书局	上海	光绪二十三年(1897)	梁启超	光绪二十三(1897)年梁启超创办,二十四年(1897)五月改为官办,八月停办。

续　表

局名	地点	设置年代	创设人	备注
江楚编译官书局	南京	光绪二十七年（1901）	张之洞、刘坤一	初名江鄂编译官书局，后改此名。金陵、淮南书局均划归其管辖，宣统元年(1909)改为江苏通志局。
味经官书局	西安	光绪二十八年（1902）	沈卫	前身为味经刊书处，光绪二十八年(1902)独立为官办的出版兼发行机构，初设于泾阳，后迁入西安南院门。宣统三年(1911)归入陕西省图书馆。

官府设局肆力刊布典籍，以彰其稽古右文之义，应当说成效是显著的。据《官书局书目汇编》《直省运售各省官刻书籍总目》《广西存书总目》等资料统计，晚清各官书局刻书共计千余种。各省设局刻书，主要是为了应对战后"经籍荡然"、士子无书可读的局面，因此，各省官刻书籍以经史为主，包括御纂诸经、经书读本、《小学》、《近思录》等紧要的图书，当然也包括有关吏治等实用书籍，如《牧令书》《实政录》《图民录》《佐治要言》《学治臆说》等，以及农书、算学及兵书等实用的子部书籍。其中不乏校刊审慎之本，如由江南、崇文等五书局合刻的所谓"局本"《二十四史》就颇受好评。

"兴修书院"与"设局刊书"，就其初衷和旨归而言，都在于"尊崇正学"，试图用"正学"即国家意识形态来收束和规范因战乱而日益离散的人心，尤其是士人的言行，使士人重新凝聚到朝廷预设的圣道上来。凡不合乎圣道的，都是异端邪说，俱在排斥力黜之列。同治七年(1868)二月，刚升任巡抚的丁日昌上《苏省设局刊书疏》，奏请设局刊刻《牧令书》、《小学》、经史诸书，并请旨严禁种种离经叛道之书：

> 抑臣更有请者，目前人心不古，书贾趋利，将淫词邪说荟萃书编《水浒传奇》，略识之无如探秘笈，无知愚民平日便以作乱犯上为可惊可嘉，最足为人心世俗之忧。臣在吴中业经严禁，诚恐此种离经叛道之书，各省皆有，应请旨饬下各省督抚一体严加禁毁，以隐戢人心放纵无所忌惮之萌，似亦维持风化之一端。①

同年三月，这个建议获上谕批准后，丁日昌即于四月十五日即通饬苏州、江宁两藩司并各州县，严禁"淫词小说"：

---

① 陈弢辑：《同治中兴京外奏议约编》卷5，上海书店1985年版。

淫词小说,向干例禁。乃近来书贾射利,往往镂板流传,扬波扇焰,《水浒》《西厢》等书,几于家置一编,人怀一篋。……殊不知忠孝廉节之事,千百人教之而未见为功,奸盗诈伪之书,一二人导之而立萌其祸,风俗与人心,相为表里。近来兵戈浩劫,未尝非此等逾闲荡检之说默酿其殃,若不严行禁毁,流毒伊于胡底。……惟是尊崇正学,尤须力黜邪言,合亟将应禁书目粘单札饬,札到该司,即于现在书局附设“销毁淫词小说局”,略筹经费,俾可永远经理。并严饬府县,明定限期,谕令各书铺将已刷陈本及未印板片,一律赴局呈缴,由局汇齐,分别给价,即由该局亲督销毁;仍严禁书差:毋得向各书肆藉端滋扰。此系为风俗人心起见,切勿视为迂阔之言。并由司通饬外府县,一律严禁。本部院将以办理此事之认真与否,辨守令之优绌焉。①

这一通饬令将“邪言”“淫词小说”与“近来兵戈浩劫”联系起来,认为“尊崇正学”,就必须“力黜邪言”,而“力黜邪言”之法,就是严行禁毁。于是,丁日昌在其辖区内发起了颇具声势的扫荡“奸盗诈伪之书”。以禁毁淫词小说来“隐戢人心而维持风化”,以“力黜邪言”来“尊崇正学”,虽体现执政者卫道的用心,也是执政者喜欢的惯用手法,但不可能真正奏效。因为问题不在“邪言”,而在“正学”,即国家意识形态本身。这就是为什么丁日昌的禁书最终会成为笑柄的原因所在。

三、新人文渊薮:江南文化版图的重构

兴学校、复书院、设局刊书是战后重建的主要目标之一,“中兴诸臣”曾为此做出了不少富有成效的努力,他们一方面致力于修复或重建江南的书院和藏书楼,另一方面在南京、苏州、扬州、杭州等地设立刻书局,网罗散佚,重刊经史著作;江南的一些学者不仅倡导,而且投入到文化重建中去,如黄彭年就曾希望重建江南所有书院,全力复兴苏州在汉学全盛时期享有的中心地位。在朝廷与“中兴诸臣”的合力推动和共同努力下,战后江南文化的确得到了某种程度的复兴,甚至一度出现过战前的那种盛况。薛时雨为金陵尊经书院课艺作序,曾感慨地说:

---

① 《江苏省例·藩政》,江苏书局同治刊本,转引自陈益源:《丁日昌的刻书与禁书》,《明清小说研究》1997年第2期。

昔欧阳永叔有言,都会物盛人众,而又能兼有山水之美者,惟金陵、钱塘,览其人物之盛丽,则文采可想见矣。……金陵则又乡者应举之地也,大江南北,人文所聚,魁奇辈出,名卿硕儒所以陶冶而成就之者。……洊经丧乱,凋谢殆尽,当粤逆戡定之初,天子谕疆臣,请时举科场,修学校,中兴文教,穆然有投戈讲艺之风,然后书院以次复,都人士稍稍来集,争自濯磨,曾未五年,而金陵文物称重东南。①

面对风骚继起、通儒硕彦萃集的这样一种景象,作为缔造中兴的主要功臣,曾国藩既感到欣慰,也充满期待。他在复周缦云侍卿函中就流露出这种既欣慰又期待的心情:

江南人文渊薮,夙多朴学之士,乱离以后,流风遂沫,自尊经、钟山两开讲堂,始有弦歌之声。今又复启惜阴精舍,专试经古,贤者振兴而教育之,自可月异而岁不同。②

不仅曾国藩如此,曾在乱后长久地主持诂经精舍的俞樾在与客谈精舍旧事的时候,回首自己与众生徒一起晨灯夜烛,溯乾嘉、宗许郑,仿佛有一种"俨在乾隆嘉庆世"之感,尽管差强人意,但还是满心怡然。有诗云:"老学庵中老病身,旧游回忆圣湖滨。楼头雪月雨晴景,坐上周秦汉魏人。(余课诸生治经必主古义,赋亦多取古体。)前辈典型犹未坠,升平乐事尚堪循。乾嘉虽远余风在,不枉生为盛世民。"③

然而,这一切注定是回光返照似的幻象,因为他们这种恢复和重建的努力从一开始就面临一种时易势移的局面,朴学赖以兴起的江南学术共同体实际上已难以完全恢复了。

伴随着西潮的漫卷和浸灌,世风学风剧变。战后次第兴复的书院,尽管一度出现过士习文风日盛的局面,可是好景不长,已越来越难以回应世变的冲击和挑战。到 19 世纪末,中国开始快速地步入学堂时代,废书院,兴学堂,

---

① 薛时雨:《尊经书院课艺序》,见《尊经书院课艺》卷首,同治九年两江节署刊本。转引自徐雁平:《清代东南书院与学术及文学》上卷,安徽教育出版社 2007 年版,第 251—252 页。
② 见《曾文正公书札》卷 30,光绪二年刻本(续修四库全书本),第 618 页。转引自徐雁平前引书第 264 页。
③ 俞樾:《春在堂诗编》卷 23,第 668 页。转引自徐雁平前引书第 155—156 页。

已成为大势所趋。1905 年废除科举,书院就更难以立足了。譬如,诂经精舍,这座在"红羊劫后"鞠为榛莽,经过中兴重建的书院,曾经是两浙人才的骈集所在。但形势比人强,处清季风会之中,诂经精舍遂呈不守之势。俞樾 78 岁时曾作《诂经精舍歌》,以诗叙精舍兴衰变迁,其中写道:

> 不图世局似循环,转绿回黄一瞬间。雅坫骚坛成往事,蛮书囊字满人寰。霰雪霜冰机已露,其中消息应堪悟。三十年为一世人,一年蛇足添来误(余至丁酉岁已满三十年,即拟辞退,为廖中丞及院内诸生挽留,明年戊戌乃决志谢去)。此后相沿又几年,夕阳光景暂流连。欲寻文达当年旧,只有门前额尚悬。功令新颁罢场屋,精庐一律同零落。八集诂经文可烧(余选刻诂经文已至八集),重修精舍碑应仆(余有重建诂经精舍碑)。回首前尘总惘然,重重春梦化为烟。难将一掬忧时泪,重洒先师许郑前。年来已悟浮生寄,扫尽巢痕何足计。海山兜率尚茫茫,莫问西湖旧游地。①

作为一个掌院三十三年之久的山长,俞樾自感已无沧海回澜之力。看到自己和书院诸老的努力"一齐付与水东流",内心的惘然和落寞都是可以想见的。实际上,不仅仅是诂经精舍,就连俞樾之家学亦难以世守不潜,他的从孙辈中已有人习西学,还有人游学西洋,而其曾孙俞平伯在五岁时,已开始学习外文。在这样一个时代,抱残守缺的书院不能不由绚烂归于沉寂。②

书院如此,官书局的命运也好不到哪里去。上个世纪之交,中西之学一变而为新旧之学,扬新抑旧,甚至崇新贬旧,已成为一种历史的必然和逻辑的必然,中国由此进入一个"尊西人若帝天,视西籍如神圣"的时代。山西塾师刘大鹏在 1905 年 11 月 2 日的日记中写道:

> 科考一停,士皆毁入学堂从事西学,而词章之学无人讲求,再十年后恐无操笔为文之人矣,安望文风之蒸蒸日上哉! 天意茫茫,令人难测。③

当读书人群趋西学和新学的时候,旧学和旧学书籍受到冷落,甚至贬斥,这是非常自然的事情。汪大燮在一封私人信函中提到一件事,颇耐人寻味。

---

① 俞樾:《春在堂诗编》卷 23,《续修四库全书》本,第 667 页。转引自徐雁平前引书第 143 页。
② 参见徐雁平前引书第 140—157 页。
③ 刘大鹏:《退想斋日记》,第 147 页。

他说:"吾家所刊书合股印,兄亦谓然,惟不必太多,此皆旧学,出售不易,只能送人耳。"①所谓"此皆旧学,出售不易",反映的是旧学书籍市场空间的萎缩。《盛京时报》上曾报道过东北一个书店的情况:

> 铁岭城里楼北兴源德书铺开设有年,今虽设立学堂,彼仍卖《三字经》《百家姓》《四书合讲》《五经备旨》《八铭》《七家诗》等书,终日无过局者。②

官书局以刊刻经史为首要业务,在这种背景下,已难乎为继,日渐衰颓③。与此相对应,曾经备受士人推重的"局刻本",亦从少人问津直至无人问津。

所谓时易势移,还有另外一层意思,即上海的崛起。许多学者往往从经济角度来理解上海的崛起,事实上,它的崛起不仅具有经济意义,而且也具有重要的文化意涵。就后者而言,开埠之后上海就已开始显露出它日益强大的融汇、吸纳和替代的功能。当江南变成文化"真空"地带的时候,上海租界因远离内战的风暴而成为江南学者、文人及画家的"避秦桃源"。当年避入租界的文人学士究竟有多少人,现在已很难统计出确切的数字,但可以肯定的是人数不会少,单王韬的记录中提及的就已有百数十人之多,如冯桂芬、吴友如、蒋敦复、管嗣复等都是因为内战而避居上海的,有的人虽然早已来沪如沈毓桂,但他们是1860年以后才决定长住上海的。别的不说,单星聚上海的书画名家就已相当可观,王韬在一本书中写道:

> 沪上近当南北要冲,为人文渊薮。书画名家,多星聚于此间。向或下榻西园,兵燹后僦居城外,并皆渲染丹青,刻画金石,以争长于三绝,求者得其片纸尺幅以为荣。至其轩轾所在,未能遽定以品评。风雅之士著有《论书》十二绝、《论沪江书画》七绝,于沪上寓公,比诸管中窥豹,略见一斑。《论书》云:"家法兰亭族望尊,难兄难弟并驰名。独能一洗书林气,不重钱神重酒兵。"王竹鸥,王铁史。"闲士清高号白云,卅年圣教究心勤。沧桑以后谈前辈,鲁殿灵光只剩君。"张云士。"吴兴埇伯轶群材,用笔停匀世所推。闲说何郎曾赏识,至今清望冠书台。"汤埇伯。"劲敌应输吴鞠潭,挥毫直欲起波

① 汪大燮:《汪康年师友书札》(1),上海古籍出版社1986年版,第899页。
② 《书肆守旧》,《盛京时报》1907年1月6日(光绪三十二年十一月二十二日),《盛京时报》影印组1985年辑印本。
③ 官书局日渐衰颓的原因有很多,但旧学书籍市场空间的萎缩,是一个非常重要的因素。

澜。擘窠大字蝇头楷,美女英雄一手滩。"吴鞠潭。"雪香狂草走龙蛇,孝拱真书自一家。三百年来论怪体,还之应并板桥夸。"王雪香,龚孝拱,陈还之。"横云山民擅三绝,一缣倭国价连城。可怜书法空当代,竟被丹青掩盛名。"胡公寿。"佩父于今杨补之,画专山水重当时。偶将余技酬知己,落纸云烟自制诗。"杨佩甫。"小楷还推莫直夫,羊裙班扇得时誉。晓风杨柳原超绝,石板铜琶称也无。"莫直夫。"金石名家刻画工,临池染翰兴尤浓。性灵虽好清寒露,也似文章少正宗。"卫铸生。"书到清凌洵有神,跳龙卧虎独超伦。甫江近事君知否,曾解邪魔摄窃人。"郭少泉。"若论绝世好风姿,王海鸥同金少芝。正似少游吟芍药,被人讥为女郎诗。"王海鸥,金吉石。"垂露悬针久失传,却输闺阁得真诠。纷纷流落尊门户,谁识簪花格自然。"兰生女史。《论沪江书画》云:"沪上曾来何太史,廿年前是大书家。而今老气颓唐甚,满纸龙蛇信笔斜。"子贞前辈。"画笔还推礼道人,王秋言。折枝人物尽超伦。此中若再分优劣,人物新罗继后尘。""双□齐名金保翁,闺中风雅映江东。翁擅长山水,夫人兰生工书。平生赏鉴真成癖,岂独区区寿世功。""笔情洒脱胡公寿,花叶规模张子祥,若待当头施棒喝,自然鼻观木樨香。""埙伯行书原活泼,鞠潭小楷亦精神。墨池尚欠三尺黑,九转丹成气象新。""任家昆季老莲派,伟长,阜长。何不兼师松雪翁。更有伯年真嫡子,并皆佳妙本相同。""直夫褚楷都循理,法度拘迂少独能。若使此中有我在,定然妙合自神凝。"莫直夫。观此,于沪上书画家称为专门名家者,略具此矣。①

《论书》和《论沪江书画》中提及的书画名家,大都是"兵燹后侨居城外,并皆渲染丹青,刻画金石,以争长于三绝"的"沪上寓公"。

其实,这只是一个源头。此后,上海更借助自治、法治、安全与自由的制度环境,舒适、惬意的都市生活,领先的文化事业和成熟的文化市场,吸引全国各地的文化人从四面八方汇聚到上海,使上海成为江南乃至全国的"新人文渊薮"。早在1910年就有人在媒体上撰文称赞上海人才荟萃:

> 上海者,新文明之出张所,而志士英豪之角逐地也。以人才荟萃之地,而其数又若是之多,宜乎大实业家、大教育家、大战术家、大科学家、大经济家、大文豪家、大美术家,门分类别,接踵比肩也。②

① 王韬:《瀛壖杂志》,上海古籍出版社 1989 年版,第 93—94 页。
② 苏峰:《人口多而团体少》,《民立报》,1910 年 12 月 10 日。

　　单就文化方面的人才而言,上海拥有当时中国最庞大的知识分子阶层。到 1903 年,上海至少已汇聚了 3000 名拥有一定新知识的知识分子;①至 1949 年底,在上海从事文化性质职业的知识分子达 14700 人,②是中国文化人最集中和流动性最大的城市。

　　上海之取代苏杭而成为"新人文渊薮",对近代江南乃至全国的文化变迁的意义非同寻常。如果说,太平天国之前江南文化是以苏杭为中心向边缘市镇包括上海辐射,那么,在此之后,江南传统的文化中心急遽地走向衰落,取而代之的上海则成了"新学枢纽之所"和新文化的中心,各种新的思潮、书籍、报刊及国内外重要信息,开始从上海源源不断地流被江南,流向全国。这种变化不仅意味着江南文化中心的位移,更预示着旧学的式微和新学的兴起。就这个意义而言,江南文化版图的重构,也许是中国近代文化史上最重要的事件之一。③

（周武　上海社会科学院历史研究所　邮编 200235）

---

①　熊月之:《上海通史·导论》,上海人民出版社 1999 年版,第 23 页。
②　邹依仁:《旧上海人口变迁的研究》,上海人民出版社 1980 年版,第 105 页。
③　孟悦:《商务印书馆创办人与上海近代印刷文化的社会构成》,载王晓明:《批评空间的开创》,东方出版中心 1998 年版,第 84 页。

史学探微

晚清历史中小人物:吴文墷

杨齐福　丁亮亮

　　摘　要:吴文墷,清末浙江杭州文人,名士吴庆坻之长兄,其生平事迹不为众人所知。浙江省图书馆古籍部收藏有吴文墷所撰《寄庵遗稿》,借此可以窥视其社会关系和生平经历。

　　关键词:吴文墷《寄庵遗稿》;社会关系

　　吴文墷何许人也? 因资料匮乏,人们对其知之甚少。浙江省图书馆古籍部收藏吴文墷所撰《寄庵遗稿》①,其弟吴庆坻详叙其来龙去脉:"兄好读本朝人诗集,其自为诗恒秘不示人。……今年归检兄遗,于旧作塾课文稿匼中忽得此册,惊喜欲绝。册中诗起于咸丰丙辰讫同治癸酉。"这为后人深入认识吴文墷提供了重要史料。吴庆坻曾在稿本之末为其兄作一小传:"吴文墷,原名瑞圻,字子章,号寄庵,监生,工部学习员外郎,都水司行走。先大兄年二十一,入京师,就婚于吴江沈(文)氏,先嫂盖文定女弟也。同治三年,以员外郎分工部水司,累应京兆试不遇,漂沈郎署者几四十年。……庚子拳迹之乱,避居保定,忧悸成疾,比还京师。癸卯冬殇于京寓。"吴庆坻乡试朱卷中载:"文墷,工部员外郎,都水司行走兼司务厅管理冰窖监督。"②《清故湖南提学使吴府君墓志铭》也提及,"长兄文墷,封出也,仕工部为郎,未尝归乡里"③。钱穆在《中国历史研究法》中云:"中国史家喜欢表彰无表现之人物,真是无微不至。论其事业,断断不够载入历史。但在其无表现之背后,则卓然有一人在,此却是一大表现。"④本文以吴文墷《寄庵遗稿》为依据,阐述其人生经历,凸显

---

　　①　吴庆坻(1848—1924),字子修,别号悔馀生、蕉廊、补松老人。光绪二年(1876)举人、十二年(1886)进士,历任会典馆纂修、四川学政、湖南学政、政务处总办等。

　　②　顾廷龙:《清代硃卷集成》卷二六五,成文出版社1992年版,第82页。

　　③　吴庆坻:《蕉廊脞录》,中华书局1990年版,第264页。

　　④　钱穆:《中国历史研究法》,生活·读书·新知三联书店2001年版,第105页。

小人物历史的另一面。

一

吴文墉家族明末从休宁迁往杭州，"累叶科名，人各有集，蔚为浙中望族"①。吴文墉之高祖吴颢，乾隆己卯举人，官浙江遂昌训导，著有《读史录要》等；曾祖吴昇，乾隆癸卯举人，官四川夔州府知府等；祖父吴振棫，嘉庆甲戌进士，官云贵总督、四川总督等，著有《养吉斋业录》等；父亲吴春杰，咸丰元年（1851）二品荫生，官山西雁平兵备道；四弟吴庆坻，光绪丙戌进士，翰林院编修，著有《蕉廊脞录》等；七弟吴宝坚，光绪己丑举人，官国子监典籍；侄子吴士鉴，光绪壬辰进士，著有《补晋书经籍志》《商周彝器例》等。② 自乾隆至光绪年间，吴氏家族出了两位翰林、四名进士、五个举人，可谓"科名有草苫庭砌，门才极盛崔卢同"③。

吴文墉有兄弟七人，二弟吴恩垛，字子可，号景晞；三弟吴荣垟，早逝；四弟吴庆坻，字子修，号稼如；五弟吴善埴，钱塘庠生；六弟吴道坦，过继堂叔，名春煊；七弟吴宝坚。④《寄庵遗稿》中不少诗文便是吴文墉写给兄弟的，其中写给四弟吴庆坻的诗文尤多，如《子可子修返晋诗以送之九月二十日出京》："风笛声中赋别离，桥头杨柳剩残枝。遥知蓊竹西窗夜，忆联床听雨时。名落孙山亦数奇，苍天预定那能知。下帷同励加功切，破壁高飞自有期。"表达了对亲人名落孙山的勉励之意。《子修弟寄示近作四章依均和之即寄并关门》："平生放眼光明界，真是修然不染埃。祗叹蓬飘羁异地，湖山虽好梦中回。芳草池塘击我思，四枝秀苗茂荆枝。裁诗远报嶙峋馆，正是高梧叶落时。"流露了对滞留异地亲人的思念之情。《同夏薪卿子可子修两弟游龙泉寺》："十丈软红里，幽寻兴未赊。疏篱添竹影，逐水映芦花。碑断寻残字，泉清煮美茶。题诗留壁上，逸趣寄烟霞。"回忆了兄弟同游龙泉寺之难忘印象。二弟吴恩垛患病去世后，吴文墉为其写了数首悼亡诗，如《哭二弟子可》："闻君病剧感多端，远道书来惨不欢。病者神清何恃医，医家力竭念难宽。隔旬未见参苓效，入夜从无梦寐安。嗟我劳人官事累，欲归不得废眠餐。去年一别竟长离，断

---

① 徐世昌：《晚晴簃诗汇》，中华书局 1990 年版，第 3684 页。

② 吴庆坻：《蕉廊脞录》，中华书局 1990 年版，第 261 页；吴振棫：《国朝杭郡诗续辑》，同治十三年钱塘丁氏本。赵尔巽：《清史稿》，中华书局 1977 年版，第 1832 页。

③ 《敦睦词丁饼歌寄大兄京师》

④ 顾廷龙：《清代硃卷集成》卷二六五，成文出版社 1992 年版，第 82 页。

尽肝肠寸寸丝。……凄惶定有思兄语,嘱咐曾闻续嗣词。"记述了吴恩垛的病情并记载了其续嗣之遗嘱(后吴庆坻以子吴士鉴为嗣子)。《忆子修子龢两弟桼言三妹即寄》:"严冬朔气感萧条,作客情怀最寂寥。刺绣应知多乐事,题诗聊以遣深宵。高楼西北弦謌切,故里东南烟树遥。十载西湖成久别,何时泛棹段家桥。"抒发了对二弟吴恩垛亡故悲痛之情。

二

钱塘吴氏家族作为望族,与同为望族的王氏家族、沈氏家族、汪氏家族和夏氏家族联姻,借此维持并提高家族的地位与声望。据吴庆坻朱卷记载:"胞姑母,适王氏,湖州归安前任广西河池州知州,讳涑公,子增生,两淮候补监运使经历,讳嘉树。适张氏,嘉庆庚午君举人,内阁中书,讳应吕公,子庠生,赠知府江苏后补同知,讳与厚。适夏氏,庠生,诰冯中宪大夫,讳之盛公,子庠生,知府衔江苏候补同知,讳凤翔。"①吴文塎娶晚清重臣沈桂芬之妹为妻,吴庆坻为其所作小传中云:"先大兄年二十一,入京师,就婚于吴江沈文氏。"《寄庵遗稿》中诸多诗文就是吴文塎赠予亲友的。

王同伯(1839—1903),字同,号肖兰,晚号吕庐,同治丁卯举人,光绪丁丑进士,曾授刑部福建、江西司主事。后辞官归养教书,以著书育人自娱,曾主梅青、龟山、塘栖栖溪讲舍和慈湖书院,又任诂经精舍监院,后任紫阳书院山长与仁和县学堂总理。《赠王同伯多祺表弟》:"家园觌面惜匆匆,别后情怀两地同。昔岁暌离音信杳,今朝团聚笑颜通。频嗟故里遭鳯雀,细话间踪记雪鸿。色笑长承亲更健,欢联雁序乐融融。"作者自云"丁巳九月奉姑母在杭州住一月余即赴川",后"因道阻两年不通信札",重逢相聚之喜悦溢于言表。《题当湖王多祺绍宁拳石山房遗诗》:"读罢遗编墨尚新,君诗清绝出风尘。异乡分手离千里,他日谈心少一人。具有仙才真凤慧,顿超凡界亦前因。音容回想浑如梦,搁笔长吟太息频。"夏曾传(一八四三——一八八三),字薪卿,号笒床、醉犀生,浙江钱塘人,诸生,著有《音学绪余》《在兹堂集》《随园食单补证》。②夏曾传为吴振棫之外孙,因而两人关系密切。《赠薪卿表弟》:"客里重逢亦是缘,挑灯话旧意缠绵。情怀叹我偏无赖,颜鬓忆君尚似前。风月西湖真寂寞,莺花秦园待雕镌。回思梁溪春萧索,已觉今年胜昔年。"这首诗流露出作者与夏薪卿的深厚情谊。《夏薪卿表弟自秦中寄赠一律依韵奉寄》:"世

<hr>

① 顾廷龙:《清代硃卷集成》,卷二六五,成文出版社1992年版,第82页。
② 丁申、丁丙:《国朝杭郡诗诗三辑》卷九一,光绪十九年钱塘丁氏本。

事艰难日,谁登百尺楼。但期烽燧息,少释旅人愁。美竹知盈径,香醪正满瓯。何当重剪烛,谈燕以消忧。"《夏薪卿秋闱下第即送还太原》:"龙门末上惜英才,黄叶秋风送别缠。二老承欢增恋慕,一尊饯别且徘徊。柳枝乍向歧亭折,桂树终教阆苑栽。重踏槐黄期后日,定看策马上金台。"夏氏濡染家学,有诗文名,然科场失意,后弃诸生,捐纳任江苏试用通判。《怀夏薪卿表弟太原》:"河汾远望感欹歔,别后常嗟信息疏。若遇仙鸿须着意,平安时报故人书。"《怀子簏三弟谷丰》:"少小分襟十八年,回头旧事倍凄然。而今望月频怀想,君在河汾我在燕。当识风尘感太邱,知君品学是兼优。明年策马来京国,尊酒相期汗漫游。"赞许其品学兼优,期待与其京师相逢。孔广晋,字云舫,浙江仁和人,贡生,因参加镇压太平天国运动而赏戴蓝翎,曾任江西广昌知县和陕西安康知县、靖边知县。《与孔云舫表兄广晋夜话》:"知君抱得不羁才,云栈曾经此驭来。何幸酒肠支磊块,为拈诗句拨寒灰。一舸范蠡机先觉,五噫梁鸿志可哀。正喜一卢频话旧,宵分剪烛会深杯。"《重到西安赠孔云舫》:"一别销魂记汉南,光阴弹指月逾三。频年驿路愁星橇,少白芳清冷翠衫。峻特高怀千丈岳,渊深雅量九秋潭。干戈满眼无归路,同向青门击玉骖。"沈桂芬(1818—1880),字经笙,又字小山,祖籍江苏吴江,进士出身,曾任礼部侍郎、兵部尚书、军机大臣、协办大学士等,历仕四朝,晚清重臣。《送内兄沈经笙少农桂芬权抚晋阳》:"经纶凤抱庆恢恢,简在天心重异才。昔日持衡收国士,今朝开府出中台。卢沟晓月吟怀壮,恒岳晴云倦眼开。指日蜕旌辞窥下,岐亭道别且徘徊。"同治二年(1863)沈桂芬署山西巡抚,吴文塏赋诗为其送行,还在诗中称颂其功绩,"典试浙江广东,视学陕甘"。

三

吴文塏"仕工部为郎,未尝归乡里",滞留京城多年,结交友人甚广,《寄庵遗稿》中保存了许多与京官的酬唱之作。如《汪啸庵少农元方拜紫禁城骑马之赐书此奉贺》:"三朝硕望荷天恩,书接频叨宠锡繁。揽辔久推腰脚健,据鞍更觉雪霜温。宏才筹国标清望,后辈胆颜重违尊。联骑东华趋紫禁,乘骢喜得傍宸垣。"《汪啸庵总宪奉命入直枢廷敬赋二律奉贺》:"频年秘馆理瑶编,表率乌台重任宥。畿辅衡于钦哲匠,纶綍直仰时贤名。天下苍生齐仰望,金瓯协乂听麻宣。"汪元方(?—1867),字友陈,号啸庵。道光十三年(1833)进士,选庶吉士,授编修,历任奉天府丞、鸿胪寺卿、太仆寺卿、通政使、左副都御史、礼部右侍郎、实录馆副总裁等。《呈祁春浦宫保相国太年丈寓藻》:"等身著述真儒者,益世勋猷古大臣。天下隆名尊泰斗,朝廷硕望比松筠。即今讲幄谕思日,启沃功高仰伟人。韦平勋业振簪缨,欲济时艰赖老成。辅翊四朝推老辈,修明百度为群生。匡时学大心逾细,论事才高气最清。经济文章同寿世,巨公端不负科名。"祁隽藻(1793—1866),字叔颖,号春圃,山西寿阳人。嘉庆十九年(1814)进士,由庶吉士授编修,累官至体仁阁大学士、太子太保,三代帝师。《吉林宝佩蘅大农师鋆咸丰戊午科典试吾浙有纪游草两卷兹蒙赐示敬题七律二章》:"天将玉尺界司农,两浙持衡正孟冬。驿路三千频荣马,英才百二尽登龙。桐琴真赏金箆刮,芝册高文王检封。……北宸听履星辰近,南国量才雨露滋。"宝鋆(1807—1891),字佩蘅,道光十八年(1838)进士,曾任内阁学士、礼部右侍郎、总理各国事务大臣、体仁阁大学士、武英殿大学士。

四

咸丰初年吴文墧祖父吴振棫就任四川总督,咸丰七年(1857)吴文墧父亲吴春杰带着儿女赶赴成都与家人团聚。吴文墧在《侍慈严及弟妹赴大父成都节署赋此留别里门亲友》中道:"今朝忽欲赋西征,乍泛扁舟一叶轻。作别亲朋多好语,出门天气正新晴。歧亭柳秀眉初敛,驿路梅开眼乍明。从此天涯分年处,临风时念故人情。"表达了对故乡的依依不舍。

吴文墧一家沿运河北上,转道向西,翻越秦岭,进入蜀地。尽管旅途非常艰辛,但沿途之优美风光与人文历史尽收于其诗文之中。如《泊无锡》:"残冬风雪无,月色凉如水。临舟闻笛声,落到蓬窗里。"道出内心之凄凉。《淮安道中》:"浮家日日结新邻,雨夕风晨系缆频。吴楚风帆迎百识,相逢剧少故乡人。"流露思乡之情。《望华山》:"漫夫云气连桓岱,倒影河流锁晋秦。扪虱雄谈思国士,骑驴古事忆诗人。云浮顶上如图书,仙女飞升迹已陈。"以传说衬托华山之雄伟。《马嵬》:"几回新曲听霓裳,瞥眼欢场是战场。叹息美人如此宛,今朝孤冢傍斜阳。风姿绰约似神仙,赐浴华清帝也怜。"感叹杨玉环人生之不幸。《紫柏山留侯祠》:"正是英雄异等伦,功成则退保吾身。智谋勇略超千古,将相神仙本一人。"称赞诸葛亮为"将相""神仙"。《抵成都》:"李杜才名夸入蜀,岷峨秀色正称雄。文章赖有江山助,破浪来乘万里风。漫向天涯赋浪游,锦江春色豁双眸。诗人几辈推杨陆,仙迹从教问女斗。"赞美成都之景色。

在四川驻留期间,吴文墧遍游成都名胜古迹,留下了诸多诗文。如《游草堂》:"昔日高吟地,今朝我辈游。诗人原不朽,茅屋已千秋。溪上花谁浣,桥边水旧流。班门低首问，可许暂勾留。"《武侯祠》："隆中客隐乐躬耕，尽瘁欲酬三顾情。汉祚不堪延后主，将星早已堕前营。三分鼎足功初就，一统中原志未成。计夫舌吴千古恨，碧宫萧瑟暮云横。"杜甫草堂和武侯祠成了吴文墕在他乡飘零的精神圣地。

咸丰九年（1859）吴振棫辞官归里，吴文墕随家人启程返乡。《成都启行》："万里桥西许十邻，羁栖三载作侨人。无端分手初攀柳，有客关心独忆莼。归梦甚思鸿爪雪，乡心已逐马蹄尘。湖壖计日扁舟击，祗恐芳园已饯春。"人仍在他乡，心早已回故乡。《汉中元旦庚申》："万家爆竹正如雷，古郡兴元亦壮哉。隔岁旧游思玉垒，今朝畅饮倒金杯。花香偏自梅边得，春意还从柳上来。遥想东华车骑盛，千官多自早朝回。"他乡度节，追思往昔，感慨万千。《发城固县》："东风连夜雨，吹绿满江城。漠漠烟中树，依依篷背声。挂帆千里去，云水自澄清。"风雨难挡其归乡之路。《至郧阳闻杭州失守》："顿有烽烟惨，将军竟溃围。市廛遭劫火，城郭剩斜晖。寂寞风云暗，飘零骨肉稀。春江孤客泪，愁绝未能归。"吴文墕等获悉杭州被太平军攻陷后由襄阳改道西安，羁留关中。

同治元年（1862）吴文墕赴京谋职，途中赋诗作文。如《潼关》："河山北控通燕国，星斗西横接汴州。此地由来称险要，黄河万古自长流。"突出其地势之险要。《曲沃怀古》："小邑何嫌封叔父，绣衣终竟列诸侯。三家强僭难分鲁，二叔横恣未乱周。"指出其历史之复杂。《寿阳县》："茅棚土穴石为墙，临水依山冷寿阳。杏园密遮杨叶绿，麦畦遥映菜花黄。谁家犬吠疏篱外，几队骖停酒肆旁。"反映其生活之安宁。

小人物往往淹没在历史洪流之中而不为人所知。相对于吴庆坻，吴文墕不为常人所知，然而《寄庵遗稿》留下了其众多历史痕迹，有助于后人了解其生平历史。

（杨齐福　丁亮亮　浙江工商大学人文与传播学院　邮编310018）

论近代官僚本地化

——以浙江省为例

徐　杨

摘　要:官员任职回避本籍是中国吏治一个悠久的历史传统。及至近代,随着帝制中国向现代国家转型,官员的籍贯回避制度亦面临着诸多挑战,官僚本地化成为一种趋势。这既受政治环境所限,又与传统制度和民主政制理念的冲突密切相关。

关键词:近代　籍贯回避　浙江

官员任职回避本籍是中国吏治一个悠久的历史传统。据严耕望的考证,早在汉代,官员任用就有严格的籍贯限制。中央任命的刺史不用本州人,郡守国相等不用本郡国人;县令、长、丞、尉不但不用本县人,而且不用本郡人。严氏认为,秦汉之世,中国在版图辽阔、交通困难、文化各异的情况下,始能保持统一,"监官异籍,为效实宏"。① 此后,这一传统被大多数王朝所继承,成为规避地方割据风险的有效手段。② 及至近代,随着帝制中国向现代国家转型,官员的籍贯回避制度亦面临着诸多挑战,官僚本地化成为一种趋势。本文拟以浙江为例,考察晚清至民国不同历史时期的籍贯回避制度及其地方实践。

---

① 严耕望:《中国地方行政制度史(甲部)》,中研院史语所 1997 年版,第 357—358 页。

② 现有的相关研究多集中于清代以前的籍贯回避制度,对于近代这一政治转型时期,籍贯回避制度的变化研究较少。本文拟以浙江为例,探讨近代籍贯回避制度在地方政治中的实践,以及官僚本地化的现象。相关研究参见韦庆远:《论清代人事回避制度》,《历史档案》1989 年第 2 期;万春梅:《论清朝文官任职回避制度》,安徽大学硕士学位论文,2006 年;李治亭:《清代基层官员铨选制考察——以〈清史稿·循吏传〉为例》,《社会科学战线》2008 年第 3 期;等等。

一

与前代相比,清代所实行的籍贯回避制度更为严密。顺治十二年(1655),清廷即规定"外官回避本省,教职回避本府"。康熙二十四年(1685),更明确规定回避的地理空间,即便跨省,若不足五百里亦不可。"嗣后补授外官时,掣得地方,去伊原籍五百里以内者,省虽有别,仍令回避。"①雍正十三年(1735),清廷又将籍贯回避的范围扩展至佐杂。"各省佐贰杂职驻劄地方在原籍五百里以内者,亦令回避。"乾隆七年(1742),清廷针对寄籍人员做出限制,"凡寄籍、原籍地方均令回避"。如浙江人寄籍顺天府,那么直隶、浙江两省均应回避。乾隆九年(1744),又对"避籍五百里"的计算方式进行具化。"定例内虽未指明官塘大路以及捷径小路之分,但既在五百里以内,自总在应行回避之例。"②

总体上,清廷对籍贯回避制度的执行甚严,但也有因皇帝特旨而毋庸回避的案例。这种变通出现的频次在不同层级的官员中亦是不同。在督抚一级的封疆大吏,从乾隆朝至太平天国运动爆发的百余年间,只有陈宏谋一例。陈宏谋原籍广西,后以两广总督节制桂、粤两省。乾隆以其驻节广州,且深为信任,特旨免予回避。此后,直到咸丰朝曾国藩受命在本籍湖南办团练,这一惯例才再次被打破。③ 而在司道以下,毋庸避籍的现象则并不鲜见。以浙江而言,清廷允准无须回避的情况有以下几种:

其一,在五百里范围内但不在同一省份。如乾隆三十年(1765),原绍兴知府邹应元调任嘉兴知府。邹应元原籍江苏无锡,距离嘉兴在五百里内,例应回避。乾隆认为,"无锡虽地近嘉兴,然江浙隔省,不相统辖",且"该员人地相宜",特许"不必照例回避"④。再如,嘉庆十年(1805),江苏吴县人严荣出任杭州知府,两地相距不到五百里。嘉庆以"人地相需",且有前例可循,准其调补。⑤ 又如,光绪三十四年(1908),江西兴安县人周以翰出任衢州知府,距原籍在五百里以内。巡抚冯汝骙以其胜任该职,奏请免予回避。"惟查该员周以翰到任两月,于地方政务皆能切实整顿,舆论翕然。衢郡界连数省,颇称难

---

① 雍正《大清会典》卷14,第19页。

② 乾隆《钦定大清会典则例》卷5,第42—43页。

③ 韦庆远:《论清代人事回避制度》,《历史档案》1989年第2期,第83页。

④ 《大清高宗纯皇帝实录》739,第11页。

⑤ 《大清仁宗睿皇帝实录》卷233,第10页。

治，若令久余其任，成效必有可观。……该员服官邻省，查其原籍，道里且在四百数十里外，合无仰恳天恩，准令毋庸回避，俾收人地相需之效。"①清廷准其所奏。

其二，原籍浙江，但寄籍他省多年。如道光十二年（1832），新授嘉兴知府邵甲名，原籍绍兴府余姚县。其祖上于顺治四年（1647）入籍顺天府大兴县，已累八世。巡抚富呢扬阿认为该员入籍顺天虽久，但原籍终究是在浙江，仍应回避。道光却令谕"著毋庸议"。四年后，邵甲名升任浙江按察使，巡抚乌尔恭再次请旨是否回避，上谕仍为"无庸回避"。② 再如，光绪三十四年（1908），寄籍顺天府的桑宝出任宁绍台，其原籍为绍兴府山阴县。因其家族寄籍已逾三代，历时百余年，清廷谕令"毋庸回避"。③

其三，原籍浙江，且寄籍地亦在五百里内。例如，光绪三十四年（1908），王庆平出任浙江按察使。王氏祖籍浙江，寄籍江苏松江府上海县，杭州、上海两地距离未逾五百里。王庆平"具呈声明应否回避"，清廷著其"毋庸回避"。④总体而言，这些免予避籍的特例相对而言数量有限，籍贯回避制度在文官任职中执行得较为严格。

二

实行籍贯回避的初衷在于防止地方势力坐大，维护中央集权，但它在防微杜渐的同时亦会滋生出新的弊端。清初顾炎武即抨击避籍之害："自南北互选之后，赴任之人动数千里，必须举债，方得到官。而土风不谙，语言难晓，政权所寄，多在猾胥。"⑤嘉道年间的吴铤更是认为"铨叙之害，莫甚于南北互选"。他所提出的理由与顾炎武大同小异，一则来往川资、安家之费让赴任的官员不堪重负，二则"授权于吏胥"。⑥

这种对避籍负面作用的批评模式基本延续到了晚清。在清末新政时期，借外官制改革之机，疆臣们明确提出要改革籍贯回避制度。例如，1908年，河南巡抚林绍年奏请免予避籍，其理由主要有两点：其一，官员远赴他省，"行前

---

① 中国第一历史档案馆：《光绪朝硃批奏折》第25辑，第51页。
② 中国第一历史档案馆：《嘉庆道光两朝上谕档》第41册，广西师范大学出版社2000年版，第170页。
③ 《又奏浙江宁绍台桑宝呈请回避原籍片》，《政治官报》1908年8月29日，"奏折类"第17页。
④ 《宫门钞》，《政治官报》1908年4月19日，第3页。
⑤ 顾炎武：《日知录（一）》，《顾炎武全集》第18册，上海古籍出版社2011年版，第368页。
⑥ 吴铤：《因前时论二》，贺长龄、盛康编《清朝经世文正续编》，广陵书社2011年版，第231页。

有盘川安家之费,到省后有雇赁车马之费,动必借贷"。在背负债务的情况下,"有事者,别思取盈;无事者则谋出省杂差,几以行乞为度日之计"。其二,因语言不通,风气不习,官员必会"痛痒不管,怨谤不恤",导致"吏治堕坏"。因此,林氏建议,"州县以下各官概照驻防人员例免其回避,本省一切差缺只回避本府或仍以距离原籍五百里为限"。① 1910 年,山东巡抚孙宝琦在讨论外省官制时又提出籍贯回避的问题。"今中国之州县就官者,动涉数千里,资用倍繁,人情又隔,名节累于衣食,利害视同秦越,官民并困,独吏胥利为奸弊。"因此,孙氏认为"非除回避之例,用其地方之人,以谋桑梓之利,断无改良进行之效"。在具体的改革措施上,孙宝琦与林绍年的方案基本一致,只要求佐贰免予回避本省,州县则"以去本籍五百里为限"。② 可见,孙宝琦与林绍年的建言都相对和缓,只是针对府县以下各佐贰官,并不触及州县以上的正印官。时值筹备立宪,时论将州县回避本籍视为推行预备立宪的障碍。"今日欲行宪政,先顺民心,欲顺民心,先清吏治,欲清吏治,先就其根本上之扞格者而治之。亲民官回避本省,即所谓根本上扞格之受病者也,明乎此而改订官制一事,庶可得而实行矣。"③

从实际情形来看,新政时期清廷确有放宽州县及其佐贰官的籍贯回避条件。吏部将佐贰官避籍的条件分为三种:其一,佐贰官中数量较多的如县丞、县主簿等六类可用本省人,但仍不得在本府当差,须距本籍三百里;其二,佐贰官中数量较少的如州同、州判及以下各从九品未入流者可在近省任职;其三,较为特殊的佐贰官,如同通首领等官可就本人意愿在近省任职,但须距本籍三百里之限。同时,吏部也认识到现行的回避籍贯制度于州县官不利,"人地过于生疏,不无扞格",故对其限制条件稍有改动,"照现定同通等官办法办理"。即州县官可在近省任职,不受五百里之限。至于道府方面之员,吏部认为"应仍照旧章,暂从缓议"。④ 因此,新政时期,清廷虽对避籍条件有所放宽,但外官的籍贯回避制度仍相对严格。即便是新设之各省审判厅,隶属人员亦受避籍所限。"至全省高等审判、检察厅、分厅及提法司属官,其区域或系管辖全省,其职任或为司法行政拟仍照旧制,不用本省人员为宜";地方初级审判、检察厅的限制较小,"拟令本省人员,回避本管区域府州及本籍三百里以内"。⑤

---

① 《河南巡抚林绍年奏请议免回避原籍敬陈管见折》,《政治官报》1908 年 5 月 19 日,"奏折类",第 8—9 页。

② 《山东巡抚孙宝琦奏厘定直省官制谨陈管见折》,《国风报》1910 年第 4 期,"文牍",第 9—10 页。

③ 《州县官回避本省为宪政之障碍说》,《广益丛报》1910 年第 235 期。

④ 《吏部奏酌议变通分发章程并案复奏折》,《东方杂志》1908 年第 8 期,"法令二",第 6 页。

⑤ 《宪政编查馆会奏酌拟各省法官变通回避办法折》,《政治官报》1910 年 5 月 12 日,"奏折类",第 3 页。

三

民国以后,本省人做本省官已是习以为常之事,俨然成为地方自治的表现之一。1912 年,浙江军政府所颁布的《文官任用暂行法》曾规定"县知事不得以本县人充之",相较清代,回避条件已经宽松许多。而且,本县人出任县知事的情况也并非不可能。如遂安县,1912 年 1 月至 1913 年 3 月的县知事即由本县的前清举人陆登鳌出任。① 但这种状况并不多见,且集中在民初。至于各省级官员的籍贯,军政府则未作任何规定。袁世凯执政后,北洋政府曾对县知事的籍贯回避做出更严格的规定。根据 1913 年 12 月颁布的《知事任用暂行条例实施细则》,无论指分还是请分,候任知事分发之地"不得在原籍民政长官所辖区域"。② 在民初浙江民政长官皆为本省人的情况下,这意味着浙江人不可出任本省的县知事。以事实而论,中央政府确在践行这一条例。如 1914 年内务部分发浙江的 3 名甲等知事,16 名乙等知事中,无一浙江人。③ 但就浙江各县实任知事的情况而言,所谓籍贯回避条例形同虚设。笔者统计了北洋时期浙江 17 个县的实任知事籍贯,177 任知事中,本省籍的有 73 任,超过总数的四成。这种现象在全国范围都普遍存在,以至于内务部也不得不承认各省多用本省人员。"近据各省咨报委署县缺知事履历、遵章任用分发人员者固多,而参用籍隶本省人员者亦复不少。"①

值得注意的是,1912 年至 1916 年是浙江本省人出任县知事最为频繁的时期。直到北洋系入浙,齐耀珊主持民政后,才逐渐开始施行回避本籍的政策。因此,在时间上,1917 年之前本省人担任县知事的比例要远高于之后。⑤例如,鄞县在 1916 年 12 月之前,共历 6 任知事。除了民初福建籍的宁波军分府民政长江翊经兼任知事外,其余 5 任中只有一人为外省籍。而在 1917 年至 1927 年间,9 任县知事中只有 1 任为本省籍。⑥ 再如镇海县,1917 年之前共历 9 任知事,其中本省籍的有 5 位。然而,至 1927 年,再无本省人出任镇海

① 民国《遂安县志》卷 4,成文出版社 1975 年版,第 180 页。
② 《知事任用暂行条例实施细则》,第 8 页。
③ 《第一届知事实验取列甲乙等人员分发名单》,《内务公报》1914 年第 8 期,"报告",第 14—15 页。
④ 《兼署内务总长范源廉呈大总统申明知事回避本籍定章通行各省区文》,《政府公报》1917 年 2 月 27 日。
⑤ 李国祁:《民元～15 年间闽浙地区的政局动荡与领导阶层的急剧变更》,《民国史论集》,南天书局 1990 年版,第 71 页。
⑥ 民国《鄞县通志·文献志》第 4 册,第 1231 页。

县知事。①

表 1　1912—1927 年浙江省县知事籍贯概况表

地区	人次	籍贯		资料来源
		本省	外省	
德清	8	3	5	民国《德清县志》卷 6,成文出版社 1970 年版,第 382—383 页。
定海	6	3	3	民国《定海县志》卷 11,成文出版社 1970 年版,第 398 页。
建德	5	3	2	民国《建德县志》卷 69,成文出版社 1970 年版,第 216 页。
丽水	10	3	7	民国《丽水县志》卷 6,成文出版社 1970 年版,第 550—552 页。
南田	9	4	5	民国《南田县志》卷 7,成文出版社 1970 年版,第 33—34 页。
平阳	12	4	8	民国《平阳县志》卷 24,成文出版社 1970 年版,第 229 页。
衢县	11	3	8	民国《衢县志》卷 10,成文出版社 1974 年版,第 987—988 页。
遂安	15	6	9	民国《遂安县志》卷 4,成文出版社 1975 年版,第 180 页。
汤溪	13	5	8	民国《汤溪县志》卷 8,成文出版社 1975 年版,第 666—667 页。
象山	14	4	10	民国《象山县志》卷 5,成文出版社 1974 年版,第 671—674 页。
新昌	8	6	2	民国《新昌县志》卷 8,成文出版社 1970 年版,第 789—791 页。
宣平	11	6	5	民国《宣平县志》卷 9,成文出版社 1975 年版,第 728—729 页。
鄞县	15	6	9	民国《鄞县通志·文献志》第 4 册,第 1230—1231 页。
镇海	12	5	7	民国《镇海县新志备考》上卷,成文出版社 1970 年版,第 133—135 页。
昌化	12	3	9	民国《昌化县志》卷 8,成文出版社 1974 年版,第 455 页。
景宁	11	5	6	民国《景宁县续志》卷 4,《中国地方志集成·浙江府县志辑》第 64 册,上海书店 2011 年版,第 581 页。
新登	5	4	1	民国《新登县志》卷 17,《中国地方志集成·浙江府县志辑》第 47 册,第 631 页。

在省级官员方面,1914 年曾有传闻国务院欲令"各省民政长,凡籍隶本省者,迅即开呈以便酌为更调"②。但并未见北洋政府曾有公开颁布的政策法规。即便有类似的规定,就当时各省各自为政的现实状况来看,这也只能是中央政府的一厢情愿。自 1912 年至 1916 年,上至都督(督军),下至各厅厅

———————

① 民国《镇海县新志备稿》上卷,文海出版社 1970 年版,第 133—135 页。

② 《政府用人之近讯》,《申报》1914 年 2 月 10 日。

长,除了财政厅长吴钫外,是清一色的本省人。在北洋系入浙后,外省籍的官员才逐渐增多。而不同部门,本省籍的占比有所差异。在省长一职上,除了齐耀珊外,其余皆为本省籍。在政务厅,除了张弨一人籍贯不详外,其余也都是浙江人。而在警务方面,无论是省会警察厅,还是全省警务处均由夏超及其本省亲信掌控。其他财政、教育、实业等厅,外省籍厅长比例较高。在北洋政府时期,外省籍的省级官员占比只有三成。北洋系入浙以后,外省籍的厅长也不过9任,占总数的三成左右。换言之,北洋系的主政者仍然依靠本地的官僚维持政权运作。例如,1924年孙传芳入浙,全省行政事务委于省长夏超。对于夏超所委任的各厅厅长,孙传芳只以直隶籍的蔡朴执掌财政厅,其余各浙江籍的厅长均未更动。尽管对夏超独掌人事颇为不满,但孙传芳还是隐忍不发,还与夏超互订金兰,以示弥合分歧之意。[①] 从省县两级官员的实任情况来看,清代甚为严格的籍贯回避制度在北洋时期已然崩解。

表2　1912—1926年浙江省级官员籍贯概况表

职官	姓名	任期	籍贯
都督(督军)	蒋尊簋	1912.1—1912.7	浙江
	朱瑞	1912.7—1916.4	浙江
	吕公望	1916.4—1917.1	浙江
	杨善德	1917.1—1919.8	安徽
	卢永祥	1919.8—1924.9	山东
	孙传芳	1924.9—1926	山东
巡按使(省长)	朱瑞	1912.7—1913.9	浙江
	屈映光	1913.9—1916.4	浙江
	吕公望	1916.4—1917.1	浙江
	齐耀珊	1917.1—1920.6	山东
	沈金鉴	1920.6—1922.10	浙江
	张载阳	1922.10—1924.9	浙江
	夏超	1924.10—1926.10	浙江
	陈仪	1926.10—1926.12	浙江

---

① 李净通:《军阀时期的浙江政局》,浙江省政协文史资料委员会编《浙江文史集粹·政治军事卷》上册,浙江人民出版社1996年版,第87页。

职官	姓名	任期	籍贯
政务厅长	屈映光	1912.8—1913.9	浙江
	吴品珩	1914.6—1915.10	浙江
	张弨	1915.10—1916.10	不详
	王文庆	1916.10—1917.1	浙江
	沈尔昌	1917.1—1918.10	浙江
	冯学书	1918.10—1922.12	浙江
	徐鼎年	1922.12—1925.1	浙江
	萧鉴	1925.1—1926.10	浙江
财政厅长	张寿镛	1912.9—1915.6	浙江
	吴钫	1915.7—1916.8	江西
	莫永贞	1916.8—1917.2	浙江
	张厚璟	1917.9—1920.5	直隶
	沈尔昌	1920.5—1920.8	浙江
	陈昌谷	1920.8—1923.1	贵州
	张寿镛	1923.1—1924.12	浙江
	蔡朴	1924.12—1926	直隶
教育厅长	沈钧儒	不详	浙江
	沈钧业	至1914.5,教育厅裁撤	浙江
	刘以锺	1917.9	福建
	伍崇学	1917.9—1919.12	江苏
	夏敬观	1919.12—1922.6	江西
	马叙伦	1922.6—1922.9	浙江
	张宗祥	1922.9—1924.12	浙江
	计宗型	1924.12—1926	浙江
实业厅长	孙世伟	1913.2—1914.4,实业厅裁撤	浙江
	梁建章	1917.9—1917.12	直隶
	云韶	1917.12—1923.9	海南
	王吉檀	1923.9—1924.12	江苏
	童杭时	1924.12—1926	浙江

职官	姓名	任期	籍贯
省会警察厅长	夏超	1912—1916.12	浙江
	傅其永	1916.12—1917,后该职空缺	浙江
	冯光宇	1925.3—1926	浙江
全省警务处长	刘焜	1916.1—1916.12	浙江
	夏超	1916.12—1925.1	浙江
	叶焕华	1925.1—1926.10	浙江

　　资料来源:刘寿林等编《民国职官年表》,中华书局1995年版;林吕建等编《浙江民国人物大辞典》,浙江大学出版社2013年版。

四

　　如果说北洋政府还试图在放宽条件的情况下延续清代的避籍制度,只是坐困政治现实无力施行的话,那么,南京国民政府甚至不曾有过类似的制度设计。据笔者仅见资料,此一时期,中央政府并未颁布过行政官员须回避籍贯的相关法律规定。诸如《公务员任用法》《公务员任用施行条例》《县长任用法》等文官法律均没有类似籍贯回避的条文,唯一有籍贯回避要求的仅在司法官领域。1932年,国民政府司法部颁布了《司法官任用回避办法》,其中第一条即规定"各省区高等以下法院院长、首席检察官不得以本省本区人充任"。[①] 此举也引起了舆论上的一片反对声。"对地回避之面具,则异是,论其法理上之基础,乃藉对事回避之面具,隐射以欺世,考其事实上之立场,乃挟数千百年之史迹,沿袭而倖存,若进溯其发生之原委,实为专制君主之独裁政策,历数其本身之罪恶,更为贪污政治之木本水源。且纵观古今,横览东西,厥惟我国独特之万恶制度,而秦汉以下之政治,所以每况愈下,奄奄然毫无生气者,对地回避制度,实属之阶焉。"[②]

　　尽管这只是针对司法官避籍而论,但也不失为时人对籍贯回避制度的一种认知,即将其与专制独裁相连接。而在地方自治成为一种政治目标的南京国民政府时期,籍贯回避制度就更没有恢复的必要了。"民国成立,一面谬袭内举不避亲之义,援用戚党,视为固然,一面标榜自治,提倡地方分权……不

---

　　① 《司法官任用回避办法》,《法令月刊》1932年第28期,"法规",第2页。
　　② 张德先:《对地回避制度不应复活之商榷》,《法律评论》1932年第33期,第4页。

特封疆大吏，省民可以充任，即行政兼理司法之县长，亦打破地域限制，将来筹备自治之县……县长一缺，尚须施行民选，彼时反非本县人士，不能出膺民社，官吏回避办法，至此已经完全废止，其中地的回避问题，尤无复活之望！"①就实际情况来看，在 1937 年之前，5 任省主席中有 3 任是外省籍，各厅厅长中外省籍的几近一半，比北洋时期高出不少。这在某种程度上反映了中央权威的增强。

表 3　1927—1937 年浙江省级官员籍贯概况表

职官	姓名	任期	籍贯
省政府主席	张静江	1927.7—1930.12	浙江
	张难先	1930.12—1931.12	湖北
	鲁涤平	1931.12—1934.12	湖南
	黄绍竑	1934.12—1936.12	广西
	朱家骅	1936.12—1937.11	浙江
秘书长	双清	1927.11—1928.12	贵州
	程振钧	1928.12—1929.7	安徽
	沈士远	1929.7—1930.9	陕西
	刘石心	1930.10—1930.12	广东
	刘凤翔	1930.12—1931.12	湖北
	鲁侪	1931.12—1934.12	湖南
	黄华表	1934.12—1936.12	广西
	阎幼甫	1936.12—1937	湖南
民政厅长	马叙伦	1927.7—1927.8	浙江
	朱家骅	1927.8—1930.9	浙江
	张难先	1930.12—1931.12	湖北
	吕苾筹	1931.12—1934.12	湖南
	黄绍竑	1934.12—1936.2	广西
	徐青甫	1936.2—1936.12	浙江
	朱家骅	1936.12—1937.8	浙江

①　蒋铁珍：《论司法官回避问题》，《法律评论》1935 年第 22 期，第 1 页。

职官	姓名	任期	籍贯
财政厅长	颜大组	1927.7—1927.8	浙江
	陈其采	1927.10—1928.11	浙江
	钱永铭	1928.11—1930.12	浙江
	周骏彦	1930.12—1934.3	浙江
	王澂莹	1934.3—1934.12	浙江
	徐青甫	1934.12—1935.12	浙江
	程远帆	1935.12—1938	浙江
教育厅长	蒋梦麟	1927.7—1929.7	浙江
	陈布雷	1929.7—1930.12	浙江
	张道藩	1930.12——1931.12	贵州
	陈布雷	1931.12—1934.4	浙江
	叶溯中	1934.4—1934.12	浙江
	许绍棣	1934.12—1946	浙江
建设厅长	程振钧	1927.7—1930.12	安徽
	石瑛	1930.12—1931.12	湖北
	曾养甫	1931.12—1935.12	广东
	伍廷飏	1935.12—1936.12	广西
	王征	1936.12—1937.11	吉林
军事厅(保安处)	周凤岐	1927.7—1927.10	浙江
	蒋伯诚	1927.10—1928.11	浙江
	俞济时	1933.1—1934.5	浙江
	宣铁吾	1934.5—1943	浙江

资料来源:刘寿林等编《民国职官年表》,中华书局 1995 年版;林昌建等编《浙江民国人物大辞典》,浙江大学出版社 2013 年版。

在县长方面,1929 年,浙江省曾自行规定县长不得由本县人出任,但并没有规定要回避省籍。[①] 据浙江省民政厅的统计,1928 年,75 位县长中,有 25

---

① 慎予:《整饬县政》,《中央日报》1929 年 4 月 29 日。

人为外省籍；1931 年，75 位县长中，有 29 人为外省籍。[①] 外省籍县长的占比在三至四成之间，与北洋时期相比略有下降，但也相差无几。

五

民国以来，清代严格执行的官员任职避籍制度被打破了。尽管北洋政府曾试图部分恢复该制度，但缺乏足够的政治权威去推行，无力阻止官僚本地化的趋势。到了南京国民政府，籍贯回避甚至不再成为中央政府防止地方势力坐大的一种手段。不过，即使南京政府出台相关的回避政策，在彼时全国尚未实质统一的情况下，也未必能够有效推行。

另一方面，自汉代以来，籍贯回避作为一种政治制度被历代王朝所承袭，其意义在于预防地方分裂势力的滋生，以免成尾大不掉之势，威胁中央政府。然而，当帝制中国向现代国家转型，籍贯回避与地方自治等民主理念有着不易调和的矛盾。在批判者看来，籍贯回避"乃专制君主独裁政治之实现，而其光大充实，有加无已，更为永保政治独裁之不二法门"。但是，该制度的完全抛弃又会产生新的弊端。任由本县人执掌本县，县长往往与当地的土豪劣绅沆瀣一气，同流合污。以今人的眼光观之，籍贯回避制度在吏治中亦非一无是处。

（徐杨　杭州师范大学历史系　邮编 311121）

[①]　《浙江省各县县长一览表》，《浙江省民政月刊》1928 年第 9 期，"附录"，第 4—6 页；《浙江省现任县长一览表》，《浙江省民政月刊》1931 年第 49 期，"调查表"，第 2—3 页。

绝境吟唱：鲁王监国政权中的两浙士人^①

彭　志

摘　要：明清易鼎之际，两浙士人拥戴鲁王朱以海在绍兴建立监国政权，并成为支撑政权日常运作的中坚力量。在与清廷以钱塘江为线形成军事对峙局面时，两浙士人将钱塘江视为寄托复杂情愫、抒发积郁心绪的对象。鲁王监国政权轰然倒塌之后，士人的绝境书写成为可供观照的典型诗歌现象。选择张国维、陈函辉、陈潜夫三人，解读两浙士人在山河巨变下绝命诗创作的篇章结构、叙述模式及情感氛围。在鲁王监国政权遽然覆亡之后，两浙士人不断思考着导致此般结局的可能原因。循此解析路径，明清易鼎情形下两浙士人的复杂面相得以更为生动且深刻地呈现。

关键词：鲁王监国；两浙士人；钱塘江；绝境书写

拥有两百七十余年雄厚基业的大明王朝在内部遍地开花的农民运动和外部北疆虎视眈眈的后金政权的双重挤压下，巍巍大厦最终轰然倒塌。当崇祯帝在煤山悲壮自缢的噩耗滞后传至两浙各地之后，易代成为摆在两浙士人面前不得不应对的关乎生死的重要话题。遭逢易鼎，故明两浙士人便纷纷从流落在各地的朱明宗室中找寻遗珠，以便在危亡之秋找到新的追随效命者。在此历史情境下，先后被推上九五至尊宝座的有弘光帝朱由崧、隆武帝朱聿键、鲁王监国朱以海、绍武帝朱聿鐭、永历帝朱由榔等人，围绕着这些南明帝王，特别是各地士人对帝王行在之所的景仰和奔赴行为，更是构成了轰轰烈烈的近二十年的南明悲歌。

如果仔细研读五位南明皇帝践祚时的官员所属省籍，即拥立新君的士人的地域来源，则鲁王监国政权的官员构成颇为特殊。不同于其他四个南明政权官员地域来源的丰富多元，在鲁王朱以海登基之后，日常册封的重要官员

---

①　[基金项目]本文为 2019 年中国艺术研究院基本科研业务费项目(2019-补-11)阶段性成果。

中,很大比例的官员都是来自两浙地区。此种迥异情形的出现,一方面固然是因为鲁王监国的势力范围主要在浙江,但不可否认的是,这也肇始于明末以来各级官僚机构中著名的浙党的余绪。换言之,即地域化的士人群体借助集体的巨大力量,择选他们认为值得信赖的帝王,并试图影响帝王的内外决策,从而尝试最终改变历史走向。两浙士人选择鲁王朱以海作为拥戴对象,与稍早一些在福州登基的唐王朱聿键形成了针锋相对的角力局面,两方围绕着帝位合法性争讼、攻讦不休。故明宗室内部的纷争,削弱了复明的力量,也给了清廷以可乘之机,使清廷得以对抗清势力各个击破。本文便以鲁王监国政权中至关重要的两浙士人群体为观照对象,探究他们在明清易代风云波谲中的政治身份选择,以及由此引发的对其创作的影响,特别是考察其在遭逢绝境下的诗歌书写所呈现出的共性特征,从而还原鲁王监国政权中的两浙士人在明清之际生动且深刻的形象。

一、鲁王监国政权的建立与大肆敕封两浙士人

清廷在两浙地区的战略推进中,在地士人抵抗最为激烈的不是军事攻伐,而是占领城池之后剃发令的强制推行,"闰六月初旬,颁开剃之令,人护其发,道路汹汹;又郡县奉檄,发民除道开衢为驰马之地,人情益恇扰"①,剃发令彻底突破了两浙士人的最后底线。身体发肤对于汉族士人具有极其特殊的象征意义,直接与其信奉的伦理大节息息相关,而清廷在军事上取得成功后,便试图在文化上也消解掉汉族士人的思维堡垒,为同化汉族而采取的剃发诛心之策,自然激起了两浙士人的积郁愤慨,重举抗清义旗成了不得不做出的选择。在两浙地区,影响较大的主要有集中爆发的三次揭竿起事,清顺治二年(1645)闰六月九日,"孙嘉绩起兵余姚"②,孙嘉绩为故明原九江道金事,与谋者为原史科都给事中熊汝霖;闰六月十一日,原大理寺丞章正宸、原宁绍分守于颖、原任副总刘穆、诸生郑遵谦在钱塘江相继起事;闰六月十二日,前刑部员外郎钱肃乐在"鄞县六狂生"的推尊下起兵宁波。两浙各处此起彼伏地起义抗清,渐渐发展成了燎原之势。这些率先高举抗清旗帜的江南士人在气势渐盛之时,也期盼着从流落至两浙地区的朱明宗室中找寻到值得信赖的被拥戴者,以追求政权的合法性来吸纳、汇聚更多的抗清士人。

---

① (明)林时对:《荷牐丛谈》卷四,《台湾文献史料丛刊》第 8 辑第 153 种,台湾大通书局 1987 年版,第 131 页。
② (清)邵廷寀:《东南纪事》卷五,上海书店 1982 年版,第 224 页。

　　鲁王朱以海此时正暂住在台州,追随在侧的陈函辉极力游说其起事立国,"浙东沃野千里,南倚瓯闽,北据三江,环以大海,士民忠义技勇,勾践所以擒吴称霸也。王若起事,足以立国,臣愿竭股肱之力,奔走后先,上以报高皇帝,而下尽忠于王"①。面对鲁王朱以海的犹豫不决,陈函辉分别从浙东战略位置、士民品质、历史镜鉴、道德义务等数个方面晓之以理、动之以情,终在闰六月二十一日,鲁王朱以海下定了决心,以监国之名行帝王之实。得知此讯息后,"越中大老及起义诸君子,具疏敦请鲁藩监国临戎"②,两浙地区的士人终于找寻到了可以树立为精神旗帜的故明宗室,他们前赴后继的抗清义行也终于解决了政权合法性的问题,抱持乐观心态的部分两浙士人,也更加笃定了反清复明的决心。

　　鲁王朱以海于乙酉年,即顺治二年(1645)七月十八日在绍兴就任监国,至丙戌年,即顺治三年(1646)五月二十九日夜遁,整个政权持续的时间不足十个月。甫一立国,鲁王朱以海便大肆敕封那些追随、拥戴过自己的两浙士人,"张国维、朱大典、宋之普被任命为东阁大学士,不久又起用旧辅臣方逢年入阁为首辅。任命章正宸为吏部左侍郎署尚书事,陈函辉为吏部右侍郎,李向春为户部尚书,王思任为礼部尚书,余煌为兵部尚书,张文郁为工部尚书,李之椿为都察院左都御史。孙嘉绩、熊汝霖、钱肃乐起义有功,均加右金都御史衔督所部义师;进封大将方国安为镇东侯,王之仁为武宁侯,郑遵谦为义兴伯,而以大学士张国维为督师,统率各部兵马"③。先据各类文献,爬梳出这段史料中鲁王朱以海敕封的两浙士人的相应信息,制作成表1。

表 1　鲁王朱以海监国时敕封重要官员简表

姓名	字/号	籍贯	生卒年	考中进士年份	在鲁王监国政权任职
张国维	正庵/玉笥	浙江东阳	1595—1646	天启二年(1622)	东阁大学士
朱大典	延之/未孩	浙江金华	1581—1646	万历四十四年(1616)	东阁大学士
宋之普	则甫/今础	山东沂州	1602—1669	崇祯元年(1628)	东阁大学士
方逢年	书田/狮峦	浙江遂安	?—约1646	天启二年(1622)	内阁首辅
章正宸	羽侯/格庵	浙江绍兴	?—1646	崇祯四年(1631)	吏部左侍郎署尚书事
陈函辉	木叔/寒椒	浙江临海	1596—1646	崇祯七年(1634)	吏部右侍郎

① (清)温睿临:《南疆逸史》卷三十,中华书局1959年版,第209—210页。
② (清)徐芳烈:《浙东纪事》,周光培:《清代笔记小说》第26册,河北教育出版社1996年版,第20页。
③ 顾城:《南明史》,中国青年出版社1997年版,第261—262页。

续 表

姓名	字/号	籍贯	生卒年	考中进士年份	在鲁王监国政权任职
李向春	?	湖北远安	?	?	户部尚书
王思任	季重/遂东	浙江绍兴	1575—1646	万历二十三年(1595)	礼部尚书
余煌	武贞/公逊	浙江绍兴	1588—1646	天启五年(1625)	兵部尚书
张文郁	从周/太素	浙江台州	1578—1655	天启二年(1622)	工部尚书
李之椿	大生/徂徕	江苏如皋	1600—1651	天启二年(1622)	都察院左都御史
孙嘉绩	硕肤/?	浙江余姚	1604—1646	崇祯十年(1637)	右佥都御史
熊汝霖	雨殷/?	浙江余姚	1597—1648	崇祯四年(1631)	右佥都御史
钱肃乐	希声/虞孙	浙江宁波	1606—1648	崇祯十年(1637)	右佥都御史
方国安	磐石/?	浙江诸暨	?	?	镇东侯
王之仁	九如/?	河北保定	?—1646	?	武宁侯
郑遵谦	覆恭/?	浙江余姚	?—1648	诸生	义兴伯

表注:上表列栏包括官员姓名、字/号、籍贯、生卒年、考中进士年份、在鲁王监国政权任职等信息,基本上可以反映政府官员的身份归属特征。对于信息缺失的,或者难以考证的,俱以"?"标示。

从以上表格所示,至少可以发掘出两个方面的重要信息。其一,在鲁王监国政权中,两浙士人是组成上层核心官僚群体的中流砥柱,在表揭十七人中,籍贯是两浙地区的竟多达十三人,在中下层官员中,籍贯为两浙地区的士人所占比例同样也很高,因此,从某种程度上来说,鲁王监国政权是由两浙士人主导之下建立的南明政权。其二,在生卒年一栏中,去世年份是在顺治三年(1646)的多达九人,即鲁王监国政权覆灭之时,这些人多是主动杀身殉国,而在稍后几年去世的几位,也多是舍生取义,如:熊汝霖在顺治五年(1648)"从亡海外,为悍将所害"①;郑遵谦亦在同年"赴海死"②;李之椿在顺治八年(1651)则因被告发,银铛入狱而死,"谋举事吴越,故吏谢国宝上变告,传诸南京。见总督,不屈,下狱即不食。七日,呼杯水饮之,遂绝"③。由此可见,当两浙士人遭逢倾心拥戴的鲁王监国政权覆亡之厄时,仍然能以殉国、抗清以死的方式来彰显士人群体在易代之际的忠贞品行。

---

① (清)黄宗羲:《思旧录》,《黄宗羲全集》第1册,浙江古籍出版社1985年版,第385页。
② (清)徐秉义:《明末忠烈纪实》卷十四,张金正校点,浙江古籍出版社1987年版,第258页。
③ (清)朱溶:《忠义录》,高洪钧:《明清遗书五种》,北京图书馆出版社2006年版,第555页。

二、钱塘江对峙中的诗歌与政权覆亡后的书写

在鲁王监国政权和清廷对峙的十个月里,钱塘江成为一道抵抗清军继续南下的天然屏障,划江扼险成为前者选择的重要战略举措。西起钱塘江中部严州府,东至定海水军据点,各处星星点点的营垒组成了一条沿江弧形防线。① 鲁王监国政权在钱塘江驻地的布置方面,"方国安营七条沙,王之仁营西兴,张国维驻内地长河,孙嘉绩、熊汝霖营龙王塘,章正宸、沈宸荃、钱肃乐等上下协防,郑遵谦营小亹,于颖驻内江渔浦"②,沿江的各个重要军事要塞成为双方攻占、防卫的重点。鲁王监国、清廷两政权围绕着钱塘江形成的对峙形势,使得率军驻扎在此的官员们常常会将钱塘江作为书写对象,这条从西向东奔腾入海的江水贯注了两浙士人太多难以释怀的情结。如王思任便写有两首关涉钱塘江的律诗。

钱塘驿夜泊

今日眉开笑,乡潮听浙江。西陵堪唤渡,南亩即当窗。于外年将八,生还事亦双。遥知灯爆处,儿子跳银缸。③

渡钱塘

天风吹裂海门开,浪打钱塘去不回。波大有龙乘兴入,云边是鸟带愁来。山分两姓时婚嫁,舟渡三春尽乐哀。我亦茫茫时见此,行吟沙上几徘徊。④

《钱塘驿夜泊》是王思任在外播迁数载之后停歇驿站时的所闻所思,耳畔此起彼伏的潮水声勾连起对故乡绍兴的割舍不去的无尽思念,在回忆的画面里尽是孩童调皮戏耍的欢娱场景。此诗纯用白描之法,不事雕琢,却将一位颠簸多年的志士在静夜里被潮声触动的心境生动传神地描摹了出来。《渡钱塘》则刻绘了王思任横渡钱塘江时所见潮水的波澜壮阔,潮水有涨有退,使得诗人不禁联想起一己波折起伏的命运,很有可能此番渡江便是有去无回,借

---

① (美)司徒琳:《南明史:1644—1662》,李荣庆等译,严寿澂校订,上海书店出版社2007年版,第61页。
② 南炳文:《南明史》,南开大学出版社1992年版,第129页。
③ (明)王季重:《王季重集》,任远点校,浙江古籍出版社2012年版,第288页。
④ (明)王季重:《王季重集》,任远点校,浙江古籍出版社2012年版,第299页。

景写情,接连出现的"愁来""乐哀""徘徊"等包蕴伤感的字眼,活画出诗人彼时心境的挣扎,钱塘江水成为诗人骚客投注复杂心绪的外物。

不足期年而败的鲁王监国政权,给竭心尽力追随其后的两浙士人以重大打击,当大厦轰然倒塌之后,聚集在内的士人便不得不思索未来的出路。而长久以来背负的忠君恋阙的伦理观念,往往会成为束缚他们继续前行的羁绊,但在危亡之秋毅然做出的抉择,会愈发凸显其弥足珍贵。当鲁王朱以海在清军的攻打下,夜遁逃亡海上,一些来不及追随,或者心灰意冷的士人便会选择各种各样的殉国方式,以死亡践行着作为忠臣所应秉持的高尚志节。

士人在走向颇具神秘感和仪式性的死亡之前,他们往往会撰写绝命诗,用这些韵文彰显一己的斑斑心迹,以及期待历史的正向评价,如兵部尚书余煌的死便极具此种特征。甲申国变之时,余煌便哀思悲切,想要以死殉先帝崇祯,后来,鲁王监国政权的破灭,更加坚定了他的赴死决心。

> 次日,至渡东桥赴水,舟人拯之起,复宿草庵。一日夙兴,挐舟至大河头,复赴水。时水涸,深不及腰,煌泅水入、泅而出者三四。舟人复欲拯之,有仆曰:"勿尔,好成就之。"乃止。比得尸,衣带间有小木板,书绝命词曰:"穆骏自驰,老骓勿逝。止水汨罗,以了吾事。有愧文山,不入柴市。"①

投水死法有着颇为悠久的文化传统和丰富的象征意涵,可追溯最闻名的选择此种死法的人是自沉汨罗江的屈原,后来遭逢昏聩君主的臣子,抑或是在乱世中希冀保全节操的士人多会选择投水。纯净之水还具有涤荡世间丑恶和人心污秽的功效,余煌深谙此中寓意,便在极短的时间内,一心求死,并在绝命词中自述求死全节的坚定心志。

如果再关注下士人死亡发生之前的言行,则内阁首辅方逢年是一个可供分析的较好样本。"两起两落本无妨,降志辱身节自丧。夜半忽思通闽鲁,晚盖梦断倍凄凉。"②方逢年在易代之前,曾以正直敢言而闻名朝野,敢于在魏忠贤只手遮天时上疏怒怼,不畏被削职为民,到崇祯朝时,政绩卓著,官至礼部尚书兼东阁大学士。方逢年淡然面对宦途的浮沉,却对迫不得已投降清廷的污点耿耿于怀,遂以蜡丸密封书信,暗中联络远在福建的鲁王朱以海,不幸被清兵截获遇害。为了消解内心深深的负罪感,便渴盼以更为悲壮的报国言行来弥补曾经犯下的过错,这是明清易代之际,两浙士人在面临故国、新朝两者

---

① (明)张岱:《石匮书后集》卷四十五,中华书局1959年版,第252—253页。
② 陈捷延:《过客吟》,中国文史出版社2012年版,第1305页。

间共同陷入的煎熬心境。

三、绝命诗的篇章结构、叙述模式及情感氛围

如果仔细研读两浙士人在明清易代之际的绝命诗书写,可以发现其中有着较为普遍的共通性篇章结构、叙述模式及情感氛围,即呈现出明显的类型化特征。具体表现在三个方面:其一,喜好穷尽笔墨追述自我人生轨迹,为绝命诗的书写铺垫人设背景;其二,将奔赴死亡的选择放置于家国两维语境之下,强调舍弃敬养至亲的无奈;其三,在遣词造句、构思成文之中,善于营造触及终极灵魂的难以挣脱的悲怆及解脱后的释然。

先看这些特征在张国维《绝命诗 自述》中的呈现情形。

绝命诗 自述

艰难百战戴吾君,拒敌辞唐气励云。时去仍为朱氏鬼,精灵当傍孝陵坟。[①]

张国维在鲁王监国政权中官居东阁大学士兼兵部尚书,可谓位极人臣,因此所要承担的抗清压力也更重。张国维勉强在钱塘江支撑不足一年,还是不得不面临寄托宏远抱负的政权的轰然倒塌。丙戌年,即清顺治三年(1646)六月,当清兵推进至绍兴时,张国维走归东阳,从容赴园池而死。在这首七绝里,诗人回忆起揭竿起事以来遭逢的多次战役,也曾沙场气势凌云,取得大捷,而今功败垂成,甘心成为依傍在孝陵旁的游魂精灵,拳拳臣子的忠心溢于言表。

当两浙士人毅然选择赴死时,最为纠结的便是孝亲与忠君两者间的权衡,也即小家与大家之间的孰轻孰重。赴死之前,张国维还分别给割舍不下的母亲、孩子写有诀别诗。

绝命诗 念母

一暝纤尘不挂胸,惟哀藎母暮途穷。仁人锡类能无意,存殁衔恩结草同。

---

① (清)计六奇:《明季南略》卷六,任道斌、魏得良点校,中华书局1984年版,第294页。

绝命诗　训子

凤训诗书暂鼓钲，而今绝口莫谈兵。苍苍若肯施存恤，秉未全身答所生。①

在生死之际念念不忘的，恐怕大多是平时最为牵挂的人，比如父母、妻子、孩子。张国维在举身赴清池之前，最为放心不下的，抱持最深歉意的便是朝夕相处的母亲与儿子。在《绝命诗　念母》里自言决心以死殉国时，割舍不了耄耋之年的老母，而结草衔环之行在报母恩与报君恩两者间具有同一性。在《绝命诗　训子》诗里，诗人化身教导后辈的严父，劝勉孩子们以诗书为业，莫谈兵事，为了全身远害，成为执末的农民也未尝不可。让人无限感喟的是，张国维两个儿子的命运与父亲的谆谆教诲形成了明显的张力，"子世凤，后以苏壮、吴易事连，与族人同日遇害。次子世鹏，亦能文章，负才气云"②，张国维极力想要避免的情形，最终还是由担忧演变成了现实，故明末抗清士人及其后代在清廷宿命般的结局令人唏嘘不已。

同为鲁王监国政权重要官员的陈函辉，也写有《临终别亲友二首》来抒发绝境心志。

临终别亲友二首

廉泉同义魄，万古在禅林。故国千行泪，孤臣一寸心。深山空有恨，异日或相寻。身后遥为讬，应怀钟子琴。

生死真无补，重扶赖有君。先生留正义，后起订遗文。落日空日哭，驱车去路分。此心如见许，孤剑在孤坟。③

吏部右侍郎陈函辉在鲁王监国政权溃败之后，"从容笑语，扃户自经死"④，在赴死之前撰写的两首绝命诗分别用了钟子期聆听伯牙鼓琴及徐君喜好季札佩剑两则典故，书写了永别亲友之时难以抑制的巨大悲怆情绪。除了永别至亲的深情发抒，陈函辉还撰有长篇《绝命词》申明遭逢易鼎巨变时的志趣所在，言辞恳切，情状令人感喟。

---

① （清）计六奇：《明季南略》卷六，任道斌、魏得良点校，中华书局 1984 年版，第 294 页。

② （清）计六奇：《明季南略》卷六，任道斌、魏得良点校，中华书局 1984 年版，第 294 页。

③ 战时教育文化事业委员会：《两浙正气集》，东方日报社 1939 年版，第 60 页。

④ （清）李聿求：《鲁之春秋》卷八，凌毅标点，浙江古籍出版社 1984 年版，第 78 页。

绝命词

生为大明之人，死作大明之鬼。笑指白云深处，萧然一无所累。子房始终为韩，木叔死生为鲁。赤松千古成名，黄蘖寸心独苦。父母恩无可报，妻儿面不能亲。落日樵夫河上，应怜故国孤臣。臣年五十有七，回头万事已毕。徒惭赤手擎天，惟见白虹贯日。去夏六月廿七，今岁六月初八。但严心内春秋，莫问人间花甲。斩尽人间情种，独留性地灵光。古衲共参文佛，麻衣泣拜高皇。手著遗文千卷，尚存副在名山。正学焚书亦出，所南心史难删。慧业降生文人，此去不留只字。惟将子孝臣忠，贻与世间同志。敬发徐陵五愿，世作高僧法眷。魂游寰海名山，身到兜率内院。今日为方正学，前身是寒山子。徒死尚多抱惭，请与同人证此。①

陈函辉早在得知崇祯帝煤山自缢殉国的消息后不久，便在明崇祯十七年(1644)五月初五日撰有《告太祖高皇帝誓词》，"两浙素称乐郊，客岁许都谋逆，刭期授首，皆赖圣天子覆载再造之恩。今一旦变起不庭，师加有罪，志在春秋，人人得而讨乱讨贼。谋先保障，处处无如练饷练兵。敌王所忾，请共挥鲁阳指日之戈；与子同仇，应先击祖逖渡江之楫②。"誓词先追叙去岁许都在两浙乐土谋逆叛乱之事，端赖皇帝恩德才能平息祸害，现在北方的清军来势汹汹，需要两浙士人铁肩担道义去讨伐逆贼。在豪言壮语之外，更是提出了练饷练兵的具体策略，并连缀使用鲁阳挥戈和祖逖击楫渡江两则典故，宣誓出征作战、力挽狂澜的决心。吊诡的是，在这般壮怀激烈的誓言发出两年多之后，陈函辉全心追随的鲁王监国政权便遽然倾圮，也把诗人逼迫上了写作《绝命词》的悲惨境遇。全诗可以提炼出一条抒情主线，即游走在难以挣脱的悲怆和万般解脱后的释然两端：前者表现为对父母妻儿割舍不去的亲情，渴盼立功立言、青史留名的雄心，以及对旧国故君的念念不忘；后者则表现为在回望人生遭际时的云淡风轻，秉持子孝臣忠的伦理胜境，以及皈依佛道后的心境澄澈。在人生百转千回、情绪跌宕起伏之后，终于挣脱了有形无形的束缚，灵魂在死亡之中寻觅到了淡定和升华。

再看鲁王监国政权大理寺少卿陈潜夫的《绝笔》诗。

① (清)计六奇：《明季南略》卷六，任道斌、魏得良点校，中华书局1984年版，第296—297页。
② (明)冯梦龙：《甲申纪事》卷七，魏同贤：《冯梦龙全集》第15册，凤凰出版社2007年版，第140页。

绝笔

父兮生我，申以严诲。　惟孝惟友，曰忠与义。　丙子乡举，顾名自励。
名曰孝廉，庶几无愧。　致身之期，岁在癸未。　司理开封，星言视事。
以身许君，有死无二。　是时两河，贼氛如猖。　众人回车，予独揽辔。
贼出河朔，群工奔避。　予乃渡河，击楫而济。　誓清河南，以报先帝。
手披荆棒，身御魑魅。　独张空拳，以当贼骑。　知有封疆，九死何畏。
二十州邑，终复旧地。　维时先帝，鉴予忠瘁。　授以巡方，绣衣北莅。
惜也诸奸，互相牵制。　中枢信谗，嫉予不媚。　联络要图，置之罔遂。
三月撤归，可为陨涕。　哀哀先人，一时捐弃。　甘旨莫承，遗书沦废。
我哀方盈，奸怒转炽。　赫赫金吾，逮予邸第。　围墙幽忧，寇氛猝至。
菊蒻归米，挈家奔避。　航海飘零，请兵于会。　召募丁男，三百而已。
衣甲糗粮，皆予自备。　血战江干，二十余次。　粮寡兵微，于事何裨。
疾痛呼号，徒然愤恚。　丙戌五月，公侯师溃。　区区孤军，其何能济。
事不可为，偷生何贵。　拜别吾母，以及诸弟。　挈吾妻妾，从彭咸逝。
成仁取义，千古如是。[①]

陈潜夫（1610—1646），字玄倩，仁和（今浙江杭州）人，明崇祯九年（1636）举人，除开封府推官，擢监察御史。在清军攻入绍兴之后，陈潜夫于清顺治三年（1646）五月三十日"携其妻孟氏，及孟氏娣妾与潜夫者也，至小赭村之化龙桥，拜母弟及诸亲戚与辞决，抚孟氏姐妹令先下，度气绝，乃自沉"[②]。在这首长篇四言绝笔诗中，陈潜夫追忆了一己的人生轨迹，从父辈的谆谆教诲、科场考取功名，到为官时镇压各地的农民起义；从功勋卓著获得升迁，到触目奸佞当道的愤怒；从招募义勇、捍卫明廷江山，到孤军战败，只能杀身成仁、舍生取义。在娓娓道来的人生故事里，把近四十年的士人生命史凝缩在八十句三百二十字中。全篇结构井然有序，有强烈的线性叙事轨迹，也抒发了视死如归的坚定心志，如此有逻辑和张力的绝笔诗，定是诗人倾心而为。

---

① 杨讷、李晓明：《文渊阁四库全书补遗》集部第 15 册，北京图书馆出版社 1997 年版，第 324—326 页。

② （清）抱阳生：《甲申朝事小纪》三编卷六，任道斌校点，书目文献出版社 1987 年版，第 592 页。

四、两浙士人对鲁王监国政权覆灭原因的反思

以绍兴为国都的鲁王监国政权刚建立时,被两浙士人视作重振抗清颓势的契机,各地士人纷纷摩拳擦掌,收拾行囊奔赴朱以海所在的绍兴,期待着能在勤王中建功立业。黄宗羲、黄宗炎、黄宗会在余姚乡里招募乡勇起兵之后,便追随右金都御史孙嘉绩,在钱塘江边驻扎抗敌,并向掌管一方军务的武宁侯建言,"诸公何不沉舟决战,由赭山直趋浙西?而日于江上放船鸣锣,攻其有备,盖意在自守也。蕞尔三府,以供十万之众,敌兵即不发一矢,一年之后,恐不能支,何守之为?""崇明,江海门户,曷以兵扰之,亦足以分江上之势?"[1]颇为可惜的是两条具有一定可操作性的策略并未被王之仁采用。

海宁人查继佐在目睹顺治二年(1645)十二月义军攻伐清军占据的杭州失败后,痛心疾首地给鲁王朱以海上书,"自十二月廿四日之后,我兵一挫,□骄益逞。乃诸镇养尊,将心万不足恃,而私斗者互见,无所为兵律也。米价腾沸,过常数倍,财竭则内必变,民情已汹汹可虑。……而举朝泄泄,犹然饰太平之容,岂以示□镇静,如谢安之于秦乎?臣未能为之解也"[2]。查继佐困惑于在西征失败之后,各处仍然沉溺于养尊处优、内讧恶斗,而丝毫不顾忌物价飞涨所导致的民情激变。查继佐于此上疏中还是颇为谨慎地表达疑惑,而受困于分饷分地之议的右金都御史钱肃乐,则直言批评"咫尺江波,烽烟不息,而越城褒衣博带,满目太平,燕笑漏舟之中,回翔焚栋之下"[3],颇有"战士军前半死生,美人帐下犹歌舞"的悲凉撕扯之感。对此,时人、后人都对鲁王监国政权的猝然而亡进行过一定省思,择选两浙地域内的张岱《鲁王世家》,以及地域之外的李寄《西施山戏古》两则以烛见之。

鲁王世家

从来求贤若渴,纳谏如流,是帝王美德。若我鲁王,则反受此二者之病。鲁王见一人,则倚为心膂;闻一言,则信若蓍龟,实意虚心,人人向用。乃其转盼则又不然,见后人则前人弃若弁毛,闻后言则前言视为冰炭。及至后来,有多人而卒不得一人之用,闻多言而卒

---

① (清)李聿求:《鲁之春秋》卷十,凌毅标点,浙江古籍出版社1984年版,第100页。
② (清)查继佐:《敬修堂钓业》,翁洲老民等:《海东逸史(外三种)》,浙江古籍出版社1985年版,第143页。
③ (清)徐鼒:《小腆纪年附考》卷十一,王崇武校点,中华书局1957年版,第450—451页。

不得一言之用。附疏满廷，终成孤寡，乘桴一去，散若浮萍；无柁之舟，随风飘荡，无所终薄矣。鲁王之智，不若一舟师，可与共图大事哉！[①]

西施山戏古

鲁国君臣燕雀娱，共言尝胆事全无。越王自爱看歌舞，不信西施肯献吴。[②]

张岱早岁家境优渥，养尊处优，明亡后，穷愁潦倒，避居剡溪山，始专注于将世事人情与变易诱发的悲愤之情皆投注于文字之中。鲁王监国政权的国都正是张岱的家乡，他目睹了这个短命政权从建立到破灭的全过程，因此，最有发言权。对鲁王朱以海，张岱直指其不能辨别人的贤佞，不能区分谏言的善恶两大弊窦，更是讽刺其不若舟师，难成大业。李寄，字介立，号因庵，江阴人，专好记录明季史事，致力于找寻明季兴亡得失因由。在《西施山怀古》这首七绝中，描绘了鲁王监国政权从上到下的腐败不堪，驻扎在钱塘江边的守军日日置酒唱戏，焉能不败。由此可见，在历史前进的轨道上，两浙士人又一次押错了宝，站错了队，从而注定了他们在明清之际摆脱不去的命运悲歌。而选择政治身份之后，两浙士人在此特殊情境之下的诗歌创作，更是成为其悲惨可叹却神圣可敬的人生笺注。

（彭志　中国艺术研究院中国文化研究所　邮编 100029）

① （明）张岱：《石匮书后集》卷五，中华书局 1959 年版，第 63 页。
② 邓之诚：《清诗纪事初编》卷一，上海古籍出版社 2012 年版，第 48 页。

近代上海的大出丧现象及其成因

——以《申报》为中心的考察

冯志阳

摘　要：大出丧既是一个人生经历的展示台，也是一个家族显示社会地位的舞台。传统社会有关"丧礼"的规定，对于上海租界这样一个"法外之地"显得力有未逮，大出丧现象因而在近代上海十分盛行。尤其是在进入民国后，那些带有浓厚等级色彩的"丧礼规定"不再具有约束力，而人们内心又向往着更高的社会等级，但民国新丧礼并不能提供关于丧礼等级的标准，于是人们对丧礼大操大办，将能够提升家族社会地位的仪仗尽数摆上。大出丧为人们在一个失序的社会中，抬高自身家族的社会地位，提供了一种特别的方式。究其本质，大出丧就是一种炫耀性消费。

关键词：大出丧；近代上海；炫耀性消费

近代上海盛行大出丧，所谓"出丧"，又称"出殡"，是丧礼中场面最壮观、耗资也最大的环节，以其活动空间的公共性而备受瞩目。吴趼人曾言"沪俗奢侈相尚，中人之家偶遇丧事，出殡之日，必竞排执事，雇佣军乐，沿街游行，以示阔绰，观者谓之'大出丧'"。① 在当时的报刊媒体看来，"沪人所最喜观者，莫如大出丧"②。事实上，媒体也特别喜欢报道大出丧，邵力子甚至为此专门写了一篇文章进行批评：

> 　　说到大出丧，凡有智识的人都晓得不是应当提倡的事，似乎我们同业里面，也常常写几句文字，劝人家不要在出丧上面，踵事增华地竞争。然而空言劝告是无益的，如果大家都把大出丧当作一件好看的东西，尤其是我们新闻界也把大出丧当作一件值得记载的新

---

① 《吴趼人全集》之《滑稽谈》，北方文艺出版社 1998 年版，第 475 页。
② 《自由谈》，《申报》1919 年 2 月 17 日。

闻。新加坡的一个做糖生意发财的人死了，在他的遗产发生争夺的问题时，自当值得记载，至于那棺材抬出去时是一种怎样的情形，我想是没有记载的必要的。即使要因此而描写糖商家属的昏愚和新加坡一般观众的无识，也不必要记载到曹锟赠送的是什么挽额呀！难道因为上海人喜欢看大出丧，他们不能到新加坡去看，就请他们看纸上的大出丧，也算慰情聊胜于无吗？ 这样，又与提倡大出丧有什么分别呢？①

恰恰由于上海媒体对于报道大出丧的热衷，使得近代上海有关大出丧的资料得以大量保存下来。其实，不仅纸媒喜欢报道大出丧，许多电影公司每逢大出丧也必定专门派出摄影队进行全程跟拍，商务印书馆于 1917 年摄制的《盛杏荪大出丧》成为中国人自拍电影的重要开端。② 富商朱葆三去世后，众多电影公司抢拍大出丧过程，明星影片公司为此大做广告：

> 摄朱公出丧者虽多，但清楚者少，完全者更少，独明星此片，比众不同：（一）朱府特许明星摄机进宅，故灵前门外，比经摄入；（二）又蒙特许开放三乘摄影车，装就机件，追随机仗，沿途分摄，可谓面面俱到，应有尽有；（三）得英法租界警官之助，对光准确，而摄影师皆手术敏捷，如英警法警交换接替于爱多亚路，均经摄入，尤所罕觏；（四）片首述明要旨，借以风世……（生前急公好义，身后即外人亦且敬礼之，南京路之通过，英法警之拱卫，皆足以劝人多留功德于社会）……（单凭金钱铺排之大出丧，足以长奢侈之风，是役独少无意识之排场）……（仪仗甚盛，不列僧道，即非破除迷信，亦可谓不蔑视宗教）所以观此片，一胜于奔走各路，饱看多处之盛况也。准于本月十日起随同“一个小工人”新片开映于中央大戏院。③

无论是纸媒，还是电影公司，都热衷于报道和拍摄大出丧，不过是当时一般社会心理的反映而已。如果这样的报道和影片没有市场，报纸和电影公司也就不会热衷于此了。

上海人对于大出丧的热衷，使得“上海的大出丧”在全国都非常有名。北洋时期的著名记者林白水在一篇名为《大帅入关了》的时评中写道：“北京的

---

① 傅学文：《邵力子文集》下册，中华书局 1985 年版，第 980 页。
② 王钟陵：《中国电影史略论》，《清华大学学报（哲学社会科学版）》2009 年第 3 期。
③ 《申报》1926 年 11 月 10 日。

阔人进城,难道比得过上海的大出丧吗? 那些洋鼓、洋号,吹吹打打,那都是大出丧所听见过的。就是旌旗耀日,也跟大出丧的神旛、明旌、挽幛差不多。至于一队队的卫兵,一对一对的仪仗,跟大出丧的告花子肩执事牌,有何分别。"①到 20 世纪 50 年代,"大出丧"在上海歌谣里更是作为一种热闹气氛的象征而存在,如一首名为"麻雀送到博物馆"的歌谣里这样唱道:"上海人民放爆仗,麻雀打了千千万。你敲锣,我打鼓,吹吹打打大出丧,一送送到博物馆。"②

　　大出丧在近代上海如此盛行,自然也常常出现在上海作家的笔下。吴趼人的《二十年目睹之怪现状》第七十八回"巧蒙蔽到处有机谋,报恩施沿街夸显耀"和第七十九回"论丧礼痛贬陋俗,祝冥寿惹出奇谈"对清末上海的一场大出丧有着详尽的叙述和评论。③ 法国人乔治·苏利哀莫郎出版于 1929 年的长篇小说《留沪外史》,其中有一章的标题便是"大出丧"。④ 鲁迅在自己的杂文和小说中也多次提到"大出丧",最著名的便是在和邵洵美的笔仗中写道:"我以为作文人究竟和'大出丧'有些不同,即使雇得一大群帮闲,开锣喝道,过后仍是一条空街,还不及'大出丧'的虽在数十年后,有时还有几个市侩传颂。"⑤在小说《铸剑》中,最后一节有关"大出丧"的描写,被钱理群誉为"《铸剑》这篇小说真正鲁迅式的展开","对'复仇'主题鲁迅式的思考与开掘":"小说前面三节复仇的神圣,崇高和诗意"被"大出丧"消解为无,真正是"血痕也被添尽","只有'无物之阵'仍然占据着画面:他们是唯一的,永远的'胜利者'"。⑥ 所谓"无物之阵"即"大出丧"的"看客"。"看客"是鲁迅艺术创作中的经典形象,而"大出丧"正是"看客"的盛宴,不难想象"大出丧"盛行与鲁迅创作之间的关联。

　　目前学界有关大出丧的研究极为少见,苗青的博士论文《盛宣怀与近代上海社会》用一节的内容叙述了"盛宣怀大出丧",但主要是详尽地描写了"盛宣怀大出丧的盛况"以及"盛宣怀大出丧引起的社会反响",对大出丧现象的成因缺乏深入探讨。⑦ 还有学者将"大出丧"等同于"国葬",则是对"大出丧"

---

　　① 白水:《大帅入关了》,《林白水文集》,第 902 页。

　　② 《麻雀送到博物馆》,上海民歌编辑委员会编:上海歌谣集之十三《条条里弄满春风》,上海文艺出版社 1958 年版,第 119 页。

　　③ 吴趼人:《二十年目睹之怪现状》,齐鲁书社 2008 年版。

　　④ 张若谷:《悼亡友韩奎章》,《申报》1929 年 5 月 23 日。

　　⑤ 邵洵美因《文人无行》一文激怒鲁迅,鲁迅利用邵洵美是盛宣怀孙女婿的身份多次作文回击,这段话出自《准风月谈·后记》。见朱正:《鲁迅与邵洵美》,《新文学史料》2006 年第 1 期。

　　⑥ 钱理群:《试论鲁迅小说中的"复仇"主题——从〈孤独者〉到〈铸剑〉》,《鲁迅研究月刊》1995 年第 10 期。

　　⑦ 苗青:《盛宣怀与近代上海社会》,上海师范大学 2010 年博士学位论文,第 130—144 页。

的误解。① 有鉴于此,本文拟以《申报》记载为中心对近代上海的大出丧现象进行一番梳理。

一、近代上海的大出丧

"大出丧"一词始自何时不可考,成书于清光宣之交的《二十年目睹之怪现状》已使用"大出丧"一词,并对"大出丧"进行了解释:凡富家之丧,于出殡时多方铺排,卖弄阔绰者,沪谚谓之大出丧。② 《申报》在清末也开始使用"大出丧"一词,如1905年4月26日有一则关于"陆兰芬大出丧"的戏剧广告,再如1907年6月11日一则名为"上海特别新戏二本黄勋伯真勇士大出丧"的广告,等等。就《申报》而言,"大出丧"一词最初多是作为戏剧名而出现,然后在时评中出现,如一则名为"新上海之五光十色"的评论写道:"焚毁道署之火光,遍市白旗之耀光,好男儿之血光,大出丧之风光,此皆中华民国之荣光。"③ 《申报》直言某次出殡为"大出丧"似乎始自盛宣怀④,但以"出殡盛仪""出殡纪盛""出殡志盛"等为标题报道大出丧,在19世纪八九十年代的《申报》上已经相当频繁了。如淮军将领唐定奎在沪病亡后,《申报》对其出殡盛况进行了详细报道。除了"旗、锣、伞、扇、衔牌、铭旌亭、诰命亭、菜亭、香亭、像亭、灵轿"和"翣牌、功布、孝帏、提炉"等传统仪仗外,最引人注目的便是"各营勇兵"之送殡。事实上,"兵勇送殡"并非武官的特殊待遇,一般人家只要有钱,都可雇请兵勇护丧送殡,如"浙宁钱业董事张宝楚"去世后,在沪发引,"苏松太之沪军营枪队二十四名,亦随护灵輀"。⑤ 有学者指出,"官兵护丧在清朝后期已经成为官绅巨富之家通行的一个新风俗"。⑥

出殡仪仗中,"衔牌"往往也是非常引人瞩目的一种仪仗。如"福建按察司许仲毁廉访"在沪病殁后,出殡仪仗除了"本埠苏松太亲兵并忠信两营营兵皆执旗枪鸣鼓护送",及"旗、锣、伞、扇"之外,还有"肃静""回避""奉天诰命""遵例入城""诰授资政大夫""銮仪卫""三品衔荫生""江苏候补府正堂记名海

① 薛文礼:《略论鲁迅作品中丧葬仪式描写的悲剧性和文化意义》,《文艺理论与批评》2012年第2期。

② 吴趼人:《二十年目睹之怪现状》,齐鲁书社2008年版,第271页。

③ 怪竹:《新上海之五光十色》,《申报》1911年11月16日。

④ 《诸君要看大出丧否》,《申报》1917年11月5日;《看大出丧者鉴》,《申报》1917年11月18日;《哄动远近之大出丧》,《申报》1917年11月18日。

⑤ 《丧仪志盛》,《申报》1880年11月11日。

⑥ 苗青:《盛宣怀与近代上海社会》,上海师范大学2010年博士学位论文,第138页。

关道""直隶通永兵备道""钦命福建按察使司""头品顶戴""太子少保""兵部大堂""军机大臣""赐紫禁城骑马""赏穿黄马褂""总理各国事务大臣""会典馆副总裁""国史馆总裁""御赐五世同堂一门再见""赐谥文恪""赏戴花翎""钦命江苏巡抚部院""钦命广东盐运使司""南书房行走""内阁学士兼礼部侍郎衔""都察院副都御史""礼工吏兵户刑部侍郎""礼工吏兵户刑部大堂""太子太保""左春坊庶子""钦命江南贵州广西湖南山东湖北福建正考官""学院父子""兄弟叔侄抡材""七子登科""兄弟榜眼及第""金殿传胪""钦赐举人"等四五十种衔牌。《申报》在一番列举之后,也不得不感叹"科名之盛,洵罕见也"。①

实际上,这些衔牌上的职衔和名誉并非许仲弢一人所有。许仲弢,即许钤身,字仲韬,亦作仲弢,仅是捐班出身,职衔最高也只是福建按察使,但其出殡衔牌却包括"兄弟榜眼及第""金殿传胪""礼工吏兵户刑部侍郎""礼工吏兵户刑部大堂",甚至"军机大臣"等。这是因为许钤身出身于著名的仁和许家,其父许乃普,进士出身,历任军机章京、编修、贵州学政、侍读、侍讲、内阁学士、刑部侍郎、吏部侍郎、兵部尚书、工部尚书、刑部尚书、吏部尚书、太子太保等职。即便如此,那些衔牌上的职衔也是许乃普一人无法囊括的,例如许乃普便不曾担任军机大臣。担任军机大臣的是许钤身的堂弟许庚身,许钤身的其他叔伯兄弟如许乃济、许乃钊、许彭寿等,均进士出身,历任官职也都很显赫。② 许钤身一人的出殡,却把整个家族成员获得的荣誉都展示出来,这表明出殡作为一种仪式,实际上是一个家族展示乃至炫耀其身份、地位和荣誉的社会舞台。

洋人在上海去世后,往往也会举行盛大的葬礼。1875年底,意大利驻沪领事在上海病逝,先是在法租界天主堂殡殓,然后其灵柩乘双轮马车至八仙桥公墓。随柩护送者,由五名法国巡捕领队,次则"小孩十人秉烛徐行","另有中年人手持十字架,又神甫十数人分列左右,口诵经词,外有水师兵弁三百余人,暨各国领事水师官员人等数十人"。《申报》对这次葬礼进行了报道,称其"是亦丧仪之极盛也"。③ 1893年,怡和洋行大班在上海病逝,怡和洋行为其举办的葬礼也相当隆重:"柩前有印度巡捕二名乘马开路","继以团练兵五十名","乐工随其后,沿途奏乐","更有德国团练兵数十名,团练步兵约一百名,炮队数十名,马队二十余名,倒执洋枪,列队而行"。"其柩以榉木为之,异置

---

① 《出殡盛仪》,《申报》1891年1月31日。
② 贾熟村:《中国首任驻日使节许钤身》,《浙江学刊》1998年第6期;方英:《许钤身未能出使日本考》,《历史档案》2009年第1期。
③ 《意国领事病故》,《申报》1875年12月29日。

炮上,载以四马炮车,两旁两炮手分乘两马,更有炮手六名,为之护卫",亲友各以花圈相赠,例必分置枢上"。灵枢后是亲友、"怡和各伙友"、"某兵船水手数十人"、"苏松太道辕护勇三十名",以及"各领事、各商人"等,"皆衣冠往送,俯首徐行,所过之处,线长至二里许"。①与中国传统的"大出丧"相比,洋人的"大出丧"仪仗其实相当简单,主要就是花圈。之所以是"大出丧",主要是因为送殡者众。

西式"大出丧"里的一些因素很快就被中国人借鉴到自己的"大出丧"里,如西乐、花圈、车载灵枢、骑警开道等。早在1882年,上海公共租界里便有华人出殡,"用西乐二班,前八名,后四名"。《申报》对此进行了报道,并称"居家出殡,虽极隆盛,不过铭旌旗伞等事,初无足纪,而本埠间有雇用西乐者,则旧例所无,风气一变矣"。②普通人家出殡都用西乐,那官宦富商出殡用西乐的就更属平常了,如唐廷枢、薛福成等。③花圈则是由洋人赠送发展到华人自备,如1897年,出使英法意比四国的大臣龚仰蘧任满回国,在上海逝世,其出殡仪仗中的西洋因素除了"西国吹弹手、炮队营之西乐各一班"外,还有"各国领事官、各西教士、各国富商"按照"西礼"赠送的"花十字架及花球、花圈等"。1899年逝世的巨商叶澄衷,其出殡仪仗中有"西乐一班,华乐数班,西人所赠花圈四十余枚"。④1907年,上海商团公会义勇队排长黄勋伯出殡之时,有"花圈二十余架"。⑤1910年,松江清华女校为女校长杨安桢出殡,"全校女学生各执花圈步送"。⑥在载送灵枢的方式上,中国传统是请杠夫抬灵枢,因而专门从事殡葬服务的机构常常被称为"杠房"。自从西式"大出丧"不断在上海展示后,中国人的"大出丧"中也开始逐渐采用车载灵枢的方式。前述之黄勋伯出殡时,即由洋人提供炮车,以运载灵枢。辛亥革命时期,沪南商团公会有成员被匪戕害,举殡时除了军队、乐队和花圈外,还"用马车载其被害时血衣一领",灵枢则"用炮车驾马拖行"。⑦至于骑警开道,此后更是几乎成为上海富豪盛大出丧的标准配置。在一篇关于上海警政历史的文章中,对于"骑巡队"曾有这样一段描述:"在过去租界时期,遇有盛大游行或军队开拔时,皆有几个印捕骑着高头大马做前导,甚至富有之家的大出丧,也用他们开路。此即

① 《举襄志盛》,《申报》1893年11月9日。
② 《西乐送殡》,《申报》1882年5月28日。
③ 《举襄志盛》,《申报》1892年11月16日;《出殡盛仪》,《申报》1894年8月12日。
④ 《出殡盛仪》,《申报》1897年8月24日;《举殡盛仪》,《申报》1899年12月25日。
⑤ 《义勇队排长黄勋伯君殡仪志盛》,《申报》1907年5月5日。
⑥ 《清华女校主出殡志盛》,《申报》1910年12月12日。
⑦ 《商团员出殡志盛》,《申报》1911年11月13日。

租界的骑巡队,乃上海的一极特殊点缀品。"①

近代上海华洋杂处的城市环境,使得上海的"大出丧"仪仗也呈现出华洋杂糅的特点。在这方面表现得最为淋漓尽致的正是盛宣怀大出丧,对于大出丧的盛况,《申报》有详尽报道:

> 时届一点,英美总巡麦嵩云君,即饬老闸捕房派出通班中西探捕,分投弹压。总巡捕房除派印度马巡,驰往护道外,并选中西各捕,沿途巡护,以防滋扰。灵榇发引,本定晨间巳时,后因筹备稍迟,排道出发巳钟鸣一下,始由盛宅起马,迤逦至泥城桥,已届二时。前导为印度马巡徐行清道,次即开路神,又次洋号旗枪马匹十余骑,后肃静、回避牌,旌亭、马执事全副;又洋号一班,香亭一座,銮驾全副,马上清音一班,诰命亭,钦赐福寿字亭,罗办臣西乐,洋照衔牌;又军乐一班,卫队百余名,对马八匹;又执事一班,及洋照亭、花伞、花旗,中间参以招商局北栈、南栈工役百余人执香步行,继而各轮买办莫幛数十幅;又杂以极大花亭,并冬青扎成狮子一对,牌伞亭台童男童女鹿鹤轩轿一座,均冬青扎成;后又有绣花旗伞、銮驾全副,花伞清客串一班,花汽车一辆;又洋号全班,及花亭花牌楼花人物花狮象等数十对,祝文亭一座,纪念碑一座,銮驾全副,德政牌数十对,汉阳铁厂赠送旗伞,及大冶铁矿同人赠旗伞各数十事,清音一班,萍乡煤矿员司工役赠旗伞银鼎等件;又音乐提香,又洋照亭一座,(其照外玻璃已碎,据称于二时一刻行至英大马路小菜场前,被人从人丛中用石子抛掷致遭击破。)后全猪全羊两亭,亭后谋得利洋乐全班,花铁路龙头车一辆;又执事全班,铜像一尊,天津锣鼓一班,台搁两座,每座上饰小孩二人,该台搁由一人负之,颇觉费力;又清客串一班,后有铁路大臣亲兵百余名,再后彩马、花牌、珠车、轩轿、清客串、军乐、彩汽车、道士,挽联幛数百轴,僧人尼姑三四百人,上海孤儿院学生五十人;又清客串一班,花马车一辆,江宁公所等赠花亭四座,三新纱厂等莫幛;又军乐一班,花伞花旗;又清客串一班,各工厂纪念伞等数十百事,花十锦、花銮驾、花逍遥伞数十对,八拍旧音乐全班,花圈、龙亭、花清道、花匾额、花莫幛、花龙船、花四兽、花东洋车、花大轿、花鹿鹤等件;继而闸北惠儿院穿以极新式之蓝色制服军乐一班,计四十人,颇为整齐;留云禅寺僧二百余人,纸亭四座,内供纸鼎福

---

① 《冬防声中话警政》,《申报》1946年12月2日。

寿字等类;广东锣鼓一班,中国救济妇孺会军乐三十二人,留养男女孤儿全体,亦执香谨送,后素对马八匹,素顶马一骑,卫队百余名,随后茅山道士约数十人,穿道服步行,上海贫儿院军乐二十四人,学生五十人,肩背花圈随送,后即魂轿、素衔牌,及鸡亭,亭后有穿绣花红白彩之彩童十六人,或执九节灯,或执提炉,或捧香及烛,再后乃功布诸亲族,执香步行于后,多有穿前清礼服者,亲族后又有警厅所送军乐全班,军乐后警察厅骑巡队十余匹,即在枢前及左右护送而行。灵枢系红缎绣花,罩上盖金顶一事,余无可异之点,惟扛夫系向天津广春局雇来,故稍特式,计六十四名。惟行道太迟,而招商局、华兴公司、通商银行等,又沿路路祭,致灵枢抵招商码头,天已黑暗。送客马车轿子亦甚多。①

上述出殡仪仗中,既有西式骑警开道,又有中国传统的"开路神"开道;既有西式的"洋号全班""罗办臣西乐""谋得利洋乐全班"以及"警厅所送军乐全班"等军乐数班,又有传统的"马上清音一班""天津锣鼓一班""八拍旧音乐全班"和"清客串"数班;既有西式花圈,又有中式的"花清道、花匾额、花奠幛、花龙船、花四兽、花东洋车、花大轿、花鹿鹤",更有各种旗伞亭牌等传统仪仗;既有"骑巡队十余匹""卫队百余名"和"学生五十人",又有"僧人尼姑三四百人"和"茅山道士约数十人"等。此外还有一些中西结合的仪仗,如"洋照衔牌""洋照亭""花铁路龙头车"等,"衔牌""亭"及"花扎"本是中国传统仪仗的经典形式,现在却用来表现"洋照"和"铁路龙头车"等西方器物。灵枢运载完全采用传统形式,即由杠夫抬灵,而且这些杠夫都是从天津雇来,因为杠夫技术以京津为最好。杠夫六十四名是有讲究的,据清朝礼制,六十四人杠是一、二品大员出丧的标准,而盛宣怀生前曾做到清廷一品大员。这表明,盛宣怀虽在民国去世,但丧礼却依然对照前清礼节行事。整体而言,盛宣怀大出丧虽然中西杂糅、新旧参半,但终究还是以传统仪仗为主。其实,西式仪仗本身就很有限,除花圈等寥寥数项外,也没有像中国传统仪仗那样花样百出。

出殡仪仗的显赫繁多,不仅可以显示丧家的财大气粗,也可以反映丧主的一生经历和作为。如盛宣怀出殡仪仗中的"招商局北栈、南栈工役百余人执香步行"、"各轮买办奠幛数十幅",显然是盛宣怀与轮船招商局关系的一种体现;"汉阳铁厂赠送旗伞,及大冶铁矿同人赠旗伞各数十事,清音一班,萍乡煤矿员司工役赠旗伞银鼎等件",则是盛宣怀与汉冶萍公司关系的一种展示;

---

① 《盛杏孙出殡之盛况:应有无不有,不应有亦有》,《申报》1917 年 11 月 19 日。

"花铁路龙头车一辆"和"铁路大臣亲兵百余名",展现的是盛宣怀与中国铁路事业的关系;"江宁公所等赠花亭四座,三新纱厂等奠幛"和"中国救济妇孺会军乐三十二人,留养男女孤儿全体,亦执香谨送"等,则分别呈现了盛宣怀在同乡组织、慈善组织和新式企业上的关系和影响。显然,出殡仪式也是丧主一生经历和成就的展示舞台。

盛宣怀大出丧可谓是近代上海大出丧的标杆,此后沪上每当有新的大出丧,观者总是要将其与盛宣怀大出丧进行一番比较。1922 年 4 月,当时报刊上被称为"江西首富"的周扶九父子大出丧轰动一时,有人认为"今日之大出丧比前年盛氏之大出丧更为盛也"①,但也有人认为"今周氏之丧,非其比伦,或可认为出奇制胜":

> 丧仪之特点,则为北京雇来之藏经亭、金银山亭两座京派大乐(即呐叭凸锣),奏乐者均带前清红缨帽,雍和宫喇嘛僧人二十四人(费三千七百元),其首领喇嘛二人,红顶、黄缨、黄马褂(现住山西路周昌记)。抬柩夫役,由天津德兴杠房承办。周扶九之枢棺,罩上绘藏经文,用夫八十四人,其子则加龙杠,用夫三十二名,统计德兴杠房由津来沪人役三百零二人,费五千元。连北京携来之锡鸾在内,丧仪中之最惹人注意者,街牌有"覃恩""诰命""龙章""宠锡"等字样,清帝及现总统所颁之匾额多方,某机关队士枪上刺刀,凡此种种,非前清遗老而兼民国豪商者,决不能有也。其余应有尽有,笔难殚述。经过之处,人山人海,各店铺洋台无不满坐来宾,茶楼酒馆亦临时卖座。据观者传述谓,……盛杏荪出丧,糜三十万元,曾经湘汉驻沪记者特发专电。今周氏之丧,非其比伦,或可认为出奇制胜。②

周扶九大出丧也被拍摄成影片,有论者宣称"周扶九丧仪之盛使胜于盛杏荪",因为"其执事仗仪,皆属不易见者"。③ 周扶九大出丧的"出奇制胜"基本上成了公论,而这种"奇"主要体现在罕见的传统仪仗上,如"藏经亭、金银山亭两座京派大乐""雍和宫喇嘛僧人"以及有"覃恩""诰命"等字样的街牌。

1931 年底,永安公司总经理郭标的大出丧又引起了一番议论:"郭标盖过黄楚九了。""远不及盛宣怀! 盛宣怀那次出丧,轰动了几百万人,在上海总算

---

① 恂如:《大出丧之感想》,《申报》1922 年 5 月 3 日。

② 《周扶九父子大出丧》,《申报》1922 年 4 月 23 日。

③ 俊丰:《评中国影片公司之新片》(二),《申报》1923 年 3 月 19 日。

是空前绝后。"①为了在比较中给人留下深刻印象,丧家们在丧事中往往会各出奇招。如:有丧家"用万千只亮晶晶的电灯扎成一个牌楼,一到晚上,便万灯齐明,照耀得如同白昼一样"②;有丧家在出殡仪仗中设"留声机二具,一置魂轿,一置像亭,专司人管理,沿途开唱"③;诸如此类。电灯牌楼和留声机是利用现代器物装点丧礼的门面,与那些罕见的传统仪仗并无本质区别,都是用来吸引人们的注意,以显示自己的不同凡响。

综上,大出丧不仅是一个人一生经历和成就的展示舞台,也是一个家族展现地位和实力的舞台,而上海作为一个迎来送往的大码头,不仅仅是生活在上海的中外官商去世后必然会在上海举行一次大出丧,即便是在途经上海时去世或者仅仅是灵柩路过上海,一般也会举行一次大出丧,这使得近代上海的大出丧非常之多。同时,上海又是一个华洋交汇的都市,传统的、西洋的以及中西结合的仪仗都出现在上海的大出丧中,这又使近代上海的大出丧显得非常庞杂,正如近代上海社会一样。可以说,大出丧就像近代上海的一面镜子,照出了近代上海社会的市井百态。

二、看与被看:作为炫耀性消费的大出丧

对于大出丧现象,《申报》上有着广泛的批评。有讽刺出丧仪仗不伦不类的:"大出丧中最有趣的是三教合一的制度。魂轿中的神主是儒教的象征;夹在仪仗中的和尚道士,代表着释道二教的权威。中国人彻底聪明,把儒释道三教兼收并蓄,死人的灵魂不成圣则成佛,不成佛则成仙,好比打三十六门花会,总有一门着。"④有揭露"像赞"造假的:"讣闻里面,充满着叠床架屋的像赞,乡下阿木林死了,至少要请村长、区长做像赞;城里杂货店老板死了,至少要请实业部长、商会会长做像赞。"更有荒谬的,伪造要人的像赞,什么"功留民国""仁心侠骨",文不对题的都刊载在上面,"如最近一个包揽词讼者死了老子,翻印着他人讣告上的像赞,把中央要人的姓名都在讣闻上大书特书,以致被官厅拿办闹出一场求荣反辱的趣闻"⑤。有批评出丧音乐的,认为丧事本来是一件伤心事,但"军乐队所奏的歌,大半是外国顶快活的爱情或跳舞的歌

---

① 《从南京路说到南京城(上)》,《申报》1932 年 1 月 18 日。
② 《借死人出风头》,《申报》1932 年 1 月 28 日。
③ 《特别仪仗》,《申报》1921 年 5 月 2 日。
④ 姚克:《论大出丧》,《申报》1933 年 12 月 21 日。
⑤ 瞻庐:《像赞》,《申报》1932 年 11 月 7 日。

谱"①,"丧事而用丝竹、锣鼓、军乐",是"对死人而举乐也,是送丧者乐此棺中人之死而相与庆贺也"。② 还有人指出大出丧中肩旗打伞的夫役,也很"耐人寻味",他们都是上海人所谓"瘪三"之流,在平时蓬头垢面,身上的衣服非但脏得"有玷国体",而且破得"有伤风化","但在大出丧时,他们却头戴红缨帽,身穿绣花袍,冠冕堂皇,气势十足,虽然袍襟底下还是一双泥腿"。③

大出丧最被诟病的还是奢侈浪费。有人指出,"今日之大出丧,其华靡且十倍于前清之三节会,观者万人空巷,绝不知为举哀之事,既坏风俗,尤贼人心","继起者益复踵事增华,相与出奇争胜",以至于那些"心实不愿奢,其力亦万不能奢"者,亦"不得独俭",因为"丧事不奢,人以为薄于父母"。④ "一次出丧所费金钱,富者数万金,贫者亦数百金","富者费此数万金尚不为病,而一般贫者,即数金亦难筹备,不得已典质,或向人借贷"。⑤ "此次某姓出丧所费甚巨,他姑不论,只就菊花一项,已费六百余金云","此种菊花,所费虽巨,然至翌日,即委弃旷野,一钱不值矣","是不啻以有用之金钱,抛掷于汪洋之中,究何裨于先人哉!"⑥尤其是这些大出丧发生在天灾迭降,战祸连年,遍地哀鸿之际,人们对于那些为富不仁者进行了辛辣的嘲讽。有人写道:"军阀和政客死命的弄钱,再也不怕钱多。这也有两种缘故:一种是做亡国奴的时候,有钱毕竟舒服些;一种是预备死后大出丧,好风光些。"⑦有的出殡简单,令观者大为失望,论者借此嘲讽:丧主生前为什么不多捞几个钱,这样就可以多摆些仪仗出来,让路人称心满意地看看,"现在不论那一界的人,尤其是汉奸奸商,拼命捞钱,不顾一切,或者也为这样一回事么"?⑧ 还有人专门创作小说,讽刺那些视钱如命的守财奴,生前"不肯浪费一文",结果死后被大出丧,"恐怕他老人家九泉有知,尚痛哭流涕了"。⑨ 更有人以小笑话的形式对有钱人进行嘲讽:"问富翁最后之目的何在,答大出丧。"⑩"富翁向他五岁的儿子道:我死后,你打算怎样? 他的儿子道:你死后,我一定好看大出丧。"⑪

大出丧被如此嘲讽,但近代上海的富翁及其子女们依然乐此不疲,一个

---

① 徐志禹:《对于出殡的意见》,《申报》1920 年 8 月 2 日。
② 张舍我:《沪滨随感录》,《申报》1920 年 4 月 30 日。
③ 姚克:《论大出丧》,《申报》1933 年 12 月 21 日。
④ 萱伯:《宜改良风俗以救欲俭不得之苦》,《申报》1921 年 10 月 7 日。
⑤ 黄绳祖:《大出丧之不经济》,《申报》1926 年 5 月 15 日。
⑥ 朱思忠:《看大出丧感言》,《申报》1923 年 12 月 19 日。
⑦ 罗典文:《碧楼琐话》,《申报》1924 年 5 月 28 日。
⑧ 《谈言》,《申报》1934 年 1 月 23 日。
⑨ 刘恨我:《死后风光》,《申报》1924 年 9 月 28 日。
⑩ 绍基:《滑稽问答》,《申报》1922 年 10 月 17 日。
⑪ 戴梦鹏:《赚笑小录》,《申报》1923 年 4 月 27 日。

非常重要的原因是,大出丧有着众多的观众捧场,能够产生较大的社会影响。例如盛宣怀大出丧之所以被上海人念念不忘,关键还不在那些繁杂的仪仗,而在其社会影响之大。因为大出丧,所经马路两旁店铺大都暂停营业,布置座位,收费卖座,而外滩各洋房的屋脊之上,人头乱挤,更让巡捕房担心洋台不固,发生危险。可以说,盛宣怀大出丧使得上海真正达到了万人空巷的地步。盛宣怀大出丧的影响还辐射到了周边众多市镇,早在出殡前,《申报》便报道:"外方来沪观看者亦甚多,连日火车、轮船均极拥挤,各旅馆生涯颇盛。"①出殡后,又报道:"昨日午前后,该两路火车搭客亦甚多,大半为观看出殡而返者。如沪宁路之苏锡昆山南翔等处,及沪杭路之嘉兴、警善、枫泾、松江等处搭客,每次开车均挤轧不堪,甚至有人搭于兽车之内,亦所不惜。而开往各埠之小轮船,亦无不利市三倍。"②

大量外埠人士涌进上海,对于上海商家而言,是个巨大商机,而借着盛宣怀大出丧大作广告的商家亦不乏其人,如戏院的广告:

> 今日大马路、四马路拥挤不堪,外埠的人趁着轮船火车赶到上海来,无非是看盛公馆出丧。诸君日间看了出丧,夜间用何法消遣咧? 当以到笑舞台看好戏为第一。看出丧是悲的,看戏是喜的;看出丧是动的,看戏是静的。有悲有喜,有动有静,才与精神有益,身体有益,所以今夜到笑舞台看戏,不独娱乐,且很合卫生之道。

再如洋装首饰店的广告:

> 外埠绅商纷纷挈眷来申看大出丧,固一时豪兴也,其顺道购办衣料首饰等,自亦不乏其人。本号为洋装金银首饰最著名之老号,如有需用洋镶首饰,及文明结婚各种饰品,或各式银器洋冬馈赠礼品者,请驾河南路抛球场一百二十一号,自当格外优待。时和洋装金银首饰老号谨启。③

这些广告都刊登在大出丧当日的《申报》上,目标客户也相当清楚,即前来上海观看大出丧的外埠人士。不得不说,盛宣怀大出丧吸引了大批外埠人士前来上海观看,客观上推动了上海的城市消费。

---

① 《哄动远近之大出丧》,《申报》1917 年 11 月 18 日。

② 《盛杏孙出丧之劳民伤财》,《申报》1917 年 11 月 20 日。

③ 《申报》1917 年 11 月 18 日。

可以体现盛宣怀大出丧观者之众、社会反响之热烈的,除了外埠人士大量涌进上海观看之外,再就是观看过程中的事故频发,如有怀孕少妇,被挤倒在地,不省人事;有中年妇女被挤落码头,满身泥污;甚至还有一个五六岁的小孩,竟被众挤死等;"至于呼妻觅子、寻哥叫弟,以及失落鞋帽者,不可计数"①,而《申报》也一连数天报道盛宣怀出丧当日的种种事故及其后续。② 事故频出,特别是人员伤亡等严重事故的发生,充分表明了上海全城如痴如醉观出丧的疯狂景象,尤其事故还都发生在租界巡捕全班人马维持秩序的情况下。

这一盛况并非盛宣怀大出丧特有,而是大出丧的普遍现象。前述周扶九大出丧,也是"经过之处,人山人海,各店铺洋台无不满坐来宾,茶楼酒馆亦临时卖座"。③ 章太炎当日前赴职工教育馆讲学,中途为行人阻塞以致迟到半小时,记录者称"大约为周扶九父子之大出丧所阻,可见无谓之大出丧不但劳民伤财且妨讲学"。④ 看客之多及其对于大出丧之热衷,是大出丧中堪比仪仗花样百出的另一道风景。报刊舆论对看客的批评和讽刺也比比皆是。"亦不是五九,亦不是五卅,亦不是双十,街市上却呈出一种不安宁的景状,像有一件重大事情立刻即将发生似的。各条街道上都挤满了人,街的两旁,店肆的门窗,楼上几层楼上屋顶上,都立满了我们的贵同胞。真奇怪,特从来没有看见这般的群众,而又这般的整齐。""在平日娇贵的我们,这时全都不觉得只是垫起了脚跟,伸长了颈子,远远的全神贯注的忘了一切地望着。"⑤"男的还好,女的却挤来挤去,走投无路,可是没有法子挤出人丛,也只得珠汗淋淋的在等候。""还有一班人,都站在先施公司门口石路、抛球场的等电车处,以为是万稳万妥,饱览无余。那无情的西捕,却拿了棍子来驱逐,可怜那般人,真弄得走投无路了。"⑥看出丧的人们,"虽饱了眼福,却未免要吃些苦头,丢鞋落帽和扒去皮包,都还是小事;若不幸而发生踏伤孕妇或迷失小孩等惨剧,也只能'打落门牙向肚里咽'罢了"。于是有人说,最好没有看出丧的闲人,就不至于有惨剧。论者因而评论道:"话虽不错,但既无人看,也就没有大出丧了。"⑦

看客们除了看大出丧,还要比较,还要议论:

---

① 《盛杏孙出殡之盛况:应有无不有,不应有亦有》,《申报》1917 年 11 月 19 日。
② 《大出丧匪徒伺间》,《申报》1917 年 11 月 21 日;《珠还合浦》,《申报》1917 年 11 月 25 日;《盛杏孙出丧之害人》,《申报》1917 年 11 月 23 日。
③ 《周扶九父子大出丧》,《申报》1922 年 4 月 23 日。
④ 《章太炎讲学第四日纪》,《申报》1922 年 4 月 23 日。
⑤ 杨小仲:《大出丧》(上),《申报》1926 年 11 月 13 日。
⑥ 《出丧趣屑》,《申报》1928 年 7 月 13 日。
⑦ 姚克:《论大出丧》,《申报》1933 年 12 月 21 日。

一个说"中国人出丧,在英大马路直走,是要很大很大的面子",一个接着说"从前亦只有一个姓盛的",又一个说"真不容易,连外国人亦佩服他,还有许多外国人送丧咧",这边一个说"他以前亦是一个小出身,是做……",一个低声问说"他有几个老婆有几个儿子",那边一个说"他事业真做得不小",又一个叹口气说"唉,做人到这种地步亦就值得了"!①

这段议论特别能够体现当时一般民众的价值观。对于当时大多数民众而言,一个"值"了的人生,就是事业成功,家财万贯,多妻多子,生荣死哀,被人看得起,包括洋人。显然,那些丧主多半也是秉持这样一种价值观。在他们眼中,大出丧无疑是最能合法炫富的一次机会:"欲表彰死者的名誉,及夸张自己的孝道,最荣耀最动人的,在他们意识里,要算是大出丧最出风头",因而"大出丧是一件极普遍、极寻常、极肯花费钱财的一件事情"。② 前文所述上海人不断将盛宣怀大出丧与周扶九大出丧、郭标大出丧等进行比较,看哪个更阔气一点,更有面子一点。这样一种炫富乃至攀比的心理,正是大出丧得以出现的根本原因。正如有人批评大出丧不过是"借死人装活人的门面":

中国人的一举一动,似乎都是做给人家"看"的,从盛宣怀、郭标大出丧以至静安寺某公馆门前的电灯牌楼,其用意当亦不外乎"给人家看"。"给人家看"这里面还含有很深的哲学:第一表示他们贵府是多么"阔",第二表示他们自己对于他们底"显考""显妣"是多么"孝",第三表示他们底"显考""显妣"是多么生"荣"而死亦"哀"。③

事实上,因为"操办丧事要耗费相当的财富,动用相当的人际关系",因而"在任何时代,办丧事都是对一个人(或家庭、家族)的财富、社会地位、家族势力、人情厚薄及个人能力等的一次综合检验"。④ 然而,在民国以前的等级社会,诸如死的称呼、殡的日期、丧事的规模、陵墓的大小、祭礼的物品,乃至抬棺材人数等方面都有严格的明文规定,不同社会地位者享用不等的标准。以抬棺人数为例,根据清会典规定,皇帝是一百二十八人皇杠,王、贝勒是八十

---

① 杨小仲:《大出丧》(上),《申报》1926 年 11 月 13 日。
② 徐小庭:《大出丧》,《申报》1933 年 5 月 21 日。
③ 《借死人出风头》,《申报》1932 年 1 月 28 日。
④ 王夫子:《殡葬文化学》,第 206 页。

人大杠,公侯伯和一二品大员是六十四人杠,三至五品是四十八人杠,六至八品是三十二人杠,九品及凡有顶戴之官员是二十四人杠,一般平民最多只能享用十六人杠。①违之者称为"逾礼"或"僭越",要受到惩罚。虽然说"逾礼"现象历来便有,但在晚清上海表现得尤为明显。吴趼人在《二十年目睹之怪现状》中"论丧礼痛贬陋俗",针对的便是大出丧中的"僭越"之举,并借书中人物之口,将其与上海联系起来予以痛斥:

> 总而言之:上海地方久已没了王法,好好的一个人,倘使没有学问根底,只要到上海租界上混过两三年,便可以成为一个化外野人的。你说他们乱用衔牌是僭越,试问他那"僭越"两个字,是怎么解?非但他解说不出来,就是你解说给他听,说个三天三夜,他还不懂呢。②

上海租界提供了一套有别于传统礼法秩序的新秩序,其价值观迥异于传统价值,在吴趼人等久为传统礼法所浸染的"有学问根底"者看来,上海地方显然是"久已没了王法"。吴趼人通过小说对此种现象予以痛斥,称那些"僭越"的始作俑者是一邦明知故犯的王八蛋。曾纪泽的夫人在上海去世后,"排齐全副执事"以出殡,《申报》对此评论道:"仪仗煊赫,不能悉数。想曾侯系诗礼之家,大约悉遵会典所载,既不敢或有缺典,当亦不敢妄越范围。惟丧仪中有纸龙二条,上下盘旋,烟尘滚滚,观者哗然奇之。特不知此亦载之于会典中否?"③于此又可见,在清末上海,无论是文人士夫,还是平民百姓,对于僭越之举,或"哗然奇之",或予以痛斥,在某种程度上对于平民百姓举行大出丧具有一定的限制作用。

进入民国后,那些充分体现等级精神的"丧礼"规定都不再具有约束力,人们更无所谓"逾礼"或"僭越"了,同时人们内心又向往着更高的社会等级,但民国新丧礼并不能提供关于丧礼等级的标准,于是人们对丧礼大操大办,将能够提升自己家族社会地位的仪仗尽数摆上,无论是传统社会只有达官贵人才能享用的仪仗,还是当代权要们的"像赞"、挽联等。有论者指出:政体变革以后,件件般般都从贵族化而趋于平民化;唯有办丧事,又从平民化回复到贵族化。只须肯花钱,无论死的是阿猫还是阿狗,都可以用着达官贵人的排场:路由牌、开路神、中西音乐、大小銮驾,甚至城隍庙里的仪仗,也可加入。

---

① 允裪等撰:《钦定大清会典》卷五十四,第486、487页。
② 吴趼人:《二十年目睹之怪现状》,齐鲁书社2008年版,第274页。
③ 《丧仪志盛》,《申报》1903年9月26日。

博得两旁观众赞一声好场面,便以为荣耀的了不得。① 大出丧就是在这样一种社会环境下诞生的,它为人们在一个失序的社会中,抬高自己家族的社会声誉和社会地位,提供了一种特别的方式。究其本质,大出丧就是一种炫耀性消费。

当出丧变成一种炫耀性消费,丧事本身似乎也变了味道:

> 出丧人家,只要有钱,无论何事,都做得到。先则请许多名人题了像赞,做了行述,遍发讣告。开丧之时又请人题主,分日受吊,至出殡以前,发引路由登诸广告。仪仗之中,形形色色,不但应有尽有,竟为匪夷所思,奇形怪状,与殡仪渺不相涉。于是观者塞途,万人空巷,藉是以昭阔绰,与古人所谓丧致乎哀,实乃背道而驰。②

更甚者嘲讽道:"其所经出,万人如堵,仪卫既至,则欢欣鼓舞以迎之,而丧主亦必穷极壮丽,惟恐人之不欢欣鼓舞,一若忘其为丧事也者。"③"谓将以悦观者耶? 天下惟大奸大恶之死,为众人所共快。丧也而欲人之快乐,将谓死者为何如人!"④

更多的人,则是针对大出丧带来的浪费现象,提出了一些建设性的意见。有人认为,花费数万金,买得道旁观者几声"有面子""有风光"的赞叹,出三四个小时的"风头",对死者有何益处? 不如"效西人之捐巨款于教育或慈善事业,而归其功于父母,或独创学校医院,而即以父若母之名名之",则"不特父母之名历久而不衰,实足为社会造人才造幸福",而"社会既蒙其利,则益归其功于其父母,而使众人企慕之"。⑤ 有人表示,那些"争场面"的做法,"顶多得到一般无智识的一个'阔'字的赞美","有智识反要瞧他不起",不如把那些费用"在逝世人的名下捐作慈善事业,或充作教育经费,教那些贫民受他的益处,那些没有受教育的孩童也能够进学堂去学些生活的本领",这些才是真正体面的事情!"在过世人的方面,他的令名是永远不会消灭的;在社会方面,那穷苦的人受了他多少好处;在国家方面,国内就可以添出多少能识字写字的爱国百姓。"并以美国为例,表示美国"许许多多图书馆、小学堂、盲哑学堂,是某太太或是某先生在死后,他们的儿女或夫或妻所建设的纪念品"。⑥

---

① 瞻庐:《像赞》,《申报》1932 年 11 月 7 日。
② 我心如水:《大出丧与纪念会之感想》,《申报》1926 年 11 月 24 日。
③ 《申报》1919 年 2 月 17 日。
④ 《大出丧之谬妄》,《申报》1919 年 4 月 16 日。
⑤ 张舍我:《沪滨随感录》,《申报》1920 年 4 月 30 日。
⑥ 徐志禹:《对于出殡的意见》,《申报》1920 年 8 月 2 日。

还有人认为,人们已经看惯了大出丧,所以大出丧已经不再具备炫耀的功能,不如把钱省下来去做有意义的事情:

> 不过看的人把大出丧也看惯了,他们看了大出丧,正以为这是很平常的事情啊。所以大出丧这一件事情,既然不能替死的人光耀,也不能借此夸耀看的人,还不如废止了,倒可以省去许多金钱呢。我想,现在正当用钱的地方很多,像赎路、储金啊,捐助灾民啊,何不废止这种虚费金钱没有实益的事情,去做那些有益的事情呢。①

当时战祸频繁,兵燹之地善后事宜,急需筹赈,但往往杯水车薪。于是,有人建议将出殡之费"拨充兵灾急赈之需",则"眼前功德昭昭,在人耳目亦可为先人留一世之纪念"。② 更有人列举了可以移作兵灾善后赈款的费用,排在首位的便是"大出丧之费",其他还包括"贺年片之费""纸烟雪茄之费""备酒宴会之费""游戏场及看戏之费"和"购置奢侈品之费"。③ 其他建议包括赈济灾民、开办工厂④、办义务学校、办义庄⑤等等。如果是穷人,"要表扬他的父母,也不必去借什么钱背什么债,他只要尽他一身的力量,勤勤恳恳振兴他个人的事业,来帮社会的忙,人家旁就会指着他说'他就是某人某人的有志气的儿女'"⑥。"若家本贫乏,犹讳贫,而务为虚场面,则更误矣。""予意能继父母未了之志,勉力行善,方为真孝。"⑦

总体而言,这些建议都集中于慈善事业和公益事业。其实,这些建议并无新意,也并非国外特有。因为中国自古以来,从事慈善事业和公益事业都是获取社会名誉、提升家族社会地位的重要途径。传统时代,政府对于从事赈灾等慈善事业者,一般都有奖励。这都是明文规定,是相承日久的制度。地方社会,那些从事地方公益事业者,拥有较高的社会地位也几乎是约定俗成的惯例。进入民国后,大部分富裕阶层宁愿通过大出丧式的炫耀性消费来展示和提升自己家族的社会地位,也不愿意将钱投入慈善事业和公益事业,在某种程度上表明,那样一种通过慈善公益事业提升家族地位的制度性通道,像传统丧"礼"一样,也已经崩坏了。在这样一种"礼崩乐坏"、社会失序的

① 《废止大出丧的意见》,《申报》1922 年 9 月 15 日。
② 实秋:《何不移大出丧费以助赈》,《申报》1924 年 12 月 2 日。
③ 月奇:《可以移作赈款之费》,《申报》1924 年 12 月 29 日。
④ 黄绳祖:《大出丧之不经济》,《申报》1926 年 5 月 15 日。
⑤ 恂如:《大出丧之感想》,《申报》1922 年 5 月 3 日。
⑥ 徐志禹:《对于出殡的意见》,《申报》1920 年 8 月 2 日。
⑦ 《丧事之节俭》,《申报》1921 年 12 月 26 日。

状况下,人们只有借助最直观,实际上也是最能聚拢人气的大出丧来展示自身的社会地位。那些大出丧,事实上也都达到了丧主们的目的,即吸引尽可能多的看客和关注。几乎每次大出丧,都能万人空巷,都会收获众多赞叹,都会成为人们长久的谈资,这些不正是那些大出丧的丧主们所想要达到的效果吗?

三、余论:礼俗变迁与秩序重建

民国政府,尤其是国民党取得政权后,曾对大出丧加以整顿,如 1928 年 6 月,江苏省政府训令上海县长,"切实查禁"大出丧仪仗中的"亡清官职旗伞硬牌执事",并表示"嗣后对于请领大出丧行道照会加以取缔,设为勋劳卓著、有功社会,应与哀荣,资所表扬,其清室赃官、劣绅土豪,一概不准招摇过市,显赫大出丧"。国民党政权出台这样的禁令,是基于两点考虑:一方面是"大出丧"的风俗"竞尚奢侈,踵事增华",有违"崇实祛华"之道;另一方面是那些显摆"大出丧"的"清室赃官、劣绅土豪","于国家社会,既无尺寸之功,死后妄冀虚荣,铺张扬厉,备极豪华,有乖生荣之道"。① 即便只是为了树立党国权威,国民党政权也需要对出殡时将"亡清官职旗伞硬牌执事"拿出来作为炫耀的殡葬习俗进行改造乃至禁止。同年,国民政府更制定了适用于全国的《丧礼草案》,明确表示要废除"旧俗所用僧道建醮,一切纸扎冥器,龙杠衔牌及旗锣伞扇等"传统丧葬仪仗。②

大出丧在这个过程中也在不断发生变化,如前文所述"骑巡队"开道便是中国传统的大出丧所没有的,而更重要的变化是从"物的仪仗"向"人的仪仗"转变。传统大出丧中花样百出的仪仗,无论是"旗锣伞扇",还是各种衔牌,大都可归为"物的仪仗",而这些"物的仪仗"显然是传统大出丧的主力阵容。"人的仪仗"既包括僧道,也包括军队,还包括形形色色的送殡者,例如学生。对于学生参与出殡,当时即有人"忍不住"进行批判:

> 近沪地有所谓大出丧者,人数仪仗凡人力可以搜求者,愈多愈妙,初不问其合理否也。出丧是否须浪费,是否须力求热闹,姑不必论。即欲浪费,即欲求热闹,亦自有食力之徒可供点缀,何苦累及我可爱之小学生!

---

① 《禁止不伦不类出丧》,《申报》1928 年 6 月 14 日。
② 周吉平:《北京殡葬史话》,第 112、113 页。

今大出丧,中学生送殡亦视为必要之条件。男生、女生、男童子军、女童子军,亦居然与背花圈之乞丐、扛魂亭之苦力,同一陈列于通衢大道中。呜呼,此是何等痛心事!

学校募捐款不易,送一次殡,而可得若干捐款,遂视送殡为募捐之一法。出丧之家略费若干钱,可得学生送殡。大出丧本以费钱为事,所谓捐款者,彼视之与扛魂亭、背花圈之雇值无异也。①

于此可见,学生参与出殡是当时上海出殡的一种风尚。这种风尚追求出殡人数"愈多愈妙",称之为"人数仪仗"。想要各学校前来捧场,需要向这些学校捐款,即"学校募捐款不易,送一次殡,而可得若干捐款"。因此,出殡人数越多,越能彰显丧家的财雄势厚。前海军总长程璧光在沪去世后,"本埠各校学生约有八九百人拟往恭送,后经程夫人以是日并非星期,不欲学生虚废光阴,一一婉词辞却。惟广肇义学学生二百四十人,仍列队往送"。②上海各校主动联系参与送殡,很可能是因为当时各校"视送殡为募捐之一法",而被推辞则可能是丧家财力有限。广肇义学是广东人在上海创办的学校,程璧光作为在沪的广东名流,即便没有捐款,其校学生前往送殡也是可以理解的。

对于"人数仪仗"的推崇,或许也可算是与洋人的"大出丧"接轨。前文曾述洋人的"大出丧"仪仗其实相当简单,之所以也能够轰动一时,主要是因为送殡者众,"线长至二里许"。到20世纪二三十年代,上海的大出丧中"物的仪仗"日趋减少,而"人的仪仗"则越发重要。曾担任上海总商会会长的朱葆三在1926年去世后,其出殡仪仗如下:

(一)法国巡队、英国巡队;(二)救济妇孺会乐队;(三)路由牌;(四)丧旗;(五)堂名牌;(六)普益习艺所乐队;(七)旗队;(八)像车;(九)普善山庄乐队;(十)牌队;(十一)团体送客;(十二)孤儿院乐队;(十三)私谥亭;(十四)警察厅马巡;(十五)警察厅乐队;(十六)防守司令部步兵队;(十七)奠图队;(十八)灵位车;(十九)贫儿院乐队;(二十)伞队;(二十一)送客;(二十二)闸北慈善团乐队;(二十三)众姓伞队;(二十四)花圈;(二十五)主车;(二十六)随马;(二十七)法公董局乐队;(二十八)法界商团;(二十九)灵柩车;(三十)灵旛;(三十一)孝帏;(三十二)送车。

① 《呜呼!学生之送殡》,《申报》1921年4月12日。
② 《程璧光举殡之盛况》,《申报》1921年5月29日。

虽然在这个出殡阵容中,也有旗伞等传统"物的仪仗",但主要内容已然是"巡队""兵队""乐队"和"商团"等"人的仪仗"。更能凸显丧主社会地位的是吊丧者的身份和人数,如《申报》在介绍朱葆三的出殡仪仗前,特地列举了一些著名的吊丧者,如"联军驻沪办公处处长""沪海道尹""前淞沪护军使""电报局长",以及"许俊人、齐俊卿、宋汉章、李伯行、许剑青、王省三、李平书、王一亭、张菊生、陆伯鸿、汪伯奇、陈介卿"等,西宾则有"法总领事"、李佳白及"长兴煤矿公司铁路工程师许尔慈"等,"共有一千四百余人"。此外,"学生有上海女学、宁波同乡会旅沪公学、广益善堂义务学校、救济妇孺会小学、仁济善堂蒙养学校、联益善会附设小学等十余校"。①

1936 年鲁迅逝世后,其丧葬仪式也很值得一番探讨。首先是治丧委员会的名单。"鲁迅先生治丧委员会"是在冯雪峰的主持下成立的,成员包括"蔡元培、内山完造、宋庆龄、A.史沫特莱、沈钧儒、萧叁、曹靖华、许季茀、茅盾、胡愈之、胡风、周作人、周建人"。这个名单包括了民国元勋、国际友人、社会贤达、文学界名流和鲁迅的学生、家人,在某种程度上代表了鲁迅一生的交际圈和社会地位。据冯雪峰、胡风所言,本来治丧委员会还有毛泽东的名字,"当时,仅一家名叫《日日新闻》的外文报纸刊登过一次外,由于慑于国民党蒋介石反动当局的淫威,其他报纸均不敢列入"。② 鉴于冯雪峰、胡风的身份,再加上二人所言极有可能是 1949 年后,这种说法是很容易被理解的。中共建政后,如果鲁迅的治丧委员会中有毛泽东,那么鲁迅地位之高将更加不言而喻。不管怎样,治丧委员会的成员及其规格,已逐渐成为衡量丧主社会地位及其影响力的关键环节。

另一项值得注意的是,鲁迅的抬棺人并非职业杠夫,而是"胡风、萧军、鹿地亘、巴金、黄源、黎烈文、孟十还、靳以、张天翼、吴朗西、陈白尘、萧乾、聂绀弩、周文、曹白、欧阳山等 16 人"。这些都是文艺界中人,属于鲁迅的学生辈,为鲁迅抬棺,意味着对鲁迅精神的传承。孙中山于 1925 年在北京逝世后的大出殡,也不是由职业杠夫抬棺,而是由国民党党员抬棺:"分三组二十四人轮流抬棺;第一组为张继、汪精卫、孔祥熙、林森、石清阳、宋子文、喻敏西、石巏青;第二组为于右任、陈友仁、李大钊、白云梯、邹鲁、戴天仇、邵元冲、钮永健;第三组为李烈钧、姚雨平、郭复初、焦易堂、邓家彦、朱卓文、蒋作宾、林祖涵。"③显然,这些国民党员也并非普通党员,而是国民党的领导层。由国民党领导层亲自抬棺,既是对孙中山表达敬意,彰显孙中山的特殊地位,对抬棺者

---

① 《朱宅丧务五志》,《申报》1926 年 11 月 6 日。

② 秋石:《鲁迅病重、逝世及大出殡始末》,《新文学史料》2003 年第 2 期。

③ 周吉平:《北京殡葬史话》,北京燕山出版社 2002 年版,第 354 页。

而言,这也是党内地位的一种体现。早在 19 世纪末,怡和洋行大班在上海病逝,为其抬棺的便是"麦君之亲属,及素有名望之官商八人"。[①] 中国传统的"执绋",即在送葬时帮助牵引灵车,也常常以重要人物的参与,作为彰显丧主身份和地位的标志。"执绋"后来泛指送葬,因而送葬者的身份、地位以及人数多寡,也往往成为衡量丧主家族实力、社会地位的一项重要指标。就此而言,"抬棺"和"执绋"都有以人抬人,以人彰显人的意味,只不过"抬棺"更多了一层传承的意味。鲁迅的出殡仪式除了花圈、挽联和鲁迅巨幅遗像之外,还有"一万多人的送葬队伍","逶迤达二里多长"。这也是一次"大出丧",只不过"人的仪仗"远胜于"物的仪仗"。

随着近代上海的礼俗变迁,大出丧中花样百出的"物的仪仗"在政府的禁令和社会舆论的声讨中日渐式微,而治丧委员会的规格,主祭人的身份,送葬者的身份、地位、人数和代表性,日渐成为区分丧主身份、地位的主要标识。造成这种变迁最根本的原因还是用以区分社会地位和等级的新标识正逐渐凸显出来,并被社会广泛接受和认可。新的社会秩序逐步推动社会礼俗的变迁,而变迁后的社会礼俗反过来又促成新秩序的进一步巩固和完善。

(冯志阳　上海社科院历史所　邮编 200235)

---

① 《举襄志盛》,《申报》1893 年 11 月 9 日。

文研天地

从徐志摩的《再别康桥》说开去

——对中国现代诗的几点思考

万　燕

> 轻轻的我走了，
> 正如我轻轻的来；
> 我轻轻的招手，
> 作别西天的云彩
> ……

二十多年来，每次在"中国现当代文学史"课堂上讲授徐志摩的《再别康桥》，都无法单纯地就诗论诗、就人论人，而必须把他和他的诗放在整个中国现代诗的脉络中点评。在我看来，中国现代诗广义上大致分成前后两个阶段，前一阶段为"新诗"阶段，或曰"白话诗"阶段，后一个阶段则是"现代汉诗"阶段。关于中国新诗，曾听说北大有个博士生，立志要作批评新诗的博士论文，认为新诗是个丑媳妇，几个诗歌批评家却在为这个丑媳妇吹喇叭抬轿子，没有看到他的全文，无法判断他的批评是否切中要害，但是我始终很反对有些人把新诗说得一无是处，或者一味批评新诗的肤浅。

的确，中国现代诗（相对于中国古代诗词的概念而言），从胡适 1916 年 8 月 23 日写下第一首白话诗《两只蝴蝶》（原题《朋友》）开始，至今已有一百零三年，我们依然没有出现世界级的大诗人，甚至回过头看，会觉得新诗怎么如此幼稚。可是讨论诗歌问题不能脱离历史背景和文化背景，王国维曾说："凡一代有一代之文学：楚之骚，汉之赋，六代之骈语，唐之诗，宋之词，元之曲，皆所谓一代之文学，而后世莫能继焉者也。"新诗是在对古诗词的叛逆和挑战下产生的，唐诗宋词带着古韵枷锁跳出了自由的舞蹈，后人无法在严格的声律下超越前人，寻求新的创造和意境是必然的。讨论中国现代诗的发展必须注意"写作或发表时间"的比较，也只有在"时间场"的重要提示下，才能感受到

"史"的线索。当时的新诗就像是一个蹒跚学步的孩子,到今天来看胡适的《老鸦》,是那么可笑,但它却宛如幼儿走的第一步令人充满惊喜:

老鸦

一

我大清早起,站在人家屋角上哑哑的啼

人家讨嫌我,说我不吉利;

我不能呢呢喃喃讨人家的欢喜!

二

天寒风紧,无枝可栖。

我整日里飞去飞回,整日里又寒又饥。

我不能带着鞘儿,翁翁央央的替人家飞;

不能叫人家系在竹竿头,赚一把小米!

周氏兄弟也在尝试着创作新诗。1918年5月,鲁迅的《梦》,发表于《新青年》:

梦

很多的梦,趁黄昏起哄。

前梦才挤却大前梦时,后梦又赶走了前梦

去的前梦黑如墨,在的后梦墨一般黑;

去的在的仿佛都说:"看我真好颜色";

颜色许好,暗里不知;

而且不知道,说话的是谁?

暗里不知,身热头痛。

你来你来! 明日的梦。

……

1919年1月24日,周作人的《小河》发表于《新青年》第6卷第2号:

小河

一条小河,稳稳的向前流动。

经过的地方,两面全是乌黑的土,

生满了红的花,碧绿的叶,黄的果实。

一个农夫背了锄来,在小河中间筑起一道堰。

下流干了,上流的水被堰拦着,下来不得,不得

前进,又不能退回,水只在堰前乱转。

水要保她的生命,总须流动,便只在堰前乱转。

堰下的土,逐渐淘水,成了深潭。

水也不怨这堰,——便只是想流动,

想同从前一样,稳稳的向前流动。

……

　　如果不注明作者,无法想象这两首糟糕的白话诗是一对文学双子的笔墨,而刘半农的《教我如何不想她》完全就是一首歌词。《教我如何不想她》写于 1920 年 8 月 6 日诗人留学伦敦大学期间。诗名开始时叫作《情歌》。不久诗人将名字改成《叫我如何不想她》,首次创造了"她",并第一次将"她"字入诗:

教我如何不想她

天上飘着些微云,

地上吹着些微风。

啊!

微风吹动了我的头发,

叫我如何不想她?

月光恋爱着海洋,

海洋恋爱着月光。

啊!

这般蜜也似的银夜。

叫我如何不想她?

……

　　相比之下,同时期郭沫若的诗集《女神》已经像奔跑如风的少年了。他的《天狗》等诗既无文言的拗口,又宣泄了五四时期的自我个性精神:

天狗

我是一条天狗呀！

我把月来吞了，

我把日来吞了，

我把一切的星球来吞了，

我把全宇宙来吞了。

我便是我了！

我是月的光，

我是日的光，

我是一切星球的光，

我是 X 光线的光，

我是全宇宙的 Energy(能量)的总量！

……

（最初发表于 1920 年 2 月 7 日上海《时事新报·学灯》）

那种狂飙突进的语言和对权威的挑战思想结合在一起，显示出同时代诸雄之中郭沫若惊人的诗歌天赋，他的《凤凰涅槃》甚至已经用白话的形式进入诗剧，这些都是当时的新诗难以望其项背的，只是郭沫若的激情过于饱满，破坏力也很大，以至于被苏雪林批评为"喧呶"。这时期冰心澄澈的小诗如《繁星》等提供了别有风味的情致。

接着，1928 年徐志摩的传世之作《再别康桥》出现了。这首诗最初刊登在 1928 年 12 月 10 日《新月》月刊第 1 卷第 10 号上，后收入《猛虎集》。

徐志摩写康桥的诗有二三十首之多，在《再别康桥》之前已经有两首影响较大，分别是《康桥西野暮色》和《康桥再会罢》(1922 年 8 月 10 日)，带有文言痕迹，直到这首《再别康桥》，才赋予了新诗情感和音乐之美。一个诗人对康桥反复吟咏，也可见康桥在诗人心中的情结，徐志摩曾说："我的眼是康桥教我睁的，我的求知欲是康桥给我拨动的，我的自我意识是康桥给我胚胎的。"

1920—1922 年，徐志摩曾在康桥游学，作为一个当时的"富二代"，结束美国两年留学生活的徐志摩，还在过着安逸的日子，不曾体会过他的同学郁达夫那种困苦的心境。他和胡适都属于少年得志的人，即使在康桥的第一学年，他也没有醍醐灌顶的感觉。第二学年之后，也许是他被利卡克教授所调侃的"康桥吸烟文化"的氛围浸润的效果出现，也许是"草青人远，一流冷涧"般的康河终于唤醒了他的诗情，也许是 1921 年 9 月与才女林徽因的相识，也许是 1922 年 7 月和英国女作家曼斯菲尔德（又译曼殊菲儿）"不死"的二十分钟谈话……康桥终于使徐志摩感受到诗神的翅膀——美的教育，美的自然，美的女子，美的文化。许许多多美的回味，在徐志摩心中如潜伏的美韵之流，使他的康桥情怀不断起伏。最后很多事件促进了他的"起飞"，由量变转向了质变——1923 年 1 月 9 日，他所景仰的美神曼殊菲尔德香消玉殒，1928 年亦师亦友的梁启超病重，尤其是连续几年遭受了巨大情感挫折之后，他第三次故地重游康桥却遭遇人去楼空的无比失望。11 月 6 日，百感交集、满腹心绪的徐志摩在归国船上吟出了："轻轻的我走了，正如我轻轻的来。"如此背景下写成的《再别康桥》，却是举重若轻，又有几人能懂得这背后的复杂况味，将伤痛埋在心底，淡淡的本真意境挥舞了他所有的忧伤，又怎是无知者用"肤浅"两字所能道出的。

从诗风上来看，徐志摩受英国"湖畔派"诗人影响非常大。"湖畔派"的特点是赞美自然，歌颂爱情和友谊，具有典型的浪漫色彩，徐志摩和以他为首的"新月"诗派都带有强烈的"湖畔派"风格，也直到这首《再别康桥》才真正得了精髓。如果说郭沫若是带着新诗奔跑，徐志摩则是带着新诗飞翔。在这首诗中，他的意境和诗味是依靠美韵出彩的，但这种美韵已经不是格律诗的平水韵，而是白话语言的诗韵。和其他白话诗单纯的押韵不同，这首诗的押韵有一种叩击心弦的旋律，是歌谣一般的文字音乐。

可是，我对中国现代诗的思考也正是由此开始，《再别康桥》之前，中国新诗杀出了一匹黑马，1925 年 10 月 16 日李金发的《弃妇》出现在《语丝》上，为中国现代诗开辟了另一条道路，虽然带有晦涩难懂的气息，但是对于牙牙学语的白话诗来说，却像划过长空的闪电，它的前卫和先锋至今让人震撼：

弃妇

长发披遍我两眼之前，
遂割断了一切羞恶之疾视，
与鲜血之急流，枯骨之沉睡。
黑夜与蚊虫联步徐来，
越此短墙之角，
狂呼在我清白之耳后，
如荒野狂风怒号：
战栗了无数游牧。

靠一根草儿，与上帝之灵往返在空谷里。
我的哀戚惟游蜂之脑能深印着；

或与山泉长泻在悬崖,

然后随红叶而俱去。

......

继李金发之后,1927 年,戴望舒的《雨巷》发表,象征主义诗歌从此在中国另立山头:

雨巷

撑着油纸伞,独自

彷徨在悠长、悠长

又寂寥的雨巷

我希望逢着

一个丁香一样的

结着愁怨的姑娘

她是有

丁香一样的颜色

丁香一样的芬芳

丁香一样的忧愁

在雨中哀怨

哀怨又彷徨

她彷徨在这寂寥的雨巷

撑着油纸伞

像我一样

像我一样地

默默彳亍着

冷漠、凄清,又惆怅

......

虽然象征主义诗歌在 1942 年戴望舒写下《我用残损的手掌》之后告一段落,但不知是否有人注意到,正是它们为中国新诗提供了一种牢固的可能。

我用残损的手掌

我/用残损的手掌

摸索/这广大的土地：

这一角/已变成灰烬，

那一角/只是血和泥；

这一片湖/该是我的家乡，

（春天，堤上/繁花如锦幛，

嫩柳枝折断/有奇异的芬芳）

我触到/荇藻和水的微凉；

这长白山的雪峰/冷到彻骨，

这黄河的水夹泥沙/在指间滑出；

江南的水田，你当年/新生的禾草

是那么细，那么软……现在/只有蓬蒿；

岭南的荔枝花/寂寞地憔悴，

尽那边，我蘸着南海/没有渔船的苦水……

无形的手掌/掠过无限的江山，

手指/沾了血和灰，手掌/沾了阴暗，

只有那辽远的一角/依然完整，

温暖，明朗，坚固/而蓬勃生春。

在那上面，我/用残损的手掌/轻抚，

像/恋人的柔发，婴孩手中乳。

我把全部的力量/运在手掌

贴在上面，寄与/爱和一切希望，

因为只有那里/是太阳，是春，

将/驱逐阴暗，带来苏生，

因为只有那里/我们不像牲口一样活，

蝼蚁一样死……那里，永恒的/中国！

和徐志摩同属于"新月派"的闻一多，1928 年出版的诗集《死水》也已经深深地开掘了现代诗歌的表现领域，将"恶"的元素引入新诗。而被鲁迅称为"中国最为杰出的抒情诗人"的冯至，1922 年暮春写的《问》则为新诗注入"叙事"的成熟语言和诗意，为他 1928 年的《北游》组诗叙述铺垫了厚重的格局。正是这些宝贵的"叙事"，为冯至的抒情打下了桩，也让中国新诗有了更多丰富性：

问

他问他的至爱人，"你爱我吗？"

她说，"我是爱你的。"

他们身旁的玫瑰盛开，他便摘下一朵，挂在她的胸前了。

第二天他又问他的至爱人，"你为什么爱我？"

她说，"我为爱你而爱你，人间只有你是我所爱的。"

他们身旁的玫瑰尚未凋谢，他又摘下一朵，挂在她的胸前了。

第三天他问他的至爱人，"你怎样的爱我？"

她说，"我是爱你的，无条件地爱你，与爱我的生命一样。"

他们身旁的玫瑰只剩下几朵了，他还摘下一朵，挂在她的胸前。

最后他问他的至爱人，"你爱我，要怎样？"

她不能回答，——被快乐隐去的泪，一起流出来了！

他们身旁的玫瑰，一朵也没有了！

（原载 1923 年 5 月《创造》季刊第 2 卷第 1 号，初收《昨日之歌》。）

《昨日之歌》是冯至在诗坛上确定地位的第一部诗集。20 世纪 40 年代他又让十四行诗在中国扎了根，并且通过里尔克对他的影响，将"抒情"表现得更加深切沉潜，丰满完整，比徐志摩的浪漫又进了一步，尤其重要的是，这些诗人从 20 世纪 20 年代延续到 40 年代，和年轻崛起的穆旦都在实践着一种努力，就是让"现代诗"从"诗歌"当中逃离出来，因为"诗歌"的"韵"无论如何白话，只要有"韵"，就依然是古典式的，一旦面对现代生活的复杂分裂，它就显得左支右绌。这时候，立体的现代诗就必须出场。穆旦的诗甚至采用"非诗意"的词句组合寻求新生和外冷内热的风格：

春

绿色的火焰在草上摇曳，

他渴求着拥抱你，花朵。

反抗着土地，花朵伸出来，

当暖风吹来烦恼，或者欢乐。

如果你是醒了，推开窗子，

看这满园的欲望多么美丽。

蓝天下，为永远的谜蛊惑着的

是我们二十岁的紧闭的肉体，

一如那泥土做成的鸟的歌，

你们被点燃，卷曲又卷曲，却无处归依

呵，光，影，声，色，都已经赤裸，

痛苦着，等待伸入新的组合。

（作于 1942 年 2 月，收入《穆旦诗集》）

可惜的是，从 20 世纪 40 年代中期之后，李金发、戴望舒、冯至、穆旦的诗歌因为各种原因受到冷落，直到 20 世纪 90 年代末才因"重写文学史"的思潮被重视，中国现代诗的诗歌教育和传播在很长时间里都停留在徐志摩的《再别康桥》上，某种意义上为中国现代诗和后世诗人带来了很大的伤害。这并不是徐志摩的过错，糟糕的是在如此丰富的中国新诗发展史上，徐志摩的《再别康桥》受到了过分的推崇，以至于后来的许多诗人还停留在甚至落后于徐志摩《再别康桥》的水准。如果说 1928 年徐志摩写下的《再别康桥》是奇迹，此后半个世纪东施效颦的"徐志摩体"简直是一种耻辱，现代"美韵"为中国新诗赋予的诗歌性在某种意义上也变成了一种束缚，似乎一定要有韵才叫作诗，而由李金发、戴望舒、冯至、穆旦等诗人所探索的内在韵律和诗性，在大众阅读能力上却没有得到很好的熏陶。"美"和"韵"单向地限制了读者对诗的理解力，很长一段时间人们接受舒婷、顾城胜过北岛，接受席慕蓉胜过痖弦、洛夫。而更大的问题可能是，后代的诗人创作跌入了没有出路的死亡之谷。用徐志摩式的美韵诗歌来引领现代汉诗多元的现代性肯定是要出问题的。如果说顾城的崩毁还可能归结于情感的混乱（事实上我认为这和他清丽唯美的诗歌的表现方式过于单一，支撑不了他的精神有很大关系，20 世纪 80 年代这种徐志摩式的美韵表现力借助顾城的清新和率真风靡诗坛）：

我是个任性的孩子

也许

我是被妈妈宠坏的孩子

我任性

我希望

每一个时刻

都像彩色蜡笔那样美丽

我希望

能在心爱的白纸上画画
画出笨拙的自由
画下一只永远不会
流泪的眼睛

我是一个任性的孩子
我想擦去一切不幸
我想在大地上
画满窗子
让所有习惯黑暗的眼睛
都习惯光明
……

(1981 年 3 月)

那么,顾城之后,海子的自杀几乎就直接来源于其诗歌语言范式的断裂,这一点已经有诗评者如崔卫平的文章提及。关于海子的死因,众说纷纭,其中有一个说法是,他去四川见到写诗的宋渠、宋炜兄弟,在彼此的交流中海子突然意识到自己的语言死了,这对于一个诗人来说是比生命的完结更可怕的事情。海子的思想和生命激情是如此英勇浑厚,举重若轻的表现方式已经无法满足他需要的张力。在海子的身上,诗性表达和诗性精神所构成的两个极致比中国当代任何一个诗人都显得极端,我甚至怀疑人们是否真正读懂了他的诗:

抱着白虎走过海洋

倾向于宏伟的母亲
抱着白虎走过海洋

陆地上有堂屋五间
一只病床卧于故乡

倾向于故乡的母亲
抱着白虎走过海洋

扶病而出的儿子们
开门望见了血太阳

倾向于太阳的母亲
抱着白虎走过海洋

左边的侍女是生命
右边的侍女是死亡

倾向于死亡的母亲
抱着白虎走过海洋

(1986 年)

没有充满张力的现代语言和丰富的文化元素,海子的思想就彻底进入黑暗。在《抱着白虎走过海洋》里,他对生命和死亡的探询,他对故乡、母亲和苦难的痛楚感受都无法借助更多元的构思和变化承载,只好用徐志摩式的反复吟诵和变形的回环体加强表现力。海子一定苦苦思索过出路在何处,但影响他至深的浪漫元素无力为他继续挖掘诗的隧道,他想得很远,却不能迈得更深,这种"只可意会不可言传"的撕裂是致命的。很长一段时间里,人们把诗看作激情、浪漫、本真、美韵的化身,到 20 世纪 80 年代、90 年代又相继用意象或口语的所谓新元素单一替换。事实上,诗是文化,它巨大地存在着,浸润无比繁复的内涵,用任何一种单向维度去支撑庞大的诗性文化,其结果都必然是难以支撑,甚至垮掉。从这个意义上来说,徐志摩的早夭未必是件坏事,他如果继续活下去,必定会碰到同样的问题,而他又是一个非常尊崇内心真实的人,如梁遇春所说的对于人生是"kissing the fire(吻火)"的姿态,面对艺术最真实的道德,他会如何痛苦,那也未可知了。

后来,我发现德国诗人保罗·策兰竟然遇到过相似的困境,不过在诗歌架构上,他找到了重建的路径,只是生命语言的境遇使得他无法逃离对德语的使用,他被母语的再生和母亲的永亡纠缠致疯致死,这点我在《保罗·策兰:疼痛的声音》一文中专门讨论过:

死亡赋格

清晨的黑牛奶我们傍晚喝
我们中午早上喝我们夜里喝

我们喝呀喝

我们在空中掘墓躺着挺宽敞

那房子里的人他玩蛇他写信

他写信当暮色降临德国你金发的马格丽特

他写信走出屋星光闪烁他吹口哨召回猎犬

他吹口哨召来他的犹太人掘墓

他命令我们奏舞曲

清晨的黑牛奶我们夜里喝

我们早上中午喝我们傍晚喝

我们喝呀喝

那房子里的人他玩蛇他写信

他写信当暮色降临德国你金发的马格丽特

你灰发的舒拉密兹我们在空中掘墓躺着挺宽敞

他高叫把地挖深些你们这伙你们那帮演唱

他抓住腰中手枪他挥舞他眼睛是蓝的

策兰后期完全放弃了1944年《死亡赋格》这种叩人心弦的传统诗歌的音乐性,是因为他深知面对世界的黑洞和纳粹的残暴,这种韵律表达显得无力和无奈,他只有破碎地把思考带入非实存的事物,才能拓宽诗性和意境,因为它们提供了文化的多种可能。

在通往"现代"的本质上,中国文化本来是最有支撑力的,但是西方强大的现代文化使我们冷落了自己的创造动力源,我们的现代诗一直被领跑,但是很多问题无法绕过。在诗歌寻找永恒的历史中,必须经历疼痛的穿刺,才能到达该到达的地方。

有时候,感叹中国现代诗唯美"美"不过爱伦·坡,浪漫"浪"不过拜伦,史诗"史"不过品达,叙述"叙"不过艾略特,抒情"抒"不过里尔克,意象"意"不过庞德,深刻"深"不过策兰,诗意"诗"不过泰戈尔,口语"口"不过佩索阿,痛苦"痛"不过阿赫玛托娃,悲情"悲"不过茨维塔耶娃。其实这只是片面的嘲弄,因为这些世界级的大诗人,他们的诗作除了具备各自杰出的特征之外,都有着色泽丰满的表现维度。如果读爱伦·坡的英文原诗,会发现他把诗写得像侦探小说,而且显得荒诞诡异,译成汉诗,却只表现了他的唯美,这其实是割裂性的文化传播方式。再比如艾略特的《荒原》,诗性的表达和直白的口语互相交织,叙述的丰厚被现代性的诗意裹挟,太多的元素构成了他的诗歌文化精神,似乎他的语言和思想血肉相连如土壤和植物的互衍,生生不息。

荒原

一,死者葬礼

四月是最残忍的一个月,荒地上

长着丁香,把回忆和欲望

掺合在一起,又让春雨

催促那些迟钝的根芽。

冬天使我们温暖,大地

给助人遗忘的雪覆盖着,又叫

枯干的球根提供少许生命。

夏天来得出人意外,在下阵雨的时候

来到了斯丹卜基西;我们在柱廊下躲避,

等太阳出来又进了霍夫加登,

喝咖啡,闲谈了一个小时。

我不是俄国人,我是立陶宛来的,是地道的德国人。

而且我们小时候住在大公那里

我表兄家,他带着我出去滑雪橇,

我很害怕。他说,玛丽,

玛丽,牢牢揪住。我们就往下冲。

在山上,那里你觉得自由。

大半个晚上我看书,冬天我到南方。

什么树根在抓紧,什么树根在从

这堆乱石块里长出? 人子啊,

你说不出,也猜不到,因为你只知道

一堆破烂的偶像,承受着太阳的鞭打

枯死的树没有遮荫。蟋蟀的声音也不使人放心,

焦石间没有流水的声音。只有

这块红石下有影子,

(请走进这块红石下的影子)

我要指点你一件事,它既不像

你早起的影子,在你后面迈步;

也不像傍晚的,站起身来迎着你;

我要给你看恐惧在一把尘土里。

......

在很大程度上，翻译无疑是中国现代诗遭遇的"不忠实的妻子"。徐志摩等一批留洋学生精湛的外文功底，使他们有幸直接阅读到原诗并汲取滋养，后来的许多诗人都只能从译作中间接发酵，难怪王小波要感叹王道乾先生和查良铮先生这样真正的诗人被时代埋没，去做了杰出的翻译家。中国现代诗诞生在传统文化被破坏的"五四"时期，跟着西方现代诗的继母，一直颠沛流离地行进在颤颤巍巍的钢丝上，其命运可想而知。

而以汉字的表现力和中国文化的博大精深，中国现代诗应该是最具有石虎先生所提出的"字思维"图景，从语象到物象再到意象都应该是最能创造诗意的一种语言，但停滞了将近半个世纪之后，20 世纪 70 年代"某种鱼出现的前兆"才开始浮现，从朦胧诗到口语诗，再到当代的汉诗，中国现代诗总算摆脱诗的单纯性走向诗的立体性，诗艺的整体成熟是令人刮目相看的（虽然打动人心的精神元素大不如前，这恐怕也正是现代社会的本质体现），随手挑几个优秀诗人的诗就能看到这种技巧上的飞跃：

绝对的月亮

窦凤晓

——彼何人斯？其为飘风。胡不自北？胡不自南？胡逝我梁？
祗搅我心。

在记忆开始，在记忆尽头：
层峦叠嶂的词语
推搡着渡河，河水汤汤，无岸……

庄子与庞德……真是身轻如燕子啊。
当时，灯河如链，月色如痛饮，
浮生如浮标，片刻之甜最伤人

成吨的黑暗，需要对饮。
喝过长夜无眠后，我们去斟
黎明的酒杯。我们爱她响起来的脆笑

和偶尔的性感——月亮赢了，
比新雪更有光，比羚羊更挂角。
今夕何夕？偶然性虽惊险，但

来,你听,那鼓乐……

万物廓尔忘言。世界像只为了

这月亮,在地球的最末端

——写于 2015 年 10 月 9 日,见 2018 年 8 月 24 日《北京文艺网国际诗歌奖》

敷腴的人

胡桑

谦逊是只作使人喜悦之事而不作使人不快之事的欲望。

——斯宾诺莎

春天必须降落。一年蓬、诸葛菜

蒲公英、黄鹌菜、酢浆草,使人愉悦。

在风中,樟树闪烁着一个绿色的海。

有人曾坐车跨过江水,又从车站离开。

没人怜悯他的错误。珊瑚树最终要生长。

生长成一扇门,微微颤动的门,

向着对岸默不作声。激情在独断的人身上蔓延。

干燥的木板喋喋不休。江水浑浊,时间不够,

那是跨不过去的界线。逡巡者捡起了石头,

那一片让人不快的叶子,在障碍中跌落。

阻隔的人,在过江大桥上望到一个城市,

对岸的雾让人不快。巷子、柳絮和榆钱让人不快。

哦,那一次傲慢的喜悦。律法低吟着不能。

下一次,下一次,春天依然这么降落。然而不能。

——原载《钟山》2019 年第 2 期

　　《绝对的月亮》是一个 20 世纪 70 年代生的女诗人的作品,她将古典和现代嵌入语词,把月亮在黑暗中给予生命情感的绝对性,输入节奏的"断"和"续"界限,句与句,尤其段落与段落之间的无缝转换和碎裂,张力叠生。最有意思的是,现代诗题和古代题记的密码重奏,将"飘风"的内蕴推动"月亮"和夜晚、黎明、心语的忘言极致,浑然一体。

　　《敷腴的人》是一个学院派青年诗人的诗,也许是受理性思维的影响,这首诗对内部节奏的控制达到了极限,是一种彻底的反激情姿态,它仿佛心电图般呈现了一次完整的不愉快的心理过程(或者说对某种美好哲学欲望的渴

求），传达的竟是愉快的诗性节奏。对于"独断"和"傲慢"的不悦和不喜，这样很难缕析的层次却用非常有层次的场景、物象呈现，并且冷静地用"艺格敷词"法推进，具有画面感和动感，首尾回环的错落也恰到好处。

目前，如此趋成的诗艺在当代是整体性的，随后需要弥补的是我们自身文化的再生性，这是未来的母题。

徐志摩如若九泉之下有知，他也会欣喜——被称为"现代汉诗"的潜流终于在中国暗涛汹涌，向着艺术的道德靠近，更靠近。他也终于可以对中国诗坛说：

悄悄的我走了，
正如我悄悄的来；
我挥一挥衣袖，
不带走一片云彩。

（万燕　同济大学人文学院中文系　邮政编码200092）

与古典传统对话共和：
作为"元写作"新诗再崛起的必由之路

沈　健

在狼分虎裂、诸侯峰起的当代诗坛谋求盛唐式繁荣之际，必须以全方位对话和多形式共和为诗学律法，内在地引领诗坛的文本探索和理论开拓，从而在充满张力的多元共生场域中，以最具个人化历史想象力的语言创造，激发新诗群峰奔腾格局的形成。简言之，走向语言对话共和，是作为新诗"元诗写作"内在规定性的一种必然要求，是新诗在第二个百年实现"新的崛起"的必由之路，也是完成"中西诗艺转基因工程"，融合"化欧""化古"两极分化的重要内容。而在这所有的对话交融之中，与古典传统的共和已成为重中之重。

一

从发生学和终端成果看，新诗今天的成就可以视之为现代汉语反"类型化"写作的诗学成就。众所周知，到了黄遵宪等以"我手写我口"为原则倡导"诗界革命"的晚清之际，古典诗歌实际上已沦落为一种体裁、语汇和规则诸要素僵化凝固的"类型化"写作，由于缺乏异质元素介入和开放形式加盟，在面对日渐复杂的现代性经验表现时，曾经挥洒自如的古诗日趋捉襟见肘，渐渐滑入无难度、可量产、自我复制的尴尬境地。正是在这种大背景下，以胡适等人为代表的白话诗"尝试"写作，看似浅白甚至陋俗，但作为另辟技术体系的"元写作"肇始，所引爆的恰恰是一场百年新诗空前繁荣的颠覆性革命。

因此，在这里"元写作"只不过是一种难度写作的极致说法，是综合词汇、结构、修辞、技法、音乐性诸方面难度为一体的非格式化全新写作一种描述。这种写作从根本上说也是波德莱尔以降西方诗歌的固有属性，在此不妨以美国现代诗的发生发展为反光镜像，通过源头回顾来反观汉语新诗"元写作"这一特征。

1912年哈丽特·门罗所创办《诗刊》问世,是美国诗歌以惠特曼、迪金森为代表的19世纪的结束,以艾略特、弗洛斯特为代表的20世纪的新起点。在接下来的几年间,庞德发表《回击》,艾米·洛厄尔写出《剑韧和罂粟花籽》,桑德堡出版《芝加哥诗集》,滥情、伤感、无病呻吟的"维多利亚"传统被初步扭转。从风格学上看,这是对形式单一、格调固化、情感类同的浪漫主义"类型化"写作的一次美学哗变与艺术转航,标志着现代主义诗歌"元写作"的滥觞。随后五六十年间,《新世纪月刊》《哈珀月刊》《大西洋月刊》等著名大刊以及诸如《小共和》《日晷》《星期六评论》《逃亡者》等小杂志在美国诗坛风起云涌,系统地改写了19世纪末20世纪初"风雅派"盛行的诗风,象征主义、未来主义、超现实主义、意象派、自白派、黑山派、嚎叫派等现代诗歌遥相呼应,黑人诗歌、华裔诗歌、印第安诗歌、前华约地区流亡诗歌与白人主流诗歌此起彼伏,庞德、史蒂文斯、威廉斯、奥顿、沃伦、兰塞姆等一大批一流诗人应运而生。在与欧洲包括亚洲诗歌的互动所形成的张力中,形形色色的创新、众说纷纭的先锋、稀奇古怪的实验、五花八门的超越,你方唱罢我登场,各领风骚三五年。美国现代诗歌繁荣格局的形成,正是在语言共和律法照耀下多元对话、良性互动、综合混成的诗学结果。

巧合的是,也正是在这一时期,留学美国的胡适睁开了东方复眼,开始了颠覆旧诗传统罩压在汉语铁屋顶的革命之举。在门罗《诗刊》问世后5年,胡适发表了半文半白的口语和率性随意的分行的《蝴蝶》一诗,消解了旧诗用典、平仄和书面化意象等写法,终结了旧诗字句固定的结构形态,激发了百年新诗的滔天巨浪。在今天看来,正是由于对旧诗形式的放弃,"两只黄蝴蝶,双双飞上天。不知为什么,一个忽飞还。剩下那一个,孤单怪可怜:也无心上天,天上太孤单"这样近乎打油诗短制却成了新诗"元写作"纪元之作。紧接着,郭沫若、徐玉诺、李金发、冯至、戴望舒、穆旦等先贤们披坚执锐,反复"尝试",以"借助汉译尤其是汉译中所移植的西方语法和西方感性"的语言形态,在各自细分领域如题材、风格、结构、形式、修辞等维度上竭尽智力地开发创构,书写了新诗缤纷多姿的技艺版图。无论是1917年后的30年的开创性自由抒写,还是1949年后的40年的坎坷探索,抑或是1978年以来争奇斗艳的文本开创与理论掘进,每一位优秀诗人独出心裁的创构,每一首杰出文本特立独行的降生,都是在"元写作"理念召唤下为现代汉诗开疆拓土的语言贡献。

无论是英语诗歌,还是汉语诗歌,抑或是其他语种诗歌,现代诗本质上是一种个性至上的自由写作。正是基于这一特性,反对失效僵化的"类型化"写作的新诗,能够完全抛弃整个古典语言传统吗?奥顿在20世纪三四十年代对十四行等传统诗体进行的"扩充、扭曲、倒转、拗变"的实验,对"头韵体、歌谣体、轻重格五音步体、叶芝三音步体"和"音节诗、散文诗,以及源自法国普罗旺斯诗体"的刻苦训练;新生代的威尔伯、梅里尔等人在20世纪六七十年代标举"复古""保守"的"修正主义取向",在我看来,也许是域外先锋诗人为汉语新诗所提供的若干历史警醒参照系。在激进破坏的革命已经转型为精细建设的今天,重启多元对话之旅,再建与古典诗歌语言共和的新形态已显得十分必要。

回到古典诗歌源头,将古技法、古词汇、古音韵引入新生活形态予以新质混凝重铸,把古典汉语的"精气神"提炼出来,迁移到当下日常生活场景并复活其丰沛的感性表现力,使之与口语、演化中的网络语、方言和现代书面语交媾混血,为日趋鄙俗、伪饰、空洞的汉语开辟新源头,难道不是新诗振兴的路径之一?

昌耀内陆高迥的诗歌面貌在很大程度上取决于其高古如陶锛铜车的高原词汇、铺张扬厉如《战国策》的虹吸句式、峭拔嶙峋如韩退之的想象技术;洛夫超现实主义的遒劲诗风如果抽掉其汉语传统的典故与互文,则其陌生化冲击必将大打折扣;多多直取汉语核心的险韵僻境的语言切削力,陈东东婉约宋词式的光洁词语和意象,李少君宋代"江西诗派"式结句造语的技术和理趣提炼法,潘维古今中外词语句法柔韧盘旋的抒情技艺,都无不喻指了一条广阔的对话古典、共和汉语的新诗复兴之路。

二

为什么说被新文化放弃的旧诗属于"类型化"写作呢?前述阐发之外,请允许我进一步申论。

经由漫长生长过程趋于成熟的古典诗歌,无论是相对自由的古体诗,还是严谨格律化的近体诗,甚至元曲小调、戏剧唱词、民间歌谣,都形成了比较恒定的语式规则、结构章法、意象修辞,诗人们只需往固有空筐中填写类型化的辞藻,则诗意的旨趣便自然生成,读者也无须复杂的思维转换和深厚的学养积淀,经由体制化的规则与通用化的修辞即能大致清晰地感受诗意所在。而这正是古体诗类型化特征所带来的美学惯性与思维惰性。

一个现成的例证便是,《声律启蒙》《训蒙骈句》《笠翁对韵》等书作为旧诗生产说明书在清代的广泛流传,恰恰说明了旧诗已经形成程序性的可复制的艺术体制。还有一个有趣的说法,古人写诗叫制诗,作词叫填词,也从侧面印证了旧诗类型化的写作属性。

与之完全相异的是,新诗天然地拥有建构新异格式与个性面目的先锋特征,一种形式的个人化实验、技艺的独一性构建、理念的无羁型拓展,被上升为现代诗学的伦理和圭臬,内在地驱动着诗人精神维度的自由创造、思想维度的无畏开拓、形式维度的卓异探索、表现维度的超前实验。如前所述,新诗之所以称之为自由诗,恰恰在于它是一种非格式化、非通约性的"元写作",与类型化的旧诗分属两个迥异的审美国度。在新诗写作中,即使同一诗人同一时间创作的文本,也绝无自我复制的怠惰理由与行为表现。1924 年 9 月 24 日,鲁迅写了《影的告别》和《求乞者》散文诗,后收入《野草》。抄录两段比较如下:

> "人睡到不知道时候的时候,就会有影来告别,说出那些话——
> 有我所不乐意的在天堂里,我不愿去;有我所不乐意的在地狱里,我不愿去;有我所不乐意的在你们将来的黄金世界里,我不愿去。
> 然而你就是我所不乐意的。
> 朋友,我不想跟随你了,我不愿住。
> 我不愿意!
> 呜呼呜呼,我不愿意,我不如彷徨于无地。"
>
> ——《影的告别》

> "我将得不到布施,得不到布施心;我将得到自居于布施之上者的烦腻,疑心,憎恶。
> 我将用无所为和沉默求乞!……
> 我至少将得到虚无。
> 微风起来,四面都是灰土。另外有几个人各自走路。
> 灰土,灰土,……
> ………………
> 灰土……"
>
> ——《求乞者》

前者是《影的告别》的开头,后者为《求乞者》的结尾。两诗在情感底色与语词面貌上,呈现为一种"彷徨于无地""至少将得到虚无"的个人意趣的张扬,一种悖论、怪诞,激愤而悲怆以致内心黑暗的决绝,与《野草》总体风格完全一致。但在诗句略显晦涩的转折腾挪中,两诗既无意象的雷同陈袭,也无结构的凝固型塑,更无语式的规约框定,以自由的抒写、智性的反讽和自我的裁解,抵达了"表现的深切"和"格式的特别"境界。同时也是旧体诗高手的鲁迅,尽管也有《惯于长夜过春时》《无题》等表达接近于《野草》篇章,但能精微幽深地传达其内心黑暗的并不多。与《野草》的自由多姿、挥洒自如相比,旧体诗中的鲁迅不无四处受掣之窘,而掣肘诗人心灵的恰恰就是旧诗"类型化"的框架与格式。鲁迅这样的大师尚且如此,遑论其他一般诗人?

于是我们看到的是,作为自绝于旧诗的创造主体——汉语诗人每一次写作、每一首诗写作,都必须自冶意象,自创语调,自设结构,自营修辞,必须铸成多元综合的"唯一"格式,从而攀凌独一无二的风格技艺峰顶。即便像鲁迅那样的源头性诗人,也必须放弃既有格式与写法,把每一次写作都视作再度出发"元诗"的起点,在纸上开掘新隧,自加难度循构前行。

新诗迥异于古诗的这一美学特征,宿命般规定了诗学创新的西绪弗斯永无大功告成之时。如何满足新诗"元写作"属性充分必要的逻辑前提,推动新诗生生不息的创新?唯有多元对话,包容偏远开发,鼓励极端探索,承认片面美学,抵达语言共和境界。因此我们要呼吁,通过对话中国古代文史哲传统,吸纳先人典籍中的智慧,吸收地方文献中俚曲、传说、方言中的人性丰沛的营养,呼吸东方文化的气韵和玄妙,既保持"别求新声于异邦"一翼的丰满腾达,又壮大"别求新声于古典"一翅的相对孱弱,催生新诗"多元共生体系"不断羽翼丰满,直趋"凤凰涅槃"之新境。

诗人杨键对汉化佛教精神的弘扬已经得到越来越多的认可与赞美,他在《暮晚》《古桥头》《哭庙》等诗集中通过充满禅意的口语的圆熟运用,祛除了西译新诗的浮躁、轻率和芜杂,把诗意带到了一个内省而沉静、谦卑而富有张力的汉语高古新地。在这一过程中,杨键一以贯之地以他的诗句复活了一种念经式诵吟语调,通过慢来消解快,经由低语来祛魅高叫,透过人性的古老来抵抗物性的时尚,从而使内在的音乐性与节奏感流回新诗起承转合的身体之中。我们知道,格律诗正是佛经汉化中古时代的诗学产物,现在杨键所做的也许可以视为现代汉诗在佛经吟诵化的工作。这使得杨键在纷纭繁复的诗坛中显得格外面目清晰和特立独行,也格外给人以期待。诗人沈苇长期蛰伏西域,却成全了立足"边缘"为生民立命的个人化诗学观,在他笔下,汉语、古汉语、方言恣意杂合,哈萨克民歌、突厥卜书、柔巴依、汉语绝句交互嫁接,散文随笔与诗歌文本有机跨界,呈现出一种综合性"史诗"写作的态势。在我看来,这源于沈苇个人胸襟的阔大、消化力的强劲,也源于西域大地的开放性、文化的多元性,更源于精神共和的可能性、人格独立的包容性。胡弦长短合一、文白夹杂、虚实腾挪的语言技术,汤养宗如古散文一般转圜自如的思辨性与超越性，荣荣近年来直接切入古代诗人生活的象形书写，庞培对古代行吟抒情传统的经验呈现，也从傍注的角度喻示了对话古典传统的深广度与可能性。

三

新世纪以来，诗界就诗歌标准进行了多次交锋讨论，意图建构一套行之有效的尺度与法则，进而规范引领新诗的生产传播。但是，在众说纷纭、莫衷一是的论辩之后，新诗的标准依然如沙上楼宇或镜花水月一般难以真正建立。何以如此？新诗作为"元写作"诗体是一种永远在路上的写作，没有统一的形式尺度，也没有划一的固化标准，已经沉淀为诗人们心照不宣的潜共识，"无标准"或者说标准泛化，已经上升为新诗的终极标准。

需要追问的是，新诗为什么是一种无标准的写作，或者说为什么是一种标准泛化的写作？对此，诗人、评论家臧棣说过一番切中穴位的话，"在我看来，新诗对现代性的追求——这一宏大现象本身已自足地构成一种新的诗歌传统的历史。而这种追求也典型地反映出现代性的一个特点，即它的评判标准是其自身的历史所决定的"。诚如斯言，汉语新诗不但自身处在急剧演变的动态发展中，而且与西方现代诗歌在同一谱系与频率中实时互动激发，构成了变动不居的全球性艺术图谱的重要组成部分。新诗艺术的这一现代性特征，除了与波德莱尔所指陈的现代性，也即在即刻、易逝的现象界，美已不再是永恒不变、划一等特征契合之外，还具有当下中国本身复杂语境的规定性。由于工业化、后工业化、信息化等多时代的"即刻"叠加，现代性、前现代性和后现代性等多属性的"当下"交错，当代中国的现实给人们带来了认知立场的泛化、评价视角的多样与判别时空的多变性。因此可以说，包括新诗在内的一切现代艺术都已进入泛标准化时代，"无标准"已经成为终极标准。

那么，新诗"元写作"这一美学通性，难道注定要和古典汉语传统形同陌路分道扬镳？基于现代诗歌泛标准化这一现实，我们也许可以回到中国传统诗歌的参照系上来，诗写到最后比拼的不是语言与技术，而是人格的气度、胸襟与性灵、境界，比的是精神深广度与心灵覆盖的辽阔性。由此很有必要强调中西诗学的对话，推进传统诗歌理论与西方美学的交织融通研究，既要摒弃西方文论一翼独大，又要敞开汉诗文论的现代化怀抱，打破目前古典文论与西方文论研究界的静态隔绝状态，激励东西文化文学理论的对话与共和，创生具有独特解释力与思辨性的现代汉语诗学理论体系。我个人觉得，在新一轮百年新诗转基因工程中,论判新诗境界差异高低大小,评认综合型大诗人、卓越优秀诗人与一般诗人的尺度,也许还得用上"境界、滋味、性灵、格调、气韵"等古诗话现代转化后的概念体系。

诗人江弱水是研究卞之琳的专家,对古典诗学体味深湛,又积数十年西诗研读之功,因而在打通中西诗学方面成绩显著。他的《诗的八堂课》是一本大学讲义,在当当、京东等网站名列畅销书之榜,这在诗学日渐边缘化的当下实属罕见。此书围绕着滋味、声文、肌理、玄思等话题,以讲课的方式旁征博引娓娓而谈,非常有效地拓展了古典诗学概念的当代解释力。敬文东也是近年来回望传统的实力派诗学家之一,他在专著《感叹诗学》中从"兴观群怨"的源头出发,创造性地提出了注重声音的"感叹"诗学,并以此解读了新诗经验传达与形式创制等问题。叶维廉长期以来躬耕在古典诗话向现代诗学转换的前沿,孙绍振、骆寒超等也时时潜心于东西方文化对话的研究,李少君近年来关于"诗学是心学"等立论,等等,聚沙成塔的意义不容小觑,积土成山的作用也显而易见。但是总的来说,东西方文论的对话还停留在碎片化、零散性的状态,有待诗人、诗评家和诗学理论专家深入持久的拓殖。

(沈健　浙江湖州职业技术学院　邮编 313000)

世界主义者鲁迅的书刊装帧实践、探索与意义①

沈　珉

摘　要：鲁迅参与装帧的历史长达三十余年，参与装帧的书刊有五十多部，对书刊装帧也很有建树。作为一个世界主义者，鲁迅的书装实践是站在对人类文化财产的认识的基础上开展的，所以无论是对设计元素的运用，还是对工艺材质的选择，都表现出装帧本位主义精神。同时，鲁迅还通过书装，表现他对"民族性"的理解，传达出"艺术介入生活"的努力，在更高的立意上阐释了书装的意义。称鲁迅在书装上有"筚路蓝缕，以启山林"之功，恰如其分。

关键词：世界主义；鲁迅；书刊装帧

对于鲁迅思想倾向的定论，称其为民族主义者有之，自由主义者有之，国际主义者亦有之，而称之为世界主义者是近来的一种认识②。其实在对其思想倾向做出判断时，我们免不了采用伽达默尔"视界融合"的态度进行臆测与适配。处于特殊年代背景下的个体对于政治话语的依附或者自我标榜，是处于时代旋涡中的个体不能脱离的命运；即便是脱离了当时的情境想对之做出相对公允的判断，仍不能脱离考虑的基点。"世界主义者鲁迅"的提法，不因为鲁迅在政治上的偏向而臆断其思想倾向，亦驱除了狭隘民族主义者与国际主义政治话语的底色，更区别于自由主义者身份模糊的认可，同时也是对鲁迅清晰的自我界定与自我意识的肯定。本文赞同鲁迅为一世界主义者，仍然是串联其前期发表的《文化偏至论》、中期《拟播布美术意见书》与《当陶元庆君的绘画展览时我所要说的几句话》、后期有关于木刻的通信等一系列史实

①　本文为国家社科课题成果之一。课题名"中国近代书刊形态变迁研究"，编号16FXW006。浙江省新型重点培育智库浙江省文化产业创新发展研究所成果。

②　郜元宝等：《拿来主义与文化主体性：鲁迅传统中的中国与世界》，《探索与争鸣》2016年第7期，第105页。

做出的论断。世界主义者之谓,并不主张大一统的政治制度,这是与国际主义推绎的集权性相反的回归到伦理层面的民族主义,其在形式上充分理解与尊重民族存在的各异性,即世界主义者是前现代主义的精神。

本文不对其世界主义的思想发展脉络进行解读,而将之视为鲁迅书刊装帧实践的思想基点。作为一个世界主义者,应该有一事实前提,即对世界的知解;更进一步地说,是从何角度的知解。鲁迅是从"文明"这一角度进行世界主义论述的,"文明"不是国家现代主义,而是文化艺术,因此,他的着眼不在于"物质"(产业)与"众数"(众治)的文明,而是"掊物质而张灵明、任个人而排众数"的文明。在这一思想之下,他对弱小民族的文化艺术尤为关心,也对半开化的中国文化有着清醒的认识。同时,鲁迅世界主义观念的轴系与向度也需关注,这是其实践活动的出发点。综上合成为本文检讨鲁迅书刊装帧(书装)的基本前提。

一、鲁迅的书装作品分期及相应特点

鲁迅(1861—1936)不仅在文学创作领域造诣颇高,而且在编辑出版方面也颇有建树,现在常用的一些版面规则就是由其践行而得以普及的。他参与装帧的历史长达三十余年,根据出版资料[1]与笔者搜集,其参与装帧的书刊有五十多部,而且在书籍的形态上也很有研究。从出版其作品的出版机构来看,鲁迅的作品多数是在小型新书业出版机构出版的。他前期与未名社和北新书局合作,其中与北新书局的合作时间最长,成为北新的灵魂。20 世纪 20年代末,他与张友松等开办的春潮书局有过合作,为《春潮》月刊写稿和组稿,出版许文平翻译的《小彼得》。在 20 世纪 30 年代,他也与陈望道等人开设的大江书铺有过合作,在《大江月刊》上发表著作或者译文,出版了《文艺研究》季刊(仅一期)。另出版了《现代新兴文学的诸问题》(《文艺理论小丛书》的一种)、《艺术论》(《艺术理论丛书》)和《毁灭》。他与青光书局(北新的另一个招牌)、联华书局、光华书局、兴中书局(光华书局的另一个招牌)、群众图书公司、湖风书局、合众书店、天马书店等小书局也有过合作。他自费出版书籍的出版机构属子虚乌有的单位:三闲书屋、野草书屋、上海诸夏怀霜社、上海铁木艺术社等。正因为他合作的出版机构较小,作为作者与投资者的鲁迅才能在形态设计上具有发言权,也能较为系统地实现他的形态设计理念。综观其

---

① 孙郁:《鲁迅传播史的几个问题——在世界主义视界中呈现鲁迅遗产》,《探索与争鸣》2016 年第 7 期,第 105 页。

参与装帧的历史,可以分为三个时期。试举如下:

1. 初步实践时期(1902—1911)

鲁迅留学日本期间,是其装帧实践的开端。这个时期他主要参与设计的书籍封面作品有:《月界旅行》(日本东京进化社,1903 年)、《地底旅行》(启新书局,1906 年)、《域外小说集一集》(神田印刷所,1909 年)、《域外小说集二集》(神田印刷所,1909 年)。这些书,应该是由鲁迅自己设计的。其中《域外小说集》封面用的是青灰色的底色,上方是一张带状图案,有一个侧身希腊女子的造型(是不是美神不清楚),在迎接初升的太阳,书名由陈师曾题篆书名,字体非常娟秀圆润①。版面设计合理,符合现代的审美要求。

青年鲁迅留学日本,是带着一个落后国家的自卑以及内心的自尊等复杂的心情去的。在日本时期,他的整个生活方式都显现出了日本化,套袴褶、带猎帽、穿木屐,"能看到他在东京想要过一种日本式生活的努力……在不受中国生活方式阻碍的情况下,积极融入日本风俗方面,总觉得其中有某种志向"②。但实际上,他是一个生活在日本文化与中国文化边缘的人。这一阶段,与鲁迅在文学上的探索相符,都表现出了一种尚未定型的探索状态,不是特别成熟。

2. 初步探索时期(1912—1926)

这一时期,鲁迅回国,在浙江短暂任教之后,到南京教育部任佥事,负责文化、艺术的管理工作,随后迁往北京一直到 1926 年。这一时期他经历了文化的反差,但重要的是,他的职务使他从整体上对传统文化有了认识。1912至 1914 年鲁迅负责筹办"儿童艺术展览会",1914 年展览会结束后,又负责选择一百多件参加巴拿马国际展览会。1913 年,鲁迅、许寿裳与钱稻孙设计国徽,图案是十二章纹,意为将皇帝的地位普及到每个人身上。1917 年,鲁迅设计了北大校徽。校徽取瓦当之形,"北大"二字上下排列,有"三人成众"之意,象征着"北大人肩负开启民智的重任",字为篆文,鲁迅称为"哭脸校徽"。

如果说早期鲁迅的装帧还只是从美学角度考虑,这一时期他进入了自觉的图像表征时期,注重民族性的发掘。其主要参与设计的书籍封面作品有:

---

① 杨永德:《鲁迅装帧系年》,人民美术出版社 2001 年版;上海鲁迅纪念馆、中国美术家协会上海分会:《鲁迅与书籍装帧》,上海人民美术出版社 1981 年版;刘运峰:《鲁迅书衣百影》,人民文学出版社 2007 年版。

② 姜德明:《书衣百影:中国现代书籍装帧选 1906—1949》,生活·读书·新知三联书店 1999年版。

《国学季刊》第一卷第一号封面画(1923 年)、《桃色的云》封面(1923 年由北京新潮社出版,鲁迅做的封面是第四版,即 1926 年的北新版本)、《心的探险》封面(北新书局,1926 年,鲁迅封面——扉页上印着"鲁迅掠取六朝人墓门画像作书面")、《呐喊》封面(新潮社,1923 年)、《热风》封面(北京北新书局,1925 年)、《华盖集》封面(北新书局,1926 年)、《莽原》半月刊第一期封面(未名社,1926 年,封面使用图案作为底图,司徒乔作,美术字由鲁迅撰写)。

这一时期首先是对民族图案的挖掘与利用,《心的探险》采用了汉魏六朝的画像,上下铺陈,这种构图在当时还很少见。而图案和中文字体变化结合的设计,是一种新的探索。《桃色的云》又是以中国古典纹样的人物、禽兽与流云组成的带状装饰,充满幻想色彩,下部是书名和著译者名,整个设计均衡而流畅。同时,鲁迅对书刊的题名也做了进一步思考。如果说前期鲁迅是以书法体为主,那么这一时期,鲁迅下意识地进行了美术字体的设计,比如《华盖集》,注意到中西文无饰线体的匹配性。《呐喊》采用十分简约明了的红与黑对比色,端庄严峻中寓有深意。

除此之外,鲁迅在新画种绘画中发现了新作者。鲁迅发现了同乡、美术家陶元庆的作品,并将陶元庆的设计用于书刊之上,作品有《苦闷的象征》(北新书局,1925 年)、《中国小说史略》(北新书局,1925 年)、《出了象牙之塔》(北新书局,1925 年)、《故乡》(北新书局,1925 年)、《彷徨》(北新书局,1926 年)等。另外,他还使用了青年美术家司徒乔、孙福熙等人的作品,使得书封形象等大大丰富了起来。这些年轻艺术家无一不具有现代的艺术眼光,掌握了较新的艺术手段,在图画意境的开拓以及表达手法上都区别于通俗文化的画师。(图 1 鲁迅设计的北大校徽与《歌谣纪念增刊》封面)

图 1 鲁迅设计的北大校徽与《歌谣纪念增刊》封面

3. 进一步探索时期(1927—1936)

这一时期,是鲁迅定居上海时期。1927年,上海被确立为特别市,并成为世界最为繁华的大都市之一,文化几乎与美国的纽约同步,远居于"其他一切灭门城市之上"[①]。这一时期鲁迅的艺术理念相对成熟,对外来艺术的吸收与中国传统视觉图案的运用娴熟,书籍艺术技巧的类型化程度提高,书籍的整体设计理念加强。

这一时期的主要书刊设计作品有:《华盖集续编》封面(北新书局,1927年)、《坟》扉页(未名社,1927年)、《朝花》周刊封面(1928年)、《小彼得》封面(上海春潮书局,1929年)、《小约翰》封面(未名丛刊,1929年)、《奔流》月刊第一卷第一期封面(1928年)、《而已集》封面(北新书局,1928年)、《近代美术史潮论》封面(上海北新书局,1929年)、《奇剑及其他》封面(朝花社,1929年)、《一个青年的梦》封面(北新书局,1933年)、《阿Q正传的成因》封面(天马书店,1932年)、《在沙漠上及其他》封面(朝花社,1929年)、《接吻——波希米亚山中故事》封面(朝花社,1929年)、《近代木刻选集》之一封面(朝花社,1929年)、《蕗谷虹儿画选》封面(朝花社,1929年)、《近代木刻选集》之二封面(朝花社,1929年)、《比亚兹莱画选》封面(朝花社,1929年)、《壁下译丛》封面(北新书局,1929年)、《新俄画选》封面(上海光华书局,1930年)、《文艺研究》第一期封面(1930年5月)、《浮士德与城》封面(上海神州国光社,1930年)、《静静的顿河》封面(上海神州国光社,1930年)、《萌芽月刊》第一卷第一期封面(1930年)、《前哨》期刊第一卷第一期封面(1931年,刊名由郑川谷题,封面由鲁迅设计)、《巴尔底山》第一期封面(1930年)、《梅斐尔德木刻士敏土之图》封面(上海三闲书屋,1931年)、《毁灭》封面(上海大江书铺,1931年)、《勇敢的约翰》封面(上海湖风书局,1931年)、《铁流》封面(上海三闲书屋,1931年)、《十字街头》封面[②](1931年)、《鲁迅杂感选集》封面(上海青光书局,1933年)、《两地书》封面(上海青光书局,1933年)、《引玉集》封面(上海三闲书屋,1934年)、《萧伯纳在上海》封面(上海野草书屋,1933年)、《不走正路的安得伦》封面(上海野草书屋,1933年)、《伪自由书》封面(上海北新书局以"青光书局"名义出版,1933年)、《拾零集》封面(合众书店,1934年)、《南腔北调集》封面(上海同文书局,1934年)、《准风月谈》封面(上海光华书局以"兴中书局"的名义出版,1934年)、《木刻纪程一》封面(上海铁木艺术社印行,1934年)、《解

---

① (日)金文学:《彷徨的鲁迅》,《重新发现近代一百年前的中日韩》,现代出版社2015年版,第165页。

② (美)白鲁恂:《中国民族主义与现代化》,《二十一世纪》1992年第9期。

放了的唐·吉诃德》封面(上海联华书局,1934 年)、《译文》封面(1934 年 9
月)、《集外集》封面(上海群众图书公司,1935 年)、《北平笺谱》封面(北平版
画丛刊会,1933 年北平荣宝斋印行)、《十竹斋笺谱》一集封面(北平版画丛
刊会,1934 年北平荣宝斋印行)、《坏孩子与别的奇闻》封面(上海联华书局,
1936 年)、《海燕》月刊(1936 年 1 月)、《花边文学》封面(上海联华书局,
1936 年)、《海上述林》上下卷封面(上海诸夏怀霜社,1936 年)、《死魂灵百
图》封面(三闲书屋,1936 年)、《凯绥·珂勒惠支版画选集》封面(三闲书屋,
1936 年)、《且介亭杂文》封面(三闲书屋,1937 年)、《且介亭杂文二集》封面
(三闲书屋,1937 年)、《且介亭杂文末编》封面(三闲书屋,1937 年)。这一
时期鲁迅的书刊形态设计炉火纯青。他不仅能够全面掌握书刊从设计到成
形的过程的操作,而且能够进行合理的匹配与相应的改革来变化视觉效果。
(图 2 鲁迅书装设计作品)

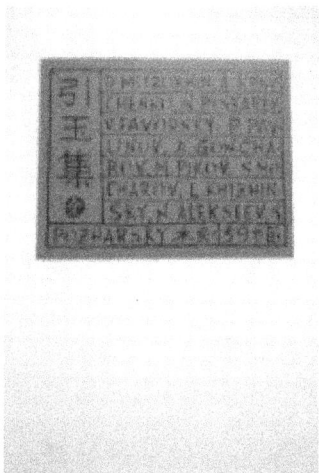

图 2   鲁迅书装设计作品:《坟》扉页,1927 年;《引玉集》封面,1934 年

　　首先,他在装订与外观上进行多种尝试。当时的书籍,以铁订方式缀边
较为普遍。时间一长,书脊铁订处即开始生锈,产生暗红锈斑,影响书刊品
相。从《朝花艺苑》开始,鲁迅用丝线替代铁钉穿订,这样就避免了铁锈的产
生,又有别致的感觉。除了在外观设计方面,鲁迅对设计元素的运用也形成
了自己的表达方式。这一时期的装帧作品中,翻译及刊物封面作品中使用木
刻作品的居多,影绘作品次之,构成主义和未来主义作品再次之。杂文作品
多使用美术字设计。较为奇特的是《萧伯纳在上海》。鲁迅以达达主义的设
计方式进行拼贴,说明书籍的性质是快餐阅读。不仅如此,鲁迅还在形态中
区分了书的层次与读者。《海上述林》使用不同的材质与装订来表明著作的

档次,达到区别与定位的功能。

更进一步,鲁迅还在设计中挖掘设计者的个体风格。《坟》的封面由陶元庆设计,扉页由鲁迅设计。鲁迅先生请陶元庆放开设计:"只要和'坟'的意义绝无关系的装饰就好。"而鲁迅设计的扉页很有意思:方框里写"鲁迅;坟",还表现出了天、树、云、雨、月等形象。上角的猫头鹰,十分抽象又富有意味。据沈尹默先生说:鲁迅"在大庭广众中,有时会凝然冷坐,不言不笑,衣冠又一向不甚修饰,毛发蓬蓬然,有人替他起了个绰号,叫猫头鹰。这个鸟和壁虎,鲁迅对于它们都不讨厌。实际上,毋宁说,还有点喜欢"①。鲁迅自己说过:"我有时决不想在言论界求得胜利,因为我的言论有时是枭鸣,报告着不大吉利的事,我的言中,是大家会有不幸的。""枭"就是猫头鹰,它的叫声,被迷信的人们传言为不吉利的声音,鲁迅引猫头鹰的叫声为自己呐喊的同调,其意不言而喻②。

二、鲁迅对书刊装帧的探索

在书装历史上,由于现代印刷是外来技术,因此书装的西化趋势是贯穿于近代书装的一条主线:版面上页码的标识、结构上目录的加入、印刷上双面印刷、折页中缝装订技术使用等均说明了这一变化过程。称鲁迅在书装上有"筚路蓝缕,以启山林"之功,是指他规范了中国书装实践的版式语言,在书装设计方面提携与培养了年轻设计师,更主要的是指他在书装中注入了精神与思想,给中国书装的未来带来启示。

1.以书装为本位的设计观

以鲁迅为代表的精英出版自涉足书装之时,就在技术囿限、美术力量奇缺的现状之下着眼于中国书刊的视觉改造。而鲁迅中西璧合的装帧营造,是融合了中西的装帧长处的。

在版面运用上,西式印刷是横排,中式是竖排。创造社的横排,多少带有革命性。而鲁迅选择横排,则是"因为竖版要排四百多页,太厚,而横排只要排到三百页"③,更为经济。在版面结构上,以往书籍"大抵没有副页,天地头又都很短,要想写上一点意见或别的什么,也无地可容,翻开书来,满本是密

---

① 唐弢:《晦庵书话》,生活·读书·新知三联书店 2007 年版,第 244 页。
② 姜德明.《书叶集》,花城出版社 1981 年版,第 7 页。
③ 高信:《鲁迅先生的画》,《美苑》1981 年第 3 期,第 47—48 页。

密层层的黑字;加以油臭扑鼻,使人发生一种压迫和窘迫之感,不特很少'读书之乐',且觉得人生已没有余裕了"①,于是鲁迅在里封面之前,版权页之后,各留一两张空白副页,供读者做笔记。在材料方面,"纸张方面,当时出版的书,哪怕是文艺书,本文都用起白报纸,封面都用粗糙的国产的书面纸,拿在手里,一点不上眼。我们决定改用六十磅或七十磅道林纸,封面改用重磅木造纸,一百五十磅以上的,或用各色精制的书面纸和布纹纸"②。在印刷方面,鲁迅认为"书要印好,小印刷厂是不行的"③。在装帧形式上,鲁迅自称是"毛边党":"切光了的都送人,省得他们裁,我自己是在裁着看。我喜欢毛边书,宁可裁。光边书像没有头发的人——和尚或尼姑。"④20 世纪初的经典主义书刊设计风格,版面疏朗、用纸精良、锁线装订、书不切边等特征是法国书籍的显著特征,鲁迅在此基础上做了改动。比如版式上西方书籍是天大地小,而鲁迅则把天地头放宽,每篇的题目前后都留下几行空行,每篇另页起,至少另面,行与行之间保持相当距离。横排本《朝花》较之《创造》系列的横刊本天头地脚宽大,而且在标题的留空上,毫不吝啬。

在插图元素的使用上,鲁迅的原则是插图能够用于印刷。从早期的采用画像砖中纹样,到采用陶元庆与孙福熙绘图案画,再到后来积极推动木刻画,这些作品的特点之一是能以简单的色彩加以体现。鲁迅对制版流程稔熟至极,因此能够颇为精到地指出锌版不能表现太细的线,粗线也会有问题,直接道明了书刊插图技术还原的关键,所以简单色块对比使用在其设计作品中比比皆是。

同样,字体元素也符合印刷要求。鲁迅是较早使用美术字体的设计家。他选用的字体,既不是手写的草书,也不是铅印标准体,而是介于两者之间的,具有模件化意识又能体现书写美感的字体。《准风月谈》《集外集》封面用字是变隶,《花边文学》用仿宋铅字外加花边线框;《且介亭杂文》用手写字体。另外,字体的随意穿插,如《引玉集》中西文的混排,均由毛笔划出。

鲁迅对书刊版面的营造,有的成为中国书刊装帧的规范。比如他告诉李霁插图的位置不在正中,在往上走些,现在已成为设计常识。又比如,鲁迅否定了在句首排标点的做法,注意嵌空格的方式,将下一行行首的标点挪到上一行去。这在后来开明书店使用的嵌空中,得到了更细致的开发。在印《北平笺谱》时,不用墨色印刷页码,而是"任择笺上之一种颜色,同时印之",这样

---

① 上海鲁迅纪念馆、中国美术家协会上海分会:《鲁迅与书籍装帧》,上海人民美术出版社 1981 年版,第 22—34 页。

②③④ 李小锋:《新潮社的起末》,引自中国人民政治协商会议全国委员会文史资料研究委员会:《文史资料选辑》第 21 卷第 61 辑,中国文史出版社 1979 年版,第 69—109 页。

"倒也有趣",而且节省成本。现在的专色印刷仍然使用这一原则。

2. 艺术自觉的扬弃观

近代书装的整体发展,是从装饰走向表征的过程。在此过程中,书刊形式的使用表露设计者的意图。但鲁迅的选择是有原则的,这主要表现为,形式要与文本内容相关、与印刷技术相宜以及与时空氛围相适。

在插图运用时,鲁迅是以拿来主义的态度接收西方插图的。早期《地底旅行》的海水有着北斋浮世绘的明显特征,这是在插图资源有限的情况下被动选择的结果。在后来插图资源日益丰富的情况下,设计的意图被很好地传达出来:比如《朝花旬刊》使用英国阿瑟·哈克拉姆(A. Rackham)的插画、《近代美术史潮论》封面选用法国画家米勒的《播种》、《铁流》封面选用苏联版画家毕斯凯莱夫的插图、《毁灭》封面使用 N. 威绥斯夫崔夫的《袭击队员们》一图等。《小约翰》初版封面插图由孙福熙设计绘制。孙福熙绘制的插图是一个孩子向一座山走去,色调有些灰暗,似与书的内容不大符合。因为童话是要有一些灵气与童趣的,因此书出来后鲁迅不太满意。1929 年再版时鲁迅采用了英国勃仑斯"妖精与小鸟"的插图,多了一些浪漫的色调,比较好地与这样的一本小书协调起来。《工人绥惠略夫》1922 年初版时由商务印书馆出版,封面采用西式唯美主义图框,以天使、花卉围绕书名,与书籍内容丝毫不相关。1927 年北新书店出版时,鲁迅采用了陶元庆的封面画,以画像砖的构图,将工具、工人的形象表现了出来。

同样,鲁迅自觉选择印刷技术。《北平笺谱》完全采用当时不常见的饾版印刷,就是为了还原经典古籍的样貌;《凯绥·珂勒惠支版画选集》用珂罗版,是为了体现出墨色的层次。在装订中,1931 年出版的《梅斐尔德木刻士敏土之图》一书,鲁迅首次将线装之封面设计运用于西人画册之中,又把传统的中式翻身改为西式翻身,以适应西洋画册的观看需要。1936 年的《凯绥·珂勒惠支版画选集》,是西人画册的装帧精品,鲁迅按中式装帧中的精品设计给了相应的诠释。

在对传统艺术的选择中,鲁迅肯定了木刻的媒介舍弃了线条画的内容,选择了抽象的女性形象放弃了美人画。1931 年鲁迅在上海艺大发言时提到月份牌,甚至还在结束演讲时来无幽默地展示一轴月份牌加以鞭挞。客观地说,20 世纪 30 年代的月份牌已较前二十年有了明显的视觉差异,呈现出的女性是富有时代气息的健康而时尚的女子,而鲁迅仍然以"斜眼"仕女图示人,明显地误判时代,其用意明显:与其"贵力尚强"的主张相符,对有力、深沉的阳性力量的肯定。鲁迅提倡的"伟美",是将审美提升到对时空的无限占有,而美术作品的功能是唤起战斗的觉醒,而非对现实陷入其中的低姿态的倾诉。美人画在这方面的贡献几乎是零,它既无内容,也无意义,更无价值,故而遭到鲁迅的排斥。

3. 列邦齐轨的精品观

藏书家唐弢曾经评价说:鲁迅印书少而精品多。他指的是鲁迅自己投资出品的著作,多以画集为主,从《死魂灵百图》《引玉集》,一直到《凯绥·珂勒惠支版画选集》《木刻纪程一》,加上传统版画集《北平笺谱》与《十竹斋笺谱》,部部精致,在世界书籍艺术之林也毫不逊色。

鲁迅的精品意识,首先体现在原稿的收集上,强调作品的历史价值。像《死魂灵百图》,共有三种存世,分别为阿庚、皤克莱夫斯基和梭可罗夫的作品/插画。鲁迅使用阿庚的作品,先是孟十还从旧书摊上淘得,里面即有百图,并"收藏家蔼甫列摩夫所藏的三幅,并那时的广告画和第一版封纸上的小图各一幅,共计一百零五图"。鲁迅出资出版,委托文化生活出版社发行。其间曹靖华寄来梭可罗夫的插图 12 幅,也马上加上,让读者可观俄国插图的大概。又像《引玉集》的稿件是原版手拓。为了获得这些拓稿,鲁迅出资购买宣纸,通过好友曹靖华,以宣纸交换版画的方式从苏联画家手中收集到手。总共有一百余幅,鲁迅从其中精选 59 幅。

精品意识还表现在对制作过程的把握与监督之中。鲁迅最后出版的画集《凯绥·珂勒惠支版画选集》的制作过程颇为艰难。画集选用中国宣纸为材料,4 开本,珂罗版精印。为获得良好效果,特托郑振铎在故宫印刷厂制版,印成散页,印画的费用有五百多元。然后将文字部分,包括史沫特莱撰写、茅盾翻译的序言及自己写的序目交由文化生活出版社铅印,又自己加添衬纸,正如鲁迅在给曹白的信中所写:"病前开印《珂勒惠支版画选集》,到上月中旬才订成,自己一家人衬纸并检查缺页等,费力颇不少。"(《鲁迅全集》第十三卷第 400 页)配页成册后,再委托文化生活出版社线装成书。此书共印了 103 册,其中 30 册送往国外,40 册赠送国内友人,仅余 33 册交内山书店代售,从经济角度讲,完全是亏本的生意,为的是作品的高质量。

精品意识还表现在整体设计观念的成熟。《北平笺谱》,虽然此书是由郑振铎操作,但也是由鲁迅指导的。"他运用我国线装书的传统形式,设计了《北平笺谱》的封面和扉页、序言、目次等,用幽静的暗蓝色宣纸作书面,书名用签条形式,请沈兼士题字,用白色宣纸加框,黑字朱印,粘贴在书面的左边偏上角,用粗丝线装订,一派清丽悦目的风格,使人爱不忍释。扉页请天行山鬼(即魏建功)题字,字体近似唐人写经,古朴可喜。序言请郭绍虞用秀丽的行书挥洒,近似恽南田的书体,活泼流畅,使人在阅读序言的同时获得书法的欣赏;目次也由天行山鬼书写。对《北平笺谱》的绘画者及刻版者这一项设计,也是别开生面。凡是找不到刻版者姓名的地方,用一条与刻版者姓名等长等宽的长方黑块代之,这是动过脑筋的好设计。笺谱的幅式有大小宽窄,所放的位置也曾经过周密的考虑,都给予最恰当的安排。是对古典版式具有一定的素养的人,才能做出如此优秀的设计来。通过这部书的设计,可以证明鲁迅对书籍装帧的精通了。"①

三、鲁迅书刊形态设计的历史意义

鲁迅书装的设计理念已超越了书刊载体的层面,进入思想价值的层面。

1. 在世界坐标阐释了"民族性"的内涵

鲁迅是蔡元培"美育代宗教"思想的支持者,鲁迅的"民族性"不纯粹是政治性话语,更是在审美观照下的阐释,具有非常丰富的内涵。

其民族性第一层的意思表述是从空间界定的。首先是对盲目跟从西方或者否定西方的批判。鲁迅在随想《四十六》《五十三》针对《泼克》讽刺学习外国文艺的现象进行了剖析,他指出这种盲目排外的美术家是"可怜"的,因为"他学了画,而且画了'泼克',还未知道外国画也是文艺之一。他对于自己的本业,尚且罩在黑坛子里摸不清楚,怎么能有优美的创作,贡献于社会呢?"鲁迅的艺术视野是非常开阔的,他介绍的艺术家,有带着唯美主义风格的比亚兹莱,有着密丽风格的蕗谷虹儿,也有代表了表现主义风格的木刻家柯勒惠支等。但是,鲁迅却不崇尚生搬硬套的模仿,因此他对叶灵凤生硬的模仿表示出轻蔑:"在现在,新的流氓画家又出了叶灵凤先生,叶先生的画是从英国的比亚兹莱剥来的。"②

民族性在空间维度的第二层意思是要建立起能立于世界之林的中方艺术。1914 年借儿童艺术展览之际,鲁迅提出以艺术"与刘邦齐轨"的期望。20世纪 30 年代,他进一步认为,"有地方色彩的,倒容易成为世界的,即为别国所注意。打出世界上去,即于中国之活动有利"(1934 年 4 月 19 日致陈烟桥信)。中西艺术在世界艺术之林中的地位是相当的,自然就无高下之别,而只

---

① 李小锋:《新潮社的起末》,引自中国人民政治协商会议全国委员会文史资料研究委员会:《文史资料选辑》第 21 卷第 61 辑,中国文史出版社 1979 年版,第 69—109 页。

② 钱君匋:《书籍装帧》,引自钱君匋:《书衣集》,山西人民出版社 1986 年版,第 13—14 页。

能表明出特质上的差异,而差异恰恰是切入世界的优点。

进一步,他认为民族性,不仅可以在空间上划分,也应该在时间维度上区别于传统。这个传统既然指中国的传统,也指以纳新为名引入的西方旧有的传统。"然而现在外面的许多艺术界中人,已经对于自然反叛,将自然割裂、改造了。而文艺史界中人,则舍了用惯的向来以为是'永久'的旧尺,另以各时代各民族的固有的尺,来量各时代各民族的艺术,于是向埃及坟中的绘画赞叹,对黑人刀柄上的雕刻点头,这往往使我们误解,以为要再回到旧日的桎梏里。而新艺术家们勇猛的反叛,则震惊我们的耳目,又往往不能不感服。但是,我们是迟暮了,并未参与过先前的事业,于是有时就不过敬谨接收,又成了一种可敬的身外的新桎梏。"①这样鲁迅就在时间与空间维度上提出了全面的否定,新的艺术,既是向自传统的反叛,也是对西方传统的扬弃,既有别于自身旧有的面目,还应该有别于西方新的艺术。那么这种艺术的形式即是一种"新的形""新的色",是"中国向来的魂灵"。所以在实践中,鲁迅早期的封面中还引用了西方的女性形象,但马上纯然的西方形象也消失了,而代之以更为抽象的原型式的形象,这种形象,完全不受地域与时间的设定,表现出原始的生命力。

在他发现陶元庆的创作时,鲁迅觉得他的美术思想得到了具体的落实,他的兴奋难以言表,多次为陶的展览做出评价。鲁迅指出陶的绘画"中西艺术表现的方法结合得很自然","陶元庆君的绘图,是没有这两重桎梏的。就因为内外两面,都和世界的时代思潮合流,而又并未桔亡中国的民族性"。"(陶元庆)他以来写出他自己的世界,而其中仍有中国向来的魂灵——要字面免得流于玄虚,则就是:民族性。"②其中清晰地阐述了鲁迅的观点。对陶氏作品的嘉许,可视为鲁迅将其视为中国艺术重新定位的标本范本。鲁迅由衷地赞叹:"我想,必须用存在于观今想要参与世界上的事业的中国人的心里的尺来量,这才懂得他(陶元庆)的艺术。"③这种定位是在解构了东西方艺术的差异,将艺术视为人类的共有财产之后做出的超越性的艺术建构,是对设置的参照系的瓦解与突破,而其超越时空限制而获得特殊地位的就是其作品永恒的价值。

2. 提供了"艺术介入生活"的路径与方式

近代书装艺术,是知识分子结合艺术家在公共领域发声的伴生品,它显

---

① 鲁迅:《上海文艺之一瞥》,引自张望:《鲁迅论美术》,人民美术出版社 1982 年版,第 81 页。

②③ 鲁迅:《当陶元庆君的绘画展览时我所要说的几句话》,《新文学史料》丛刊编辑组编:《新文学史料》第二辑,人民文学出版社 1979 年版,第 77 页。

现了这样一种"有意识的努力：在艺术与生活之间导入新的关系、进行新的实验"①。可以视为是具有中国特征的"先锋艺术"实践。

这一艺术实践经历了前后两期。第一期的时间从新文化运动开始到1920年末期，第二期是20世纪20年代末至20世纪30年代中期。第一期实践是对启蒙艺术时期工业化带来的艺术形式以及大众审美趣味进行批判。第二期实践是对都市艺术的对抗。这两期实践超越的对象都是"市侩的现代性"，任务是"反庸众"与"反传统"②，策略是援引西方艺术资源来改造大传统并调整小传统。鲁迅是倡导者与实践者。

1919年，鲁迅在《新青年》发表了一篇随感录短文，直接提出了"对于中国美术界的要求"："进步的美术家，这是我对于中国美术界的要求。……我们所要求的美术家，是能引路的先觉，不是'公民团'的首领。我们所要求的美术家，是表记中国民族知能最高点的标本，不是水平线以下的思想的平均分数。"③鲁迅这番话，意义已远超过其在1913年《拟播布美术意见书》的见解，直接将艺术家的作用定位于"引路的先觉"。可见，随着五四文化运动的深入，站在文化舞台聚光灯下的文学精英并没有囿于艺术内部强调艺术技法的改变，他们更关注的是如何给视觉注入活力来感染民众，也即如何调整小传统的希望。

具体到鲁迅的艺术观，则是提倡刚健有力的美术风格，具体操作是在书装上以唯美主义面目模糊、背景抽象的女性形象替代写实主义的女性形象。鲁迅对月份牌的批判，即是反对纤弱的、柔媚的、萎靡的、病态的风格，他在《域外小说集》以及援用陶元庆的女性形象时，注意到了这点。尤其是陶元庆"大红袍"图案的使用，鲁迅关注的是那种凄丽之美，是以几近绝望的抗争绽放的力度。（图3 陶元庆书装作品）

---

① 许钦文：《鲁迅与陶元庆》，引自许钦文：《〈鲁迅日记〉中的我》，浙江人民出版社1979年版，第93页。

② 唐小兵：《试论中国现当代艺术史中的先锋派概念》，朱羽译，引自杭州师范大学学术期刊社：《中国文学再认识》，复旦大学出版社2012年版，第196页。

③ 鲁迅：《随感录》，《新青年》，1919年第1期。

图3　陶元庆书装作品:《故乡》,许钦文著,北新书店,1926。
封面画即是"大红袍",表现的是绍兴戏中的"女吊"形象

随着城市文化的发展,到20世纪20年代末,鲁迅已经敏锐地感到曾经作为先锋艺术的唯美主义正与都市的矫饰风格结合,表现出柔媚的趋势。这时,鲁迅引入了表现主义的木刻版面作为有力度的画种,并在形式上与中国传统的"木版画"艺术做了顺接。但这实际上是有意的误读,将艺术的媒介视为形式的载体,这一误读体现了鲁迅以刚健的民间艺术来补济都市艺术软度的初衷。

李欧梵在研究中注意到了谈论木刻画时鲁迅在私场域与公场域审美的差异:在公的场合,他认为"革命的中国新艺术"选择版画符合普罗美术表现的特点,肯定画面中高耸的烟囱、示威的人群、对抗、斗争等等。但他又在个人空间对笺谱艺术大加推崇,在私人信件里他也对木刻青年指点了艺术上的不足,指出艺术性是木刻的第一要素。这就意味着,在艺术介入生活的努力中,鲁迅倡导的是有力度的艺术,即具有刚健的风格而非革命的内容。这一主张,实质上是对国际主义的艺术化与个体性的阐释,是对革命主义的纠偏。

四、结语

世界主义者鲁迅在其书装实践中以人类文化财产的高度审视了中外的艺术资源,并以书装为本体进行艺术的扬弃,表现了兼容并收的文化包容心态以及超越时空的艺术建构标准,阐释了"唯有民族的才是世界的"以及"民族性是现代性的方向"的道理,并在实践中体现了艺术介入生活的努力与运作传统与现代对话的机制,对后来的书装实践具有极大启示作用。

但囿于时代的局限性,多年来鲁迅的装帧理念一直被"革命性"遮蔽,从而陷入了狭隘民族主义的理解,其艺术观念的异彩流光反而被减弱。"当历史走完了某个时段,人们再回头品味鲁迅的判断时,才发现他的思想早已在这个时段的终点处等待着我们,平静地接受我们的敬意。"①

(沈珉 浙江工商大学人文与传播学院 邮编 310018)

---

① 郜元宝等:《拿来主义与文化主体性:鲁迅传统中的中国与世界》,《探索与争鸣》2016 年第 7 期,第 105 页。

梁启超对鲁迅文艺思想的影响

刘广新　　朱鹏飞

摘　要：梁启超对鲁迅文艺思想的影响主要表现在两个方面：其一，对鲁迅"立人说"的影响。鲁迅留日期间选择弃医从文与梁启超有很大的关联，而"立人说"的形成也与梁启超的"移人"说，以及对进化论的宣传密切相关。其二，对鲁迅批判国民劣根性思想的影响。梁启超的诸多文章如《呵旁观者文》等的精髓都被鲁迅吸收并呈现于小说。因此，鲁迅文艺思想对梁启超思想的接受正源于灵魂深处产生的共鸣。

关键词：鲁迅；梁启超；文学创作

一、梁启超与鲁迅的复杂关系

梁启超（1873—1929）与鲁迅（1881—1936）在一生的大多数时间，都共同生活于一个风雨飘摇的中国。梁启超长鲁迅8岁，因为成名早，所以梁启超多被视为鲁迅的上一代人，当1902年二十刚出头的鲁迅来到日本留学的时候，梁启超已经在日本创办《新小说》《新民丛报》，并且因为这些报刊在国内的广泛传播而名动华夏。多方面的历史资料可以旁证，作为青年学生名不见经传的鲁迅，当时确实读了很多梁启超的宏文，并且受到他的深刻影响。郭沫若在《少年时代》一书中说："平心而论，梁任公的地位在当时确实不失为一个革命家的代表。他是生在中国的封建制度被资本主义冲破了的时候，他负戴着时代的使命，标榜自由思想而与封建的残垒作战。在他那新兴气锐的言论之前，差不多所有的旧思想、旧风习都好像狂风中的败叶，完全失掉了它的精彩。二十年前的青少年——换句话说，就是当时有产阶级的子弟——无论是赞成或反对,可以说没有一个没有受过他的思想或文字的洗礼的。"①很显然,以梁启超在其时中国思想界的超强影响,他那些兴国救民的主张对于青年时期怀抱救国理想的鲁迅来说,应该具有极强的感染力。

虽然鲁迅由于各种原因,从未正面谈过曾受到梁启超的影响,但我们还是可以从以下几个方面找到梁启超影响鲁迅的一些间接证据:首先,从鲁迅的诸多文章看,他对梁启超的时代影响力是熟知的,多数情况下也是认可的。比如鲁迅小说《祝福》中有这样的文字:"虽说故乡,然而已没有家,所以只得暂寓在鲁四老爷的宅子里。他是我的本家,比我长一辈,应该称之曰'四叔',是一个讲理学的老监生。他比先前并没有什么大改变,单是老了些,但也还未留胡子,一见面是寒暄,寒暄之后说我'胖了',说我'胖了'之后即大骂其新党。""新党"指的是以康有为、梁启超为代表的维新派人士,从小说中鲁迅对鲁四老爷的否定性描写来看,鲁迅还是认可"新党"历史地位的。在《朝花夕拾》中记述自己早年南京求学的经历时,鲁迅这样写道:"但第二年的总办是一个新党,他坐在马车上的时候大抵看着《时务报》……"②《时务报》是1896年梁启超等人创办的,主要宣传维新变法思想,可见鲁迅对作为《时务报》创办人以及"新党"代表人物的梁启超非常熟悉,而且从更多的文字中我们可以发现,鲁迅对梁启超的学术与社会地位亦基本认可,比如他在《杂论管闲事·做学问·灰色等》一文中说:"'北京国立图书馆'将要扩张,实在是再好没有的事,但听说所依靠的还是美国退还的赔款,常年经费又不过三万元,每月二千余。要用美国的赔款,也是非同小可的事,第一,馆长就必须学贯中西,世界闻名的学者。据说,这自然只有梁启超先生了。"③承认梁启超被时人公认为"学贯中西"(因为梁启超确实被推上了这个必须"学贯中西"的馆长位置),虽言词有些戏谑,但至少表明鲁迅对梁启超在国内学术思想界的影响力是认可的。

其次,有诸多间接材料可以佐证,青年鲁迅曾经受过梁启超思想的强烈熏染。周作人在回忆文章中记述道:"癸卯(1903)年三月,鲁迅寄给我一包书,内中便有《清议报汇编》八大册,《新民丛报》及《新小说》各三册,至于《饮冰室自由书》和《中国魂》则在国内也已借看到了。不过民族革命运动逐渐发展,《新广东》《革命军》公然流行,康梁的立宪变法一派随之失势,但是对于我们,《新小说》的影响还是存在,因为对抗的同盟会在这一方面没有什么工作,乃是一个缺陷。《新小说》上登过嚣俄(今译雨果)的照片,就引起鲁迅的注

---

① 郭沫若:《少年时代》,人民文学出版社1979年版,第112页。

② 鲁迅:《鲁迅全集》第2卷,人民文学出版社2005年版,第305页。

③ 鲁迅:《鲁迅全集》第3卷,人民文学出版社2005年版,第201页。

意,……其次有影响的作家是焦尔士威奴（今译儒勒凡尔纳），他的《十五小豪杰》和《海底旅行》，是杂志中最叫座的作品，当时鲁迅决心来翻译《月界旅行》，也正是为此。"①这段话道出了三层含义：(1)青年鲁迅经常阅读梁启超的文章，并且认为这些文章写得非常好，所以把它们推荐给自己的弟弟周作人。《清议报》《新民丛报》都是梁启超创办并主笔的报刊，可见鲁迅通过这些报刊上的文章，吸收了大量梁启超的革新思想。(2)梁启超主办的《新小说》杂志推崇雨果，鲁迅则转译了雨果的随笔《哀尘》，并且如同雨果一样，对斯巴达人的爱国尚武精神厚爱有加，鲁迅甚至写了一篇小说《斯巴达之魂》，与雨果的《哀尘》一起发表在《浙江潮》杂志上。(3)梁启超在《新小说》上刊载了凡尔纳的科学小说《海底旅行》，鲁迅随后便翻译了凡尔纳的《月界旅行》《地底旅行》，这些都足以证明，梁启超主办的《新小说》对鲁迅也产生了很大影响。

虽然各方面间接材料可以佐证鲁迅曾受到梁启超的影响，但鲁迅本人并未直接提及。个中原因，主要源于梁启超与鲁迅各自政治立场的不同，以及由此带来的观点分歧。鲁迅早年留学日本期间，经常阅读梁启超主笔的《新民丛报》等杂志且受影响颇深，但随着政治形势的变化，鲁迅渐渐站到革命派阵营，而梁启超则被归为保皇党之列，由此双方政治立场分道扬镳。直到1925年"青年必读书"事件出现，②二人的分歧终于公之于众。此后鲁迅笔下逐渐谈及梁启超，但除了评价梁启超的学术观点或者为人，仍然只字不提曾受到梁启超的影响。有学者称之为"影响的焦虑"，认为"鲁迅年轻时深受梁启超多方面影响无疑，影响之大，甚至对他日后成为一名独立、优秀的思想家和文学家形成了某种压抑。虽然中年以后鲁迅基本摆脱了梁启超的影响，但作为一种自我保护，他长期回避曾受的影响。……因此，表面看来，他对梁启超的评价充满了自信乃至自负，显示出某种傲慢的偏见，但这种傲慢的背后，恐怕深藏着某种影响的焦虑"。③

二、梁启超对鲁迅"立人说"的影响

梁启超对鲁迅文艺思想的影响可以从宏观与具体两个方面来看。宏观方面，梁启超对鲁迅最大的影响，在于影响了其"立人说"思想的形成。

梁启超之影响鲁迅文艺思想，首先发源于在其影响下，鲁迅选择了弃医

---

① 周启明：《鲁迅的青年时代》，河北教育出版社2002年版，第73页。

② 张弛：《"青年必读书"事件中的鲁迅与梁启超》，《中国现代文学研究丛刊》2015年第9期。

③ 侯桂新：《〈鲁迅全集〉中的梁启超形象》，《中国现代文学研究丛刊》2015年第12期。

从文。梁启超1902年流亡日本期间创办了《新小说》,在《新小说》第一号上发表了《论小说与群治的关系》,认为"小说有不可思议之力支配人道故","故欲新道德,必新小说;欲新宗教,必新小说;欲新政治,必新小说,欲新风俗,必新小说;欲新学艺,必新小说;乃至欲新人心,欲新人格,必新小说"。①这篇文章对鲁迅的文学道路选择产生了重大影响。1902年鲁迅初到日本求学,其时正大量阅读梁启超主办的《新民丛报》《新小说》等杂志,很显然他读了这篇《论小说与群治的关系》并且深受其影响。1903年开始,鲁迅便在学医的同时着手翻译凡尔纳的《月界旅行》等小说,1906年受到日俄战争影片事件的冲击,他迅速做出弃医从文的决定,试图用小说来改良社会、改良人生、改良民族精神,不能不说这跟梁启超所提倡的"小说界革命"已经在鲁迅心中潜移默化有密切的关联。日本学者增田涉认为,鲁迅在读过梁启超的《论小说与群治的关系》一文后"很受影响",从而使他深信文艺的巨大启蒙作用,因此,鲁迅之所以产生弃医从文的思想,"'新小说'论等的影响非常关键"②。关于梁启超的这种影响,从鲁迅自己的文字中也可以显出端倪。鲁迅谈到自己对于学医的态度时说:"医学并非一件紧要事","所以我们的第一要著,是在改变他们的精神,而善于改变精神的是,我那时以为当然要推文艺,于是想提倡文艺运动了"③。

正是由于梁启超的影响,鲁迅最终选择了弃医从文。而从事文学创作的目标,鲁迅则将其定义为"立人",这亦跟梁启超的影响密切相关。在《论小说与群治的关系》一文中,梁启超认为,小说对读者的影响在于通过"熏、浸、刺、提"四种力去"移人":"此二者(指'人游于它境'与'感人之深')实文章之真谛,笔舌之能事。苟能批此窾、导此窍,则无论为何等之文,皆足以移人。"④鲁迅对于文学的功用,也有类似的说法,不过与梁启超的"移人"说不同,鲁迅提出的是"立人"说。在《文化偏至论》一文中,鲁迅认为:"是故将生存两间,角逐列国是务,其首在立人,人立而后凡事举;若其道术,乃必尊个性而张精神。"在鲁迅看来,要想使中国强大,屹立于世界民族之林,首要的是"立人"。至于如何"立人",鲁迅甚推崇尼采的"超人说":"故如勖宾霍尔(今译为叔本华)所张主,则以内省诸己,豁然贯通,因曰意力为世界之本体也;尼怕(今译

---

①　梁启超:《论小说与群治之关系》,《中国现代美学家文丛·梁启超卷》,金雅主编,浙江大学出版社2009年版,第369、370页。

②　[日]增田涉:《鲁迅与日本》,林焕平译,《鲁迅与中日文化交流》,刘献彪等编,湖南人民出版社1981年版,第82页。

③　鲁迅:《鲁迅全集》第4卷,人民文学出版社2005年版,第417页。

④　梁启超:《论小说与群治之关系》,《中国现代美学家文丛·梁启超卷》,金雅主编,浙江大学出版社2009年版,第369、370页。

为尼采)之所希冀,则意力绝世,几近神明之超人也;伊勃生(今译为易卜生)之所描写,则以更革为生命,多力善斗,即万众不慑之强者也。"①上述两段话中鲁迅表明了两层意思:第一层,鲁迅认为立国的前提是"立人","人立而后凡事举";第二层,鲁迅认为"立人"必须增强个人的意志力,诚如叔本华所言,意志乃是世界的本体,而要增强个人意志力,尼采的"超人"说最具有启发意义,只有国民中出现众多不受凡俗规矩约束、意志力卓绝的"超人",大众才能在这些人的领导下勇敢前行,中国才会有希望。很显然,尼采的"超人说"是鲁迅"立人"说的重要理论依据。

鲁迅选定文学为自己的终身事业,而这个事业的目标就是"立人"。青年鲁迅一方面受到梁启超"小说界革命"思想的影响,同时还受到梁启超其时大力宣传的达尔文进化论的影响。1902年前后,梁启超正对达尔文进化论十分痴迷,深信"物竞天择,适者生存"乃人间至理,他在《进化论革命者颉德之学说》中说:"进化论之功在天壤,有识者所同认矣。……颉德以为人也者与他种动物同,非竞争则不能进步。或个人与个人竞争,或人种与人种竞争,竞争之结果,劣而败者灭亡,优而适者繁殖,此不易之公例也。"②在《天演学初祖达尔文之学说及其略传》一文他更声称:"竞争者,进化也,务为优强,勿为劣弱也,……他日二十世纪之世界将为此政策、此哲学所磅礴充塞,而人类之进步,将不可思议。"③梁启超对达尔文进化论的介绍与评价,很显然对青年鲁迅产生了深刻影响,后来在很长的时间里,鲁迅都深信进化论,比如他说:"人固然应该生存,但为的是进化;也不妨受苦,但为的是解除将来的一切苦;更应该战斗,但为的是改革。"④青年鲁迅对达尔文进化论的痴迷,源于梁启超的大力介绍,而达尔文进化论在西方哲学领域的典型代言人,就是尼采,尼采的"超人说"充满了"适者生存"的论调。由此可见,青年鲁迅所选定的文学目标——"立人",其理论依据是尼采的"超人说"与叔本华的唯意志主义,而这些,又都与达尔文进化论有密切的关联。可见,梁启超的"移人"理论与大力引进达尔文进化论,对鲁迅的"立人"说产生了重大影响。

三、灵魂深处的共鸣:如何改造国民性

梁启超不但从宏观上影响了鲁迅"立人说"的形成,而且从具体层面,影

① 鲁迅:《鲁迅全集》第1卷,人民文学出版社2005年版,第56页。
②③ 梁启超:《梁启超全集》第2卷,北京出版社1999年版,第1026、1036、1077—1078页。
④ 鲁迅:《花边文学》,人民文学出版社2006年版,第73页。

响了鲁迅"立人说"的内容构成。鲁迅"立人"说的全部要旨,在于如何通过小说去批判、改造国民性,而对于国民劣根性的批判,鲁迅则明显受到梁启超的影响。

梁启超认为,中国国民劣根性的根源,在于其内心深种的奴隶性。他在《中国积弱溯源论》中沉痛地说:"嗟乎,吾不解吾国民之秉奴隶性者何其多也!其拥高官、籍厚禄盘踞要津者,皆禀奴性独优之人也。苟不有此性,则不能一日立于名场利薮间也。一国中最有权势者,既在于此辈,故举国之人,他无所学,而惟以学为奴隶为事。"[①]上千年来,这种奴隶性毒害了亿万民众,而今日之中国尤甚。从批判国民奴隶性出发,梁启超进一步指出这种劣根性的几种表现:(1)愚昧。当今中国,四万万人之众,能粗识文字者不足五千万,能通读书籍报刊的不足两千万,可执笔成文的不足五百万,略知中国古今的则不足十万,知五大洲之事故者更不满五千人,这五千人中知强国富国之道的仅只百十人,"以堂堂中国,而民智之程度,乃仅如此,此有心人所以暝暝而长悲也"[②]。(2)自私、为我。人之处社会中,在小我外还应有一大我,即应处理好个体与群体的关系,但"中国人不知群之物为何物,群之义为何义也,故人人心目中,但有一身之我,不有一群之我"。然而,这样人人自私自我的种族是极其危险的,其生存都会出现危机:"人人知有身不知有群,则其群忽涣落摧坏,而终被灭于他群,理势之所必至也。"[③](3)好伪。中国人好做虚伪之事,上至奏章报伪事、条告颁伪文、对策作伪语,下至八股伪文、拳脚伪武、兵械伪购,从上到下都在互相蒙骗、自欺欺人,"至举国之人,可持一伪字以相往来,则亦成一虚伪泡幻之国而已。本则先拨,虽无外侮之来,亦岂能立于天地间耶!"[④](4)怯懦。西方人尚武,而中国人尚文,《孝经》有言:"身体发肤,受之父母,不敢毁伤。"中国人无尚武之风,"遇势力之强于己者,始而让之,继而畏之,终而媚之,弱者愈弱,强者日强。奴隶之性,日深一日,民权由兹而失,国权由兹而亡"。(5)好静、沉默。中国人向以少言为戒条,"吾闻官场有六字之秘诀,曰多叩头,少讲话。由今观之,又不惟官场而已,举国之人,皆从此六字陶熔出来者也"[⑤]。在《论中国国民之品格》一文中,梁启超又把中国人的民族缺点归结为"爱国心之薄弱""独立性之柔脆""公共心之缺乏""自制力之欠缺"等几点,[⑥]而《呵旁观者文》则直斥"天下最可厌可憎可鄙之人,莫过于旁观者",因此"国人无一旁观者,国虽小而必兴;国人尽为旁观者,国虽大而必亡"。[⑦]

---

①②③④⑤　梁启超:《梁启超全集》第 1 卷,北京出版社 1999 年版,第 416、417、418、419、444 页。

⑥　梁启超:《梁启超全集》第 2 卷,北京出版社 1999 年版,第 1026、1036、1077—1078 页。

⑦　梁启超:《梁启超全集》第 1 卷,北京出版社 1999 年版,第 416、416、417、418、419、444 页。

梁启超对国民劣根性的批判,同样能在鲁迅的作品中找到类似表述。比如鲁迅曾痛斥国人的奴隶性,他认为中国人最缺的是诚与爱,原因在于国人"两次奴于异族","做奴隶的人还有什么地方可说诚与爱呢?"[①]面对这群充满奴性的国人,鲁迅在自己笔下进行了辛辣的讽刺:阿Q奴性十足,挨了赵太爷的打还得意扬扬;但面对比自己更弱的小尼姑,则显出一幅流氓相,以欺负弱者自豪;谈及"好伪"、自欺欺人,阿Q同样有之,比如他最喜欢夸耀"我们先前——比你阔多啦!你算什么东西!";至于好静、懦弱,鲁迅曾评价说:汉唐时代人们精神饱满、豪气十足,但经过外族几次奴役之后,国民性格则变得异常懦弱。(鲁迅:《致尤炳圻》)此外,鲁迅还勾勒出国人好冷眼旁观的群像:《药》中的革命者夏瑜就义时,一群围观的群众"颈项都伸得很长,仿佛许多鸭,被无形的手捏住了的,向上提着";《阿Q正传》中阿Q被处决时,像蚂蚁一样簇动的人群像欣赏一场刺激的演出,"发出豺狼的嗥叫一般的声音来"。在鲁迅笔下,将一群奴隶性十足、自欺欺人、冷眼旁观、讲究面子的中国人形象,活灵活现地呈现了出来。而鲁迅在小说中对国民劣根性的这些辛辣讽刺,我们几乎都可以从早前梁启超广传于世的文章中找出类似表述,比如梁启超的《中国积弱溯源论》《呵旁观者文》《论中国国民之品格》《新民说》等。不管鲁迅自己愿不愿意把所受的影响表诸文字,我们都能从字里行间找出这种精神取向上的源流关系。

梁启超对鲁迅文艺思想的影响比较复杂,从各种旁证材料比如周作人等人的记述来看,青年求学时期的鲁迅明显受到已经名满华夏的梁启超的影响,他不单影响了鲁迅"立人说"的形成,也影响了鲁迅批判国民劣根性思想的具体内容。虽然归国后鲁迅日渐成长为一位受人敬重的文学大家,因为各种原因(比如政见分歧或者"影响的焦虑"),鲁迅从未正面提及自己曾受过梁启超的影响,但仔细分析鲁迅批判国民劣根性的诸多杂文以及小说,我们仍然能发现其中充满了梁启超《中国积弱溯源论》《呵旁观者文》《论中国国民之品格》《新民说》等名文的影子。因此,梁启超对鲁迅文艺思想的影响在于其精神上的内在传承,鲁迅之所以毕其一生专力于国民劣根性批判,正来自他与梁启超灵魂深处产生的共鸣。

(刘广新　浙江理工大学中国美学与艺术理论研究中心　邮编311121

朱鹏飞　浙江工商大学人文与传播学院　邮编310018)

---

① 鲁迅:《鲁迅全集》第8卷,人民文学出版社2005年版,第110页。

清代小说中花园的空间价值与意义

唐 妍

摘 要:本文主要从空间的角度,着重探讨了花园作为古代文人园林的一部分所具有的文化属性,以及当女性介入这一空间时,或者说当落寞的文人开始注意到花园之中的女性时,处于内外之间的花园所获得的新的空间意义。由此进一步分析在清代小说中出现的几处典型花园的文本价值。《平山冷燕》等才子佳人小说一方面承袭了花园作为文人园林一部分所具有的文人属性,另一方面开拓了花园所具有的情感功能,而《红楼梦》中大观园的复杂性则体现了花园空间意义的多元化。

关键词:空间;花园;《平山冷燕》;大观园;女性

正如郑毓瑜在《文本风景:自我与空间的相互定义》的导言中所提出的:"人固然生活在一个与社会现实相关涉,甚至是被规划好的空间中,但是透过记忆、书写与日常实践,人是否也可以'创造'对于社会空间的主观感觉? 如果空间是如此复杂的现实或想象的社会关系互动的网络,原本被视为封闭的地方或个体存在,是否也应该有开放与联系性的新理解?"①当"空间"一词的内涵从纯粹的几何计量式的客体呈现,扩展到社会科学界定下的带有人文色彩的主体存在时,我们有必要重新思考空间在文学文本中的意义。文本中的空间若离开人将无法获得完整的定义,同样地,脱离空间的人也面临着情感表达上的媒介缺失,因此,人与空间之间存在着一种相互定义、相互确证的过程。那么,当花园这一文本空间中的人物发生转变时,花园的空间意义发生了怎样的变化;而花园这一空间形式又给其中的人物带去了什么样的意义。

下文我们将着重探讨在清代世情小说中,反复出现的一个"空间"——花园,它在与人的交互过程中,所呈现的文本意义。尤其是当女性与花园相关

---

① 郑毓瑜:《文本风景:自我与空间的相互定义》,麦田出版社 2005 年版,第 15 页。

联时,花园的空间意义所发生的变化,以及其中所隐含的文人心态等。

一、园林文化意蕴的承袭——花园

受到现代西方观念的影响,谈到花园,人们似乎自然而然地就会联想到娇艳欲滴的各色鲜花,随之又会联想到与花一般美丽动人的少女,花园与女性的联系似乎是显而易见的。然而,事实上花园与闺房不同,虽然也有着围墙使之与外界隔绝,但花园却不是一个完全封闭的空间,而且也并非女性的专属空间。

在中国古典文学中,花园更多的是作为园林的一部分而存在,[①]与女性并无天然的联系,虽然无法清晰地划分两者之间的界限,但作为园林的一部分它的可感知空间范围相对而言比园林来得小。当然,此处重点分析的不是花园与园林的差异性,而是作为园林的一部分,它所承袭的文化意蕴。

中国古代的园林艺术颇为发达,文人、士大夫,乃至帝王都对其有着特殊的依恋。这依恋正是由于园林虽为人造,但与自然山水相仿佛,同样隔绝了尘世的纷扰,给人以超脱、宁静的情感体验。它的存在在某种程度上抚慰了文人在庙堂之上无法安适的心灵。王毅先生便在《园林与中国文化》一书中详细分析了作为士大夫隐逸的基本条件和隐逸文化载体的园林与不同时代士人隐逸思想之间的密切关系。[②]

在园林艺术与隐逸思想的交互发展过程中,要特别指出的是"隐逸文化的存在是以调节和平衡集权制度与士大夫阶层相对独立地位为基本目的的"[③],作为隐逸文化最主要的载体——园林,它的存在为文人构建了一个获取独立性的自我空间。对于文人来说,出、处永远是一对相互背离又无法离散的欢喜冤家,白居易曾自我安慰似的写下"大隐住朝市,小隐入丘樊。丘樊太冷落,朝市太嚣喧。不如作中隐,隐在留司官。似出复似处,非忙亦非闲。

---

① 花园与园林可以说是一个小概念与一个大概念的种属关系,在一些文本中花园也被称为园林,两者并不加以细分。本文为论述方便,当小说文本中出现两词混用时,以花园指称范围相对较小的私人空间。

② 从上古时代尚不能称之为园林的狩猎场,到两汉时期凸显帝王气派的皇家园林,到政治斗争异常尖锐的魏晋时期士人为全身远害或标举清高而寄寓情感的山水园林,再到隐逸思想相对成熟、推行中隐模式的唐代士人兴建的私家园林,然后是明清之际隐逸文化渐趋没落,园林成了无所作为的文人逃避现实的避难所。具体可参见王毅:《园林与中国文化》(上海人民出版社 1990 年版)一书对园林文化与文人之间的关系变化的阐述。

③ 王毅:《园林与中国文化》,上海人民出版社 1990 年版,第 640 页。

不劳心与力,又免饥与寒。终岁无公事,随月有俸钱",这一《中隐》诗直白地道出了文人处于庙堂与江湖之间的尴尬境地,心向往之的朝廷未必能容纳他的个性,而包容了他全部自我的江湖又无法让他施展抱负,于是能包容他的独立性又不至于远离庙堂的私家园林便给了唐代以后的文人以特殊的安慰。使他们不必如竹林七贤矛盾而痛苦地徘徊于林间,也不必像陶渊明那样一边苦苦寻觅桃花源的所在,一边又不得不为五斗米折腰屡次为官求生,而能够较好地化解出、处之间的矛盾。然而,历史的发展不会就此止步。随着集权制度逐步吞噬腐化文人的独立性,园林的"含金量"也在日渐降低,园林从原始的自然存在慢慢演变成文人独立性与集权制之间的调和剂,最后竟不可避免地成了一些人附庸风雅的工具,虚伪如阉党阮大铖在失势后撰写《园冶叙》时自称"余少负向禽志,苦为小草所绁。幸见放,谓此志可遂"①,借此标榜自己的清高,而那些无能为力的文人,则醉心于园林的一山一石,将园林的开阔恬淡转变成了精细闲适。

在这一变化过程中,花园与园林之间的界限变得越发模糊,女性的身影也开始介入这一特定空间。一方面是因为随着时代的变迁,园林艺术追求趋于琐碎的精致,而这与女性细腻的个性相符,使其获得了展示自我智慧的可能。《浮生六记》中沈复和陈芸便一起营造庭院,没有大的空间,便以盆景为山景。沈复喜欢插花,陈芸就建议辅以草虫增加生趣,"虫死色不变,觅螳螂、蝉、蝶之属,以针刺死,用细丝扣虫颈系花草间,整其足,或抱梗,或踏叶,宛然如生"②,沈复由衷地感叹"求之闺中,今恐未必有此会心者矣",可见陈芸在园林布置等方面的蕙质兰心。另一方面则是由于园林文化不可避免地走向虚伪与衰微,此时的士人开始不以园林为内心的写照,园林仅仅成为装饰他们空虚内心的陈设品,因此我们往往可以在一些小说戏曲中发现园林的荒芜与无人问津,如《牡丹亭》中杜丽娘的父亲杜宝便对自家姹紫嫣红的园子不闻不问,这时女性开始慢慢介入那被男性遗忘了的小化的园林,即花园,又或者说是女性在花园的出现开始引起那些心存隐逸思想的文人的关注。

就历时性层面而言,花园——小化的园林——作为一个空间,它从古典园林中承袭了文人的隐逸思想,获得了某种超越性的隐喻意味。接下来我们将具体分析当女性介入这一承载了园林文化意蕴的空间时,它又发生了怎样的变化。

---

① 阮大铖:《园冶叙》,收于计成《园冶》,浙江人民美术出版社 2013 年版,第 2 页。
② 沈复:《浮生六记》,人民文学出版社 2010 年版。

二、花园的空间特色

从女性的视角出发,花园最大的空间特色便是介于内外之间,它既是女性闺房的延伸又是外在于闺房的存在,既与外界纷扰的世俗世界相隔绝又与之紧紧相连。这一空间特性决定了男性与女性对花园的不同期待,女性视花园为单调生活的补充,是狭小的居处空间之外的纯净天地,可以在其中自由玩耍释放天性。而男性则视花园为园林在家的缩影,为尘世之中的清净地,当其无法如隐士避居山林之时,花园便在一定程度上给予心理上的安慰。故此对于女性来说花园是大空间,而对于男性而言花园是不得已的小空间,由此女性对花园总是充满期待与向往,而男性对花园则渐渐流露感伤情绪。

除此之外,由于花园与世俗世界仅一墙之隔,男女双方都有可能越过这一界限,此时花园对于男性与女性的意义便产生了一定程度的交叉和变异。男性以花园为可接触女性的场所则花园兼涉情欲,女性视男性为花园闯入者则花园又成了潜在的危险之地,小说、戏曲中完美地呈现了花园对于女性的诱惑与危险这一矛盾内涵。

1. 花园的内外:诱惑与危险

首先,花与女性存在本质上的契合点,鲜花盛开的花园易唤醒女性内心对外在世界的向往与追求,使之突破原有的闺阁空间。花朵娇艳欲滴却容易凋零,女性美丽动人但容颜易逝,女性与花都是一种被动的存在,花的美需要人欣赏,女性的美也需要男性的发现,因此人们常常会把花与女性相联系,女性也往往自比为花。《牡丹亭》中杜丽娘发现自家后院竟有一个偌大的花园时的欣喜,表明其久处深闺对外界世界的向往与期待,而其后立马转了悲戚,有"原来姹紫嫣红开遍,似这般都付与断井颓垣"之叹,花园的美不曾被人欣赏,杜丽娘的幽闺自怜也无人知晓,使彼此产生了强烈的共鸣。这时的花园对杜丽娘而言是闺阁外的一个大空间,而这一大空间又唤醒了她内心对于更大空间的向往。

其次,花园对于围墙之外的世界而言仍然是一个私人空间的存在,但是相对于闺房而言则是一个外在的公共空间,它并不拒绝男性的进入,因此对于女性就在无形中形成了一种威胁。如大观园虽是女儿的居所,但亦有不少男性的踪迹,群芳之主贾宝玉姑且不论,尚有种花的贾芸,射鹿的贾兰,带御医进出的贾琏,节庆时同席的贾政等,更别说其他零零总总的小厮、太医了。

这些危险大多是潜在的,如宝玉发病时,薛蟠进园后的一系列举动,王熙凤游园时遇到贾瑞等。最典型的大约是弹词小说《玉连环》中大学士梁琪的小妾张姬游园时遇到妹夫的调戏不得不投水以表清白。张姬宁死不屈的态度堪称烈女,但其夫梁琪听闻此事后却有一段很不近情理的斥责,鲜明地表明了男性对于花园的认知,他道:"这贱人,我已对她说过的,园中有客休游玩,为何不听我言?今日失身丧命也应该。一惩她死去,何用救她?"①这文韬武略的大学士说话尚且如此不近情理,更不用说那些凡夫俗子了。女性在花园中的处境可见一斑。故而,我们常常会看到小说、戏曲中有对女子不要随便进入花园的警示,如杜丽娘的母亲认为"凡少年女子,最不宜艳妆戏游空冷无人之处"②,她们能明显地感觉到花园的危险,但往往将这一危险归于人迹罕至处必定有鬼怪出没等超现实因素,如柳梦梅以梦境的方式介入杜丽娘的生活,《阅微草堂笔记》中的狐精幻化成男子诱惑女性等。不过就其本质而言都是对男性闯入女性世界的隐晦处理。

最后,花园既可能是美好爱情的孕育地,也可能是贪婪情欲的隐藏地,这大多取决于介入花园的男性的目的。西门庆、贾珍等酒色之徒的介入无疑会使花园成为藏污纳垢之地,而介入者若是才子佳人或《聊斋》中的翩翩书生,则花园会成为纯洁爱情的培植场。

2. 花园中特殊的建筑形式——桥、亭

花园的空间建筑形态对花园意义的营造也有很大关系,园中公共空间出现最多的就是桥与亭这两种建筑形式。中国古典园林艺术讲究自然意境的营造,园中造景少不了叠石造山、引水成池等。桥在叠山理水的造园过程中,起到了隔断水景,增加景深和空间层次的作用。亭原是秦汉时期边塞驿站的建筑,有休息、话别的功用,古人还以亭来计算两地之间距离,后来作为一种建筑形式出现在园林景观之中,除保留了其供人休憩、赏玩的功用之外,对于园林意境的营造还起到了重要的点缀、渲染作用。

除了上面提到的桥与亭等建筑形式在园林艺术中的功用以外,从心理学的层面来看,这两种建筑形式的隔断或是连接功能使其在空间上获得了一定的"独立"个性。杰姆逊曾谈及"桥"的意象时,认为"它的唯一意义似乎在于它表示出一种悬空感","表现出艺术家不希望完全出世,去做一个宗教徒,但同时又希望和这个世界上的任何事物都保持距离。这座桥就是这一段距

---

① 朱素仙:《玉连环》,黑龙江人民出版社1989年版,第195—196页。
② 汤显祖:《牡丹亭》,徐朔方、杨笑梅校注,人民文学出版社1963年版,第62页。

离"①。在中国古典文化中桥与事物之间保持的距离,不仅有垂直距离还有水平距离,这水平距离就是爱情的距离,最典型的是传说中的鹊桥。在《红楼梦》中沟通爱情最直接的就是桥,沁芳桥是怡红院与潇湘馆的连接处,蜂腰桥是小红与贾芸传情的地方。桥的意象与花园中的爱情一样,既与世俗保持一定距离,又不至离得太远。如《红楼梦》中小红与贾芸的插曲像极了清初的才子佳人小说,一见倾心、手帕定情等,只是它又与一般的才子佳人小说保持一定的距离,在于二者的身份不再局限于公子与小姐,情感也不再是一蹴而就,甚至由于原稿的缺失无法准确知道二人的结局。

与桥相关的亭与其他事物的距离意味则更为明显。位于水中的亭,仅通过桥这一建筑形式与外界相连,而位于假山之上或高显处的亭则通过崎岖小路与地面相连,往往成为人们视线的焦点。它的离世感较桥这一建筑形式更强,更具超脱性与神秘感,故而小红不能与人言的秘密会在滴翠亭诉说。当亭不被窗隔阻挡视线时,它变成了外在的一个安全空间,所以小红才会说:"不如把这隔子都推开了,便是有人见咱们在这里,他们只当我们说顽话呢。若走到跟前,咱们也看的见,就别说了。"②亭对于女性的意义和男性完全不同,女性世界拥有更多的秘密但能分享秘密的空间却极为有限。因此亭能让其很好地释放秘密,又便于防守。在亭上她可以仔细地观察四周的情况,以随时做出应对,关注点在于亭内的自身。如《三国演义》中的貂蝉设美人计离间董卓与吕布时选择的地点也是后花园中的凤仪亭。而对于男性来说,亭是用来观览四周景色的绝妙之处,关注点在于亭之外,正所谓"醉翁之意不在酒,在乎山水之间也"。

下文将借助清代小说中出现的几处典型花园来继续分析花园的空间价值与意义。

三、花园的空间意义

花园作为园林的一部分,原是男性文人的专属地,从《牡丹亭》开始花园便渐渐与女性相联系,甚至在某些时候成为女性的"专属空间",花园究竟具有怎样的价值功能,又寄寓了怎样的文化内涵,清代的小说创作者是如何表现这一空间与女性的关联的呢?

---

① 杰姆逊:《后现代主义与文化理论》,唐小兵译,北京大学出版社 2005 年版,第 173 页。
② 曹雪芹:《脂砚斋重评石头记(庚辰本)》,人民文学出版社 2010 年版。

1. 园林价值的转化与情感意义的扩展——以《平山冷燕》为例

在清代才子佳人小说的代表作《平山冷燕》中出现了两处典型的花园,一个是冷绛雪的居所"浣花园",一个是山黛随父归隐后的梅园。文中写浣花园是冷大户专门为女儿建造的园子,园内"山铺青影,水涨绿波。密柳垂黄鹂之阴,杂花分绣户之色。曲径逶迤,三三不已;穿廊曲折,九九还多。高阁留云,瞒过白云重坐月;疏帘卷燕,放归紫燕忽闻莺。青松石上,棋敌而琴清;红雨花前,茶香而酒美。小圃行游,虽不敌辋川名胜;一丘自足,亦何殊金谷风流。"①作者将之与辋川别业和金谷园相类比,使人们不会轻看这一花园的存在。小说中写到宋信、陶进士、柳孝廉一帮附庸风雅的假名士本欲寻十二岁的小才女冷绛雪一较高低,一来好夸耀自己的才学,二来可借机奚落这"不知天高地厚的小女孩",出一出在十二岁小才女山黛面前备受冷落的怨气,但当他们走进这园子时,"三人见园中风景清幽,位置全无俗韵,便也不敢以野人相视",这些假名士本来一点也不把冷绛雪放在眼里,可却在见了花园的布置后内心起了波动,可见花园与人物品格之间的某种天然联系。而冷绛雪作为浣花园的主人行动却并非完全的自由,并不能时时游览花园盛景,浣花园的存在只是她生活外的一点补充而已。此处的浣花园更大意义上是文人园林的一个缩影,与女性的关联仅在于女性本身的文人化。

再看书中另一才女山黛的园子——梅园。文中写这一园子:"原来就是天子赐与山显仁住的皇庄数内的花园。皇庄正屋虽只一所,园亭倒有五六处,有桃园、李园、柳园、竹园,这却叫作梅园。"这一园子并非像之前的浣花园那样专为冷绛雪而建,而是天子赐予山黛之父归隐的居所,山黛之所以会出现在梅园乃是为了探病,尽管园内梅花盛开,但若不是探病,山黛也无从欣赏这一美景。可见女性虽然得以进入花园,但她的行动在无形中受到一定的限制。另外我们反过来看一下花园中的男性。文中写道:"燕白颔看见那花园规模宏丽,制度深沉,像个大贵人庄园,不敢轻易进去。又坐了一歇,不见一个人出入,心下想道:'纵是公侯园囿,在此郊外,料无人管。便进去看看,也无妨碍。'"同样的花园,对于山黛来说那是自家的园子,她的进出游览却处处受着限制,而对于燕白颔,一个小书生,之前已有行人警告过他这是所皇家园林不可随意进入,他自己在园外也明显感觉到了花园所传递的信息:贵族之所不能轻易进入。但是这并没有阻止他的脚步,他只稍加歇息,就径自闯入花园之中。之后被发现也能全身而退,作者对书生的偏爱再明显不过。同一

---

① 荻岸山人:《平山冷燕》,中华书局 2000 年版。

小说中两处花园的变化我们可以发现,花园渐渐从单纯的文人园林转化为与世俗婚姻相联系的情感园地。山黛与燕白颔相遇于梅园恐怕不是巧合,《西园记》中的那个书生就因捡到了小姐失手掉落的梅花,而认为"梅者,媒也",是小姐与他约定婚姻的意思。只是小说比戏剧来得更婉约了一点,没有那么直白。后文两位小姐分别乔装试探两书生的地方也是花园,而这一试探可以说是两对才子佳人互诉衷情、情感升温的重要节点。

《平山冷燕》中的花园融合了以下两种功能:第一是文人园林的延续,带有超脱与翩然物外的文人气质;第二则是男女相遇的场所,婚姻的摇篮。之后的才子佳人小说花园的功用大多不离这两项。在园林艺术走向没落的时期,颓垣断壁、荒芜废园比比皆是,文人无奈中创造的纸上园林亦不在少数,乌有园、琅嬛福地、将就园等等,一山一石的详细度也许并不亚于真实的园林,只是这些精致的园林不是梦中的存在,就是纸上的想象,与其关注那"了却君王天下事,赢得生前身后名"的虚无理想,不如寻一知己圆一个现实的梦。才子佳人小说虽说佳人占了半壁江山,但小说其实并非聚焦于女子身上,而是聚焦于有才之女却无有才之人来配,所以全书的关键点在于让才子佳人相会,花园也由于小说的如此设定而变得尤为重要,成为推动文本发展的重要动力。

2.空间价值的多元化——以《红楼梦》大观园为例

之前小说中花园的功能大多集中于承袭园林艺术精髓的文化功能与作为爱情或情欲培植场的情感功能,而《红楼梦》中的大观园大大拓展了花园的空间价值与功能,在花园的原有功能上又附加了社会政治功能、展现现实与理想之间落差的哲学思辨功能等。

首先,大观园的建造目的和修建过程体现了花园这一特殊空间的社会政治功能。大观园虽因姊妹们的居处而成为一方乐土,但它却不是为女儿们所建,大观园的兴建是为了元妃省亲之用。虽说是为元妃而建,但也不单单为了元妃,正如贾琏说的情况"现今周贵人父亲已在家里动了工了,修盖省亲别院呢。又有吴贵妃的父亲吴天佑家,也往城外踏看地方去了",皇帝大发仁慈之心,允许家有私邸的后宫妃子回家省亲,这有妃子的人家若都处之泰然,皇帝的仁慈就无法落实,无以体现,所以势必是人人踊跃感戴的。而修建别院,偏偏要提及周贵人家、吴贵妃家,不落人后的意思显而易见,恐怕还不止于此,更要借机体现贾府的威望与能耐。因此,大观园建立的目的就不单纯,夹杂着名利富贵和各种权力较量。

再看它的修造过程,"只凭贾赦、贾珍、贾琏、赖大、来升、林之孝、吴新登、詹光、程日兴等些人安插摆布。凡堆山凿池,起楼竖阁,种竹栽花,一应点景等事,又有山子野制度。"首先,这所园子的设计者是一个号为"山子野"的老者,而那些监造者则是不务正业的纨绔子弟与专打秋风的清客相公。从后文大观园的景观布置来看,这山子野的设计颇有意境且不落俗套,可监造者却是一帮酒色之徒,自然地形成了一个反差,和清代园林建筑面临的情况极为相似。清代园林艺术趋向于精细专门化,造园理论蜂起,而那些具备审美眼光和能力的文人却只能以匠人的身份,为富贵人家叠石造山,如李渔在其《闲情偶寄》中就表露了他造园的造诣,但自己只能造一芥子园以自娱,更多的时候是帮人叠石造园。而那些拥有精致园林的人却十有八九是贾珍、贾琏之徒,前代象征清高脱俗的园林,顷刻间变为享乐炫富的工具。大观园的兴起正是在这样一种现实环境之中。

其次,随着众姊妹入住大观园,大观园这一空间与人的互动关系变得极为紧密,它的空间价值也得到了极大的彰显。大观园为省亲而造,当其完成省亲这一社会政治职能时便失去了它的功用,萧条冷落是必然趋势,而元妃命姊妹们入居则彻底改变了大观园的面貌,第23回写道:"至二十二日,一齐进去,登时园内花招绣带,柳拂香风,不似前番那等寂寞了。"在这里众姊妹的个性得到了最好的释放。

作为公共空间,花园的空间价值体现在几个集中性的场景中,其一是芒种饯花神,其二便是园中姐妹起诗社,其三便是以贾母为首的佳节活动,包括带刘姥姥游赏大观园。

众人搬入大观园是在二月二十二日,万物复苏、花草兴盛的初春时节,代表了欣欣向荣的美好,而作者却用了"静中生烦恼"一语。在大观园中首先被记叙的事情便是黛玉葬花、宝黛共读西厢。葬花是一种仪式性的存在,是后面众女儿饯别花神的前奏,在《红楼梦》中花与女性的联系尤为紧密,几个经典场景都离不开花,不论是龄官划蔷,还是湘云醉卧,甚至姐妹们每一次诗社的主题都离不开花。在这样的情况下,众人搬入花园后作者首先聚焦的是葬花一事,正是应了太虚幻境中的"千红一窟、万艳同杯"。后文芒种饯花神则是进一步将葬花仪式化。书中写道:"尚古风俗:凡交芒种节的这日,都要设摆各色礼物,祭饯花神,言芒种一过,便是夏日了,众花皆卸,花神退位,须要饯行。"花谢时节本质上带着悲,可因是闺中的节日,便异常热闹。黛玉却于热闹时躲了众人再次葬花,更吟出了《葬花吟》,将葬花与悲己相融合使之走向极致,这之后除黛玉与湘云联句时尚有一句"冷月葬花魂",后文便不再提及葬花一事。正是这一仪式已然完成,周而复始成为一种常规不需再写。将葬花与饯别花神相融合,表里相应,一悲一喜,使大观园这一花园不同于其他花园具有一种双重基调。

如果说之前的事件是奠定基调，那么起诗社，便是闺阁花园活动的高潮。诗社兴起于秋季，暑热尚未退却之时，以海棠起兴，菊花承继，红梅转接，桃花收束。咏海棠之时，众人兴致盎然，花尚未赏，已然有诗，此时人数虽少，大观园中的主人却也齐全。到湘云加入之后，因湘云自身的遭际，菊花社虽起的豪情万丈，但却有着诸多现实制约，没有之前来得随性。它的热闹也要借着请贾母等人赏桂吃螃蟹的由头，才得两全，既不使湘云过费，又不使众人扫兴。借着这一盛景，众人大作螃蟹诗，横行任意，可以说是内在释放最彻底的一次。咏红梅之时，则是诗社的高潮所在，之后便转了萧条。芦雪广赏雪这一社，是集大成者，人丁兴旺，不但园中姊妹姑嫂聚得全，外加李玟、李绮、邢岫烟、薛宝琴，连那不曾露面的妙玉都因宝玉访梅间接地成了诗社一员。加之宝琴立雪一景，在薛宝钗之冷上点染了红梅的火热，虽在万物萧条之际却显示出了别样的生机。之后，诗社被各种俗事耽搁，众人的兴致也减了不少，直到林黛玉作桃花诗，众人意欲重建桃花社，偏拟题还未完成，便被王子腾夫人的到来打断，之后又是探春的生日，再之后贾政归来在即，宝玉功课问题凸显，这诗社一拖再拖，直至众姊妹渐渐走散，无再聚之时。海棠社起于初秋，万物开始转入萧条之时，园中众人却兴致盎然，无所羁绊；桃花社兴于春季，与秋之冷落正好相反，是包含生机的时节，众人却各有心事，无情无绪。终了的《柳絮词》由最为活泼率真的湘云写出，却已然带上了悲戚，即便是宝钗的"好风凭借力，送我上青云"也难挽回颓势。闺中女儿起诗社仿古人所为，自在恣意，食肉嗜腥膻，饮酒赋诗，闲钓怡情，访梅问腊，与古之园林气质极为相合，不仅相合且更接近理想，因为她们没有意识到俗世的威胁，在这个意义上大观园这所大花园堪比人们一直求而不得的世外桃源。

贾母参与的园中活动主要是陪刘姥姥游赏大观园、中秋家宴，以及诗社时的偶然露面，赋予大观园一定的世俗意义。游赏大观园无疑将大观园视作自身价值的一种外化，有着炫耀、自豪之色；在花园饮宴中又时时穿插了家庭辈分与伦理亲情。因以贾母为首的活动在园内的比例相对不高，此处不再详述。

最后，大观园这一花园不像其他小说中的花园，它有显在的参照面——贾府，故而能更好地引发作者对于理想与现实之间的哲理思考，体现了花园的空间哲学意义。贾府中的纨绔子弟不学无术、聚众玩乐，与大观园中姊妹们吟诗作画、惺惺相惜的美好状态正好相反。大观园是净化俗世的理想之地，更是女儿们的庇护所。当贾赦想要纳鸳鸯为妾时，鸳鸯便躲进了大观园；平儿夹在贾琏与王熙凤之间受气时，也被带进了大观园抚慰，大观园特殊的净化与庇护功能,拓展了花园的意义,不单是文人园林的延伸,爱情萌芽发展的地方,更多的是净化灵魂的理想天地。因此迎春才会在再次返回贾府时提出,"还得在园里住得三五天,死也甘心了"。不过,正如前面所说,建造大观园的目的并不单纯,它的纯净与理想化也是建筑在污秽、肮脏之上的,因此,当女儿们抵挡不住外界的侵蚀,一一离去之后,大观园便回到了现实,最终走向消亡。

大观园不仅包容了之前花园的种种意味,还被作者打造成了人间乐土,而它的复杂性就在于它不是纯粹乌托邦的存在,是俗世中的缝隙,这一缝隙在遇到了女性后得到了净化,短暂地获得了超脱,完成了作者关于美的构图,而最终归于荒芜。这一复杂性体现了花园空间意义的多元化,不再是单一的故事发生地,更是现实的折射、理想的幻境。

3. 花园的空间叙事意义

花园作为一种空间存在,在小说文本中与时间因素一样具有一定的叙事功能。首先,这一空间叙事会对整个小说的结构安排产生影响,如《镜花缘》中百位花仙于人间再次集结是在花园之中,小说从第 69 到第 93 回用了整整二十五回来描述这一事件,使整部小说由四处游历的多空间叙事转而为固定的单一空间叙事,将整个叙事做了一个大的收束。其次,花园的出现会改变原有叙事的焦点,对叙事对象个性的营造也有一定的影响。如《红楼梦》中大观园的出现,使叙事焦点由贾雨村、秦可卿、王熙凤等转向贾元春再转向花园内的姊妹们。而花园的布景不同直接反映了小说人物的不同个性与境遇,如前文提到的浣花园的布置使宋信等人不敢小觑冷绛雪等。再次,当花园这一空间与时间相结合时能很好地控制小说的叙事节奏,如大观园的出现使《红楼梦》的整个叙事缓了下来,大观园中的几年在篇幅上远胜过大观园存在之前贾府兴衰的十几年。最后,如前所述,空间与人物是相互定义的关系,花园这一外在空间的自然变化与花园中的人物内在意识的象征互为表里,例如大观园的兴替与内中人物兴衰的相互印证。

四、结语

花园作为一个空间存在物,其物理性功能是第一位的,但是随着居处其中人物内在思想情感的变迁,它被赋予了新的空间意义。首先,花园的历史性演变,使其承袭了中国园林文化中的隐逸、超脱思想,其次,花园中女性人物的介入，又使其多了乌托邦式的净化功能，成为某种具有象征意味的"天堂式"存在。反之，居处其中的人物也获得了相应的象征意义，如文人造园获得的超脱之感，如女性搬入花园获得的自由与美好。在空间与个人的互动之中，文本空间获得了新的定义，这正是本文研究清代小说中花园的空间意义与功能的价值所在。

（唐妍　浙江工商大学人文与传播学院中文系　邮编 310018）

"红色记忆"审美的历史图绘与多维审视

——论刘起林教授《红色记忆的审美流变与叙事境界》

周会凌

摘　要:刘起林教授的专著《红色记忆的审美流变与叙事境界》从21世纪中国文学与文化发展全局的高度,阐发了红色记忆审美的形成路径、演变特征、意义机制、价值底蕴,并对其内在局限进行了理性反思。全书具有鲜明的历史意识、问题意识和理论思辨色彩,表现出一种宏观态势审视与微观境界透视结合、问题意识下学术境界的深度拓展,以及历时性追溯与共时性考察兼具的学术特征。

关键词:红色记忆;审美流变;多维审视

在中国当代文学与文化史上,源于"红色记忆"和对这种记忆的价值认知而形成的相关创作是十分重要的文学与审美文化现象,相关艺术成果成为植根于当代中国社会精神核心的丰厚而复杂的文化财产。因此,对20世纪中国的"红色记忆"及其在共和国60多年历史上的审美表现进行深入研究与学理阐释,是一项重大而迫切的文学与文化任务。

刘起林教授的专著《红色记忆的审美流变与叙事境界》(中国社会科学出版社,2015年12月出版)从21世纪中国文学与文化发展全局的高度,阐发了红色记忆审美的形成路径、演变特征、意义机制、价值底蕴,并对其内在局限进行了理性反思。专著以学理性的表达和学术化的语言,阐述了红色记忆审美在多元文化时代应有的文学道路与文化品格,展现出对当代中国文艺发展的坚定信心和美好期待。全书具有鲜明的历史意识、问题意识和理论思辨色彩,表现出一种视野广度与思想深度兼具、恢宏学术视野与切实审美批评结合的学术认知特征。此学术著作获得了2016年中国当代文学研究会的"第十五届中国当代文学研究优秀成果奖",以及中国文联、中国文艺评论家协会的"中国文艺评论2016年度优秀作品"两项全国性奖项,这充分彰显出此著作的重要学术意义,也表明了学术界对此著作的充分肯定。

一、 宏观态势审视与微观境界透视结合

在专著《红色记忆的审美流变与叙事境界》中,刘起林教授以守中、持衡的价值立场,将"红色记忆"这一具有源头性、枢纽性的考察角度作为学术切入点,选择宏观态势审视与微观境界透视相结合的学术路径,来展开全书的研究与探讨。一方面,宏观把握"红色记忆"审美的复杂态势与丰富形态,另一方面,则选择具有代表性的"经典作品"或审美独特性的"特色作品"进行文本细读,借此揭示和探讨某些带有全局性意义的问题。这种以事实和问题为线索,史论结合、点面结合的研究思路和学术框架,既清晰地勾勒出"红色记忆"审美的外在轮廓与社会文化风貌,又深入地探究了"红色记忆"丰富的艺术内涵和独特的意蕴建构。

"红色记忆"是 20 世纪中国最为重要的民族集体记忆,"红色文学"则是当代中国文学最为重要和丰富的创作题材,因此,对于红色题材文学的研究一直以来都是当代文学学术领域的热点。但这一研究领域虽然成果丰富,却也颇显驳杂。如学术界一直以来对于"红色文学""红色文化""红色经典"与"红色记忆"等概念并不明晰,在阅读不少学术论文时我们可以发现,这些概念在不少研究者那里是混用的,这也意味着红色题材文学研究的学术范畴颇为混乱。此外,在当代文学学术领域,对于红色题材文学的研究长期以来都显现出一种二元对立的思维,或全盘肯定与维护,或全面否定与排斥,带有研究者自身强烈的意识形态色彩或个人主观倾向。

正是基于对学术界研究现状与观念局限的深切思考与精准把握,刘起林教授在专著开篇就从学理层面进行根本性的思考,从而科学界定并厘清了核心概念,认为 20 世纪中国的"红色记忆"是"由共产党所领导、以革命意识形态为基础、以民族独立与国家富强为目标的社会演变和民众奋斗史"[①],完成了从"红色经典"到具有更大学理范式包容度的"红色记忆"的命名变更,并由"红色记忆"这一学术切入点生发并建构其理论谱系,显现出作者学术思考下的问题意识与理论自觉。更为重要的是,在"红色记忆"这一核心概念与学术切入点的背后,显现出作者对于当代文学史上丰富繁杂的审美现象与审美形态采取的是一种相对客观、中立的学术思考与开放、兼容的学术胸襟,力求超

---

① 刘起林:《红色记忆的审美流变与叙事境界》,中国社会科学出版社 2015 年版,第 1 页、第 7 页、第 6 页、第 258 页。

越目前该研究领域中非此即彼的二元对立思维模式。

然后，专著从"红色记忆"这一理论生发点出发，以开阔的学术视野，勾勒当代中国"红色记忆"审美的精神渊源，并宏观、系统地探讨中华人民共和国60多年"红色记忆"的精神风貌与历史流变。这体现出作者对于"红色记忆"的概念认同具有历史发展眼光，不仅在共和国历史的整体视野中，从"红色记忆"这种创作资源出发对相关创作进行重新梳理与深切反思，同时，还将"红色记忆"视为一个不断延伸的历史动态结构，在回顾历史、审视现实之后再展望未来，从如何助推中华民族文化伟大复兴的高度，来理解和提示红色记忆审美应有的精神文化道路。

在对"红色记忆"的宏观审美态势进行整体鸟瞰与全局审视的同时，刘起林教授在专著中还将"红色记忆"审美中重要文学现象与类型化文本作为研究的坚实基础，对代表性的文学作品与影视剧作进行微观剖析，在对于具体文本的细读过程中展现出思想的锋芒，于理性批评中努力去还原那些被遮蔽的文学生命和历史经验。如对于像《红旗谱》《山乡巨变》《我们夫妇之间》等这样历经时代和历史风雨而仍然葆有其艺术光彩的"经典作品"，研究重点放在以新的理论背景和学术理性，揭示作品之所以能经受住复杂的审美与文化考验的内在机制与价值基础；而对于同样是"红色记忆"审美产物的"特色作品"，诸如《历史的天空》《这边风景》，以及草根抗战剧等作品，则重要揭示其审美精神的代表性和艺术建构的创新性。

正是通过对"红色记忆"审美中丰富且具代表性的文本进行细读与研究为基础，并从其内涵的历史流变出发来观察相关创作，史论结合，区分出对战争年代革命往事的追溯，对毛泽东时代社会主义革命与建设生活的讴歌，对中国社会与文化变革、转型状态的考察三种类型，从而将"红色记忆"审美概括为"革命往事追溯、建设道路讴歌和变革时势考察三种叙事境界"①。这既避免了只有宏观论辩而无扎实材料而出现的虚空或偏激的研究弊病，又克服了单纯只是文本解读出现的"见树不见林"的学术局限，让文学解读与学理建构相得益彰，真正建构起一种学术视野开阔度和研究内容坚实性并举的学术境界。

从总体上看，刘起林教授从"红色记忆"这一核心概念与学术切入点出发，以客观事实的客观形态及内在逻辑为依据，对"红色记忆"审美及其研究加以系统的反思，并在此基础上选择对"红色记忆"的宏观审美态势的整体鸟瞰与叙事境界代表文本的微观剖析立体结合的学术路径，力求突破学术界既

---

① 刘起林：《红色记忆的审美流变与叙事境界》，中国社会科学出版社 2015 年版，第 1、7、6、258 页。

成的学术思路,建立一种新的研究范式,并形成自己坚实的理论谱系。可以说,此专著对于"红色记忆"的研究是在文学史研究的学理支撑之下进行的,有着丰厚的学理化沉淀,同时又兼具深邃的理性反思。

二、问题意识下学术境界的深度拓展

在学术研究中,对于现象层面的资料厘清与梳理固然重要,而更重要的是能穿越这些纷繁复杂的现象,实现对于核心问题的把握与追问,抑或是关键性问题的突破与延展,这就需要研究者具备敏锐的问题意识以及批评的勇气。

刘起林教授在研究中以一种敏锐而鲜明的问题意识洞穿历史的表面,以带有中性色彩的"红色记忆"作为思维视野和价值权衡的出发点,洞察到"红色记忆"中包含着正面内涵的颂歌,亦有着"创伤记忆"的悲歌。而以怎样的立场与视角对此相关创作进行历史反思,已经成为一个从整个思想文化界到文学领域的具体创作都需要慎重对待和深入探讨的关键问题。有鉴于此,鲜明的问题意识引领着作者更进一步直面"红色记忆"审美研究中关键性的问题,即如何处理以革命进程中的错误与创伤为审美对象和思想主题的创作,作者秉持着在深刻体察基础上辩证、持衡的价值立场,逻辑严谨的学理范式,形成了自己独特而创新的研究框架。

首先,作者将对于社会主义建设道路上的失误及其对人们身心造成的创伤不断进行揭露与反思的创作命名为"创伤记忆"[①]书写,将其纳入"红色记忆"的丰富内涵与审美研究范畴,并对其进行深刻的审视、反思与阐释。此外,针对当下多元化语境中解构"红色记忆"、颠覆"红色文化"的社会思潮,社会各界人士创作的探究历史隐秘、维持历史真相的纪实性作品,认定这一类创作实际上是对"红色记忆"本身所受伤害的一种审美文化回应,应视作"创伤记忆"审美的"变体"。

其次,"创伤记忆"概念外延的边界确立。专著中不认同"红色记忆"审美只能是讴歌型的、将中国革命描述成"从胜利走向胜利"的历史的创作,但也并非将所有对于"红色革命""红色文化"进行解构、否定性的审美观全盘纳入"红色记忆"审美范畴。"创伤记忆"审视的外延边界,应该以审美主体是否在根本价值立场层面隐含着一种对"红色革命"和"红色文化"的认同态度、是否

① 刘起林:《红色记忆的审美流变与叙事境界》,中国社会科学出版社 2015 年版,第 1、7、6、258 页。

秉持着一种探究历史病症、疗治历史创伤的文化态度和精神立场来予以判别。

第三，专著中选择了《踌躇的季节》《红魂灵》，以及长篇纪实文学《天府长夜——还是刘文彩》三部艺术内容和审美视角存在巨大差异的作品，着重从审美主体的关注焦点和思路路径的角度进行研究，由点及面，揭示出从文学界到社会文化界在审视历史病症时所体现出来的复杂精神文化倾向。

因此，"创伤记忆"是"红色记忆"的历史与文化构成中不可忽视、回避与抹杀的重要存在，将这一类创作纳入"红色记忆"审美研究的范畴，并对"创伤记忆"进行反思和历史病症的探究，都意味着对"红色记忆"研究的一种有力深化与深度拓展。可以说，刘起林教授的研究并不从全盘认同和肯定性的"红色经典""红色文化"的视角出发，而是选择更具有中性色彩的"红色记忆"作为思维视野和价值权衡的出发点，在"革命往事追溯""建设生活讴歌"和"变革时势考察"之外，将"创伤记忆审视"也纳入研究的视野，在鲜明的问题意识引领之下，创新性地建构起一种全面性与辩证性兼具的"红色题材文学"研究的思路与框架，实现了一种视野开阔度和内容坚实性兼具的学术境界。

三、历时性追溯与共时性考察兼具

专著《红色记忆的审美流变与叙事境界》以"红色记忆"审美是一个未完成的动态历史过程为观念基础，在研究中坚持学术阐发和实践启迪相结合的思想方向，其研究框架呈现出一种历时性梳理与共时性考察兼具的学术格局，显现出作者一种历史性追溯与共时性展开相结合的思想状态，从而形成对于"红色记忆"这一中华人民共和国成立60多年历史上最为重要的文学与审美文化现象进行全局性归纳、总结的学术思考。作者在回顾历史、审视现实之后再展望未来，最终从如何助推中华民族文化伟大复兴的高度，来理解和提示红色记忆审美应有的精神文化道路。

一方面，专著以历时性追溯的方式来综观中国当代文学史中的"红色记忆"审美，从开国时期的战争往事追溯和建设道路讴歌，到文化转型时期的创伤记忆审视和变革时势考察，再到多元语境中现实题材的"主旋律文学"创作和革命历史题材创作的文化融合创新，红色记忆审美贯穿了中华人民共和国成立60多年历史进程的始终。而且，"红色题材"仍然是一个随着历史的进程而在不断扩充与丰富其内容范围的创作领域。正是基于此点，在对于"红色记忆"的研究中，刘起林教授始终将其视为一个动态流动的学术对象，在以深厚的历史眼光对"红色记忆"进行历时性梳理中，去审视与反思以往的"红色记忆"审美所体现的观念传统与思想逻辑。

另一方面,著作在进行历时性梳理与审视的同时,还兼具共时性考察与思考。在充分剖析 21 世纪中国文学与文化发展的整体状况和基本趋势的基础上,以"红色记忆"审美的发展与转型为观照对象,捕捉其具有典型性、代表性的重要现象和关键问题,进而阐述"红色记忆"审美在文化多元时代应有的文学道路与文化品格,进行现实审视和价值思辨融为一体、问题揭示与方向指引兼而有之的总体把握。

从当今时代的文化潮流和文学发展全局出发,基于对当下中国文学创作表现出的"有数量缺质量、有'高原'缺'主峰'"①这一文学境地的精准考察与深切思考,刘起林教授通过对"问题性审美境界""边缘化审美境界""病态化审美境界"这样具有代表性的既成审美境界的具体分析,来对 21 世纪中国文学创作中的价值视域、艺术建树和精神局限进行辨析与提示,认为当下文化语境中国家文化意识淡薄,社会文学和文化生活中呈现出显著的民粹化倾向,这是当前我们应该严肃面对的客观文化现实。并进一步深入思考,应该按照怎么样的精神方向中和审美路径,才能成功创造开拓国家文化境界、代表时代文化高度的"伟大作品"。作者从文学发展全局的角度出发,认为首先要切实解决好作家的精神心理建构问题,这是中国文学"更上一层楼"的关键,创作主体需要努力超越各种既成审美境界的局限,应形成一种审视时代与生活的"思想家境界";其次是解决审美文化层面的问题,21 世纪中国主流文学的雄健发展,关键是要建构起一种能够与中华民族伟大复兴相匹配的、"大雅正声"的文学审美品格。

最后,专著以 21 世纪中国长篇小说领域中的"共和国历史叙事"这一创作现象为例,充分论证了红色记忆叙事能否在新的时代语境中呈现精神与审美的新气象,关键在于"创作主体能否有效地利用多元文化的精神和审美优势,既升华革命历史叙事的精神品位,又拓展'主旋律'的文化视界,从而达成一种提升时代精神与深化历史认知有机融合的艺术境界"②。

可以说,专著对于"红色记忆"审美的研究都放置于基于历史发展全局的论述框架之中,并且更往前迈进了一步,在新的时代文化语境中,以一种对于当代审美文化思潮整体把握的宏观视野,对红色记忆审美的文化品格、精神方向与审美道路进行严肃思考与前景展望。从而在理论逻辑与历史逻辑融会贯通的境界中,为"红色记忆"审美潜能的充分发掘提供理论的启迪与指

① 习近平:《在文艺工作座谈会上的讲话》,《人民日报》2015 年 10 月 15 日。

② 刘起林:《红色记忆的审美流变与叙事境界》,中国社会科学出版社 2015 年版,第 1 页、第 7 页、第 6 页、第 258 页。

导。这些问题的指出与整体方向的指引,表现出作者有着一种直面大命题的学术信心,并显现出一种具有文化责任感的学术研究姿态,更是在宏阔的学术大视野中,立足当下文学现场,以敏锐的触觉去发现与辨析文学场域中重大而尖锐的问题,进行深入与理性的整体性思考与认知的结果。

四、 结语

20 世纪中国的"红色记忆"是共和国历史上最为重要的文学与审美文化现象,在多元化、全球化的新型文化语境中,"红色记忆"审美不断地得到丰富与发展,而且仍然具有强烈的现实意义和深远的历史意义。专著《红色记忆的审美流变与叙事境界》立足于中华民族及其文化伟大复兴的时代制高点,以一种开放包容而又崇真守正的态度,来对 20 世纪中国的"红色记忆"及其在中华人民共和国成立 60 多年历史上的审美表现,以及在多元文化时代应有的文学道路和文化品格,进行系统而深入的学术梳理和学理阐释,既富有强烈的历史感,又具备充分的学理性,还显现出学术前瞻性。可以说,刘起林教授以这部厚重的学术专著实现了对"红色记忆"审美的历史图绘与多维审视,完成了时代赋予的这项重大的文学与文化任务!

(周会凌　广东第二师范学院中文系　邮编 510303)

青年习作

无序的有序:混沌理论视野下的《地铁》

朱钰婷

摘　要:《地铁》从深层意义上为读者呈现了一个不确定性的世界。小说放弃了单一尺度的线性框架而选择了多尺度参照下充满不确定的混沌交互系统,因此传统的线性文学批评对于我们理解《地铁》无疑就显示出了其局限性。本文力图从跨学科的视角,以后现代语境下的混沌理论为切入点,分别从非线性叙事策略、技术异化主题及非线性思维解读的包容性三个方面对《地铁》文本进行研究,讨论混沌理论对于理解韩松的《地铁》的文学意义,以求为理解文本和诠释过程本身开拓新的视野。

关键词:韩松;《地铁》;混沌理论;非线性

继相对论和量子力学以来,基础科学迎来了第三次大革命——混沌。混沌理论原本主要用来解决非线性系统的动力学问题,起源于 19 世纪法国数学家亨利·庞加莱的著作,直到 20 世纪 60 年代,它在爱德华·洛伦茨等研究人员的工作中才有了具体成果。20 世纪 80 年代末,混沌理论开始引起广泛的兴趣,并超越学科约束,在自然、社会及人文等各个学术领域都得到了有益的运用。海尔斯指出:"我们必须谨慎地推断新科学对人文学科意味着什么。混沌理论具有双刃剑的特性,这使得它在人文主义的争论中存在着被挪用的问题。混沌理论不破坏无所不知的观点。相反,它把它扩展到了牛顿力学所能达到的范围之外。"①尽管将科学原则应用于文学研究具有一定的争议性,我们也不可否认人文主义方法论与自然科学方法论之间有着较大的差异,但是混沌理论为我们理解文学作品提供了新的解释范式,从某种意义上使文学文本与科学理论完成了互相渗透,勾勒出二者的新结合点,未尝不是一次有益的尝试。《地铁》是韩松一次孤绝的、充满风险的而又真诚的文学实践。他

---

① Hayles, N. Katherine, *Chaos Bound; OrderlyDisorder in Contemporary Literature and Science*, Ithaca: Cornell University Press, 1990, p. 372.

对这部小说的混沌化处理突破了传统小说的线性叙事及文本系统建构,并以其奇绝的想象、奇诡的文字、怪谲的物象和锐利的观察不断冲击着大众对科幻文学的认识。但由于其内容与形式的开裂性和复杂性导致了其阅读难度的增加,而以混沌理论为切入点将有效地帮助我们理解文本。

一、解构与重构:非线性叙事策略

以往的科学研究往往看重的是有序的、稳定的世界,牛顿研究模式强调自然世界是一个有序体,认为世界和事物是可以预测的、确定的。然而从爱因斯坦对相对论的研究到对混沌和复杂性的研究无不在挑战我们以往建立在连续性和稳定性概念上的世界观。海尔斯指出,混沌理论的首要特征就在于非线性,它关注的是宇宙和世界中的随机性和无序性。它冲击了原先的线性思维范式,其不连续性、不确定性等特质为人类重新把握世界现实本质提供了新的思路。韩松通过《地铁》呈现了一个混乱、动荡及无序的世界,所采用的非线性叙事策略与混沌理论不谋而合。

《地铁》一共由《末班》《惊变》《符号》《天堂》和《废墟》五个中篇组成。具体来说,韩松的叙事策略首先表现在叙事时间的非线性化。叙事时间是小说的重要组成部分,传统的线性叙事遵循的是连贯性以及自然性,读者很容易就可以把握事情的来龙去脉。然而我们注意到,韩松有意识地摈弃了这种叙事方式,而选择对时间因素进行戏剧化处理,其叙事时序与故事时序总是在不平衡中互相拉扯,因此其小说中的时间总是断裂的、不完整的。作者会通过非连续性的平叙、插叙等叙事技巧及模糊时间等方式来打破叙事时间的线性,从而使过去、现在、未来之间的界限发生交错。在《末班》中,作者一边叙述老王经历着地铁"奇异事件",另一边作者又常常会穿插叙述他青年时期、中年时期的事情。因此老王总是在现在与过去的思绪中来回游荡,其叙述时间也在不停地转换和跳跃。并且老王在回忆过去的时候并不是按照线性时间来叙述,其意识总是以交错型的形态在流动。如他在上完夜班后先是回忆自己年轻时上夜班时的心情,又转而将思绪拉回到今晚如何对老婆交代昨晚彻夜未归的事情,接着到达地铁站的时候又回想起了多年以前的褪色时代。故事常常从现在回到久远的过去再回到现在,然后又从现在回到过去。虽然这一段大体是按照线性时间在发展,但叙述者的回溯视角在文本中创造了一种反作用力,使叙事转变成一种强烈的非线性发展。作者以人物的主观意识来中断、转换故事时间,有意阻碍了故事原本的自然秩序,致使整个故事在迁回中转换和发展。小说的非线性叙事策略还体现在作者采用的平行叙述体系。如《惊变》中作者在第一、二、三、四节先是以周行的视角叙述车厢内人们面临地铁不正常行驶时的种种表现,从第五节开始穿插车厢外的小寂视角进行双线叙事,因此读者通过二者的陈述可以同时了解车厢内外正在发生的事情,把握整个故事的完整面。《地铁》正是以这种非线性的叙事策略将两条叙事线索、两种叙事视角交织重合,促使文本沿着复杂的、动态的、非线性的轨迹发展。

再者,韩松在叙事情节的安排上也呈现非线性的特征。《末班》讲述了老王在末班地铁的奇遇,乘客们被矮个子的怪人搬出车厢装进大玻璃瓶里朝隧道走去;《惊变》里地铁没有如预期般在站点停留,而是疯狂地往前奔驰。人们在车厢里面临着各种各样的伦理道德困境,青年小寂爬出窗外结果发现每一节车厢的人们都在经历着不同的变异;《符号》里一场危险的实验正在城市中进行;《天堂》则讲述了人类不断退化并在地底生活;《废墟》中地球已被异形控制,人类的后代生活在资源贫乏的小行星上。传统小说大都依据因果——线性的模式进行写作,然而韩松则放弃了这种前因后果式的写作模式。他在叙述故事的时候故意削弱人物行动甚至具体事件之间的因果联系,阻碍读者阅读时的快感,迫使我们主动从破碎动荡的叙事线索中有效地整合故事链条。《符号》里,人物的命运和生死都无法预测。与主人公小武最亲近的卡卡莫名其妙消失了,接着又有一个自称卡卡的女性异体人出现。但是小武没办法与她进行有效沟通,也无法确认她到底是不是卡卡,而真正的卡卡到底去了哪里作者直到最后也没有交代。侦探在外出后再也没有回来,最后小武发现了他的尸体,然而故事也并未解释他的死因,甚至连凶手是谁也未告知。《废墟》中先辈们的灭亡是个永恒的谜,雾水和废墟探险者永远找不到答案。作者在叙述这些故事时,并没有将原因和结果完整地呈现出来,而是选择性地留白让情节处于破碎动荡的状态。这种情节的处理方式打破了传统的因果律,使小说总是处于一种无时无刻在演变的动态效果中,从而以一种模糊暧昧的方式呈现了一个开裂的、多元的世界。正如著名的"蝴蝶效应"理论所证明的,现实世界充满了各种不确定的因素,随机性与先定性的同时存在使得天气预报始终存在误差,完全精确地了解各种因素和情况来进行预测几乎只能从理论上实现。因此在无法正确预测的情况下,人们通常会对现实的体验感到茫然,也对自己所有的逻辑系统感到混乱。①

韩松从新物理学的角度出发重新系统地再现了真实的日常世界,他采取

---

① [英]朱利安·沃尔弗雷斯:《21世纪批评述介》,张琼、张冲译,南京大学出版社2009年版,第122页。

非线性叙事策略显然是有意挫败读者企图在小说中获得某种稳定或确定的信息的勇气,他不断地在向读者传递着一个信号,即世界的真实样态是动态而不稳定的,所谓真相并非轻易可以探查得到,而是需要连续地、整体地观察和思考。而最后发掘到的真相也并非永恒不变的,它始终也处于混沌演化过程之中。稳定性、有序性和线性关系等范畴对于《地铁》所呈现出来的世界已经失去了效力,而各种断裂性、不确定性、多样性、复杂性、偶然性及不可预测性却可以恰如其分地反映这个新世界的特征。因此遵循因果律和时间律的传统小说的写作模式不适用表现《地铁》这样一个非逻辑性和非连贯性的故事。这部小说从深层意义上来说是为读者呈现一个不确定的世界,而地铁本身就可以看作不确定世界的隐喻。当然,我们注意到韩松的目的不仅仅是解构传统的世界,重构一个充满游移与不确定的世界,他始终希望在这样一个荒谬混乱的世界里寻找一个稳固的锚点。因此,在这个破碎和混乱的世界里,其笔下的主人公总是努力寻求真相、追问自我,企图找回理性和秩序。

二、 "奇异吸引子"[①]:技术时代下人的异化

需要注意到的是,混沌并不代表绝对的无序和混乱,其深层结构有着令人信服的严格秩序。费根鲍姆曾怀疑混沌现象是否也可能是伪随机的,就像伪随机数服从确定性程序一样。经过反复的实验他发现从有序系统到混沌状态遵循着周期加倍的特征模式,并通常在奇异吸引子这个临界点经历相变[②],因此混沌蕴含着无序的有序。通过混沌理论我们发现韩松笔下的世界本身也是无序与有序、线性与非线性、随机性和必然性的辩证统一。

《地铁》中的这五个荒谬诡异的故事总体上虽是按照线性的时间在发展,但是主人公们各自面临的都是不同的世界。如果我们将这五个世界分别标注为 W1、W2、W3、W4 以及 W5,并寻找它们的发展模式,很容易就能发现,这些不同的世界在各自发展的轨迹上的某个时间内其结果都演变为人类在技术时代的异化,而促使每个世界发生相同的演变效果关键在于技术的发展。如《惊变》里人们在极速奔驰的地铁中不断面临着人类形态以及社会形态的

---

① 具有非整数维数的吸引子即奇异吸引子,用以描述由于耗散而使相空间在收缩的同时又出现局部不稳定的复杂情况。奇异吸引子具有复杂的拉伸、扭曲的结构,且具有自相似性,对应于混沌系统中非周期的、貌似无规律的无序稳态运动形态。

② Hayles, N. Katherine, Chaos Bound: *Orderly Disorder in Contemporary Literature and Science*, Ithaca: Cornell University Press, 1990, p. 152.

重构,每一节车厢都演化出不同的社会。攀岩者小寂观察到"有的人在车厢里用死人骨头构筑了奇形怪状的小屋子,栖身在其中。他们的身体结构也变化了,总的来说是向小型化和原初态发展,有的看上去像是两栖类,有的像是鱼类。还有的车厢里,诞生了新型的社会组织结构,推选出了首领,建立了类似'朝廷'一样的东西。有的则以车厢中线为分界,乘客分成了两群,拉开了打仗的架势,要通过决斗,产生他们的领袖"。[①] 不难发现车厢里的人以及社会组织结构都在退化,技术的进步并不意味着这二者的进程就能确定地呈现出上升趋势。大部分人认为世界在技术的助力下必将呈阶梯式上升的道路往好的方向发展,而韩松通过《地铁》论述了这种必然性理念是错误的。他所要传达的是,社会进化所带来的发展变化具有偶然性、开放性以及难以预测性,并且这种不确定性也许会愈演愈烈,完全超出人类的想象,因此我们切忌因为眼前的辉煌而懈怠。对于韩松来说,未来的技术发展是不可避免的,普罗大众所认为的美好未来在他这里却充满了复杂性和不确定性。

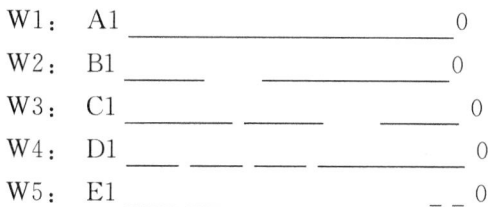

$$W_1: A_1 \underline{\hspace{5cm}} 0$$
$$W_2: B_1 \underline{\hspace{2cm}} \underline{\hspace{2.5cm}} 0$$
$$W_3: C_1 \underline{\hspace{1.5cm}} \underline{\hspace{1.5cm}} \underline{\hspace{1.5cm}} 0$$
$$W_4: D_1 \underline{\hspace{1cm}} \underline{\hspace{1cm}} \underline{\hspace{1cm}} \underline{\hspace{1cm}} 0$$
$$W_5: E_1 \underline{\hspace{1cm}} \underline{\hspace{1cm}} \underline{\hspace{1cm}} \underline{\hspace{0.5cm}} \underline{\hspace{0.5cm}} 0$$

(图一)[②]

有意思的是,韩松虽然通过非线性的叙事策略构筑了一个分裂无序的世界,其笔下的人物却总是在混乱中找寻秩序和存在价值。作者惯于将人物从日常琐碎的事情中脱离出来,并放置在一个极端的处境,以此获得重新关照自己和生命本质的机会。如老王曾经总是"沉浸在人生的刻板不变中。……每一天都一样,一年又一年,连点滴细节,都没有进展"。[③] 当他真正陷入了凶相的重围时才骇愕体会到,自己在这匆匆一生中从没考虑过自己是谁,又是否真的存在等基本问题,甚至没有想过要去回答。人们总是希望获得某种确定的信息或目的,老王人生唯一一次主动做一件事便是请求上夜班填表格,因为他认为地铁和表格都是确定的机巧构件,尤其是"一想到末班地铁正像一位严厉的情人,约会一样在准时等待他的莅临,他就感到安慰,进而得意扬扬,仿佛确认了自己还活着"。[④] 周行也因为地铁将会行驶至确定而预知的目

① 韩松:《地铁》,上海人民出版社 2010 年版,第 86—87 页。

② A1、B1、C1、D1、E1 分别表示每个世界的新起点,0 则意味着人类在技术时代走向异化的结局。

③ 韩松:《地铁》,上海人民出版社 2010 年版,第 16 页。

④ 同上,第 34 页。

的地,所以能够忍耐车厢中的拥挤和汗臭味。

正如前文所述,尽管混乱是自然法则,然而秩序却一直是人类的梦想。所以当这些原本确定性的事件变得不确定时,他们便开始恐慌,努力在颠倒莫测的世界中控制混乱,找到某个确定的答案或真相。因此老王独自寻找末班地铁奇遇的答案;小武和卡卡一起进入地铁的深处探究列车失踪的答案;五妄则寻找通往地上"天堂"的道路,为自己的存在找到一个解释;雾水和露珠受到公会的派遣重回地球希望发现祖先灭绝、地球毁灭的真相。他们所生存的世界指向的是混沌,无论他们如何追溯自己曾经的职业生涯、婚姻生活抑或是出生起源,等等,都无法真正找到线性的一致,最后所能发现的不过是无序和不确定性。因此对于他们来说,重筑生活的信念和追问人生的意义无疑就变成技术异化时代最重要的事情了。然而对此韩松并没有安排一个令人雀跃的回应,老王他们最终没有找到答案,又或者答案永远都无法获得,就如"地球之外的星际空间难觅生命的踪迹"。[①] 而雾水所要寻找的关于先辈的真相,或许也本来什么都没有,"一切都是假造出来的"。[②] 他们的困惑是当下时代大部分人的精神困惑,作者通过这一系列人物书写了当下时代人的渺小与尴尬处境。尽管结局难免令人有些绝望,但韩松还是为雾水们走出困境指明了一条路。这里需要指出的是,《地铁》里的男性主人公要么冷漠自私、要么卑微怯懦,周围的人也大都如此。他们在灾难面前人人自危,彼此之间有着无法打破的藩篱,各自处在深刻而巨大的孤独之中。其孤独的根源就在于彼此间无法沟通,无法相爱。但在技术时代想要逃离出"百年孤独"的困境,人类反而需要学会彼此相爱,团结合作。人类就算无法应付世界的不确定性,但是朝着"有人性意义"的方向前进总是有益的。

三、 非线性思维解读的包容性

《地铁》本身就像一个复杂的混沌系统,尽管其整体维持着某种有序性,但五个组成部分却以无法预测的方式在运作着。小说放弃了单一尺度的线性框架而选择了多尺度参照下充满不确定的混沌交互系统,而传统的线性文学批评对我们理解《地铁》无疑就显示出其局限性,这也意味着读者只有在多尺度的视角下进行观察才能完整透彻地去审视小说的有机个体与整体尺度。因此即使忽略一些看起来非常琐碎的细节都会限制我们对作品的理解。非

---

① 韩松:《地铁》,上海人民出版社 2010 年版,第 41 页。

② 同上,第 291 页。

线性的叙事模式不仅反映了作者对世界现实本质的稳定性、延续性和逻辑性的质疑，证明了韩松在揣摩人类本性和世界本质方面的高敏感度。而《地铁》本身的开裂性和多元性使其模糊的指向也产生了无数种超乎想象的可能性，在扩大读者和批评者阐释的自由度的同时，无疑也丰富了读者的审美阅读体验。

《地铁》中充斥着密集的隐喻，含义较为清晰一些的如"《读书》杂志""S市""C饮料""可口可乐招牌"等等。然而还有一些隐喻更为模糊，"橄榄绿色的十字形饰物"几乎贯穿了《末班》到《废墟》整个故事线，这个神秘物件在小说中充满了宗教性，它究竟是代表着人们的终极寄托又或是蕴含着生活的终极解释呢？"绿色"在文中也反复出现，令人不可忽视。如草绿色的矮个子搬的玻璃瓶装着绿色溶液；老王变形的脸在夜晚绿幽幽地闪烁；往老人额头上钉钉子的年轻人也穿着绿衣绿裤；地铁的车厢是灰绿色的以及长满绿毛的尸体等等。宋明炜和黄灿等人在解读《地铁》时都表示其中的隐喻模糊难辨。[①]这些隐喻本身包含着多种解读的可能性，所以读者很难期望从中发现一种确定的解释。如《读书》杂志第一次出现时，里面只有一篇文章的标题《二零五零年城市交通指南：超级地铁逃生术》，然而却一个字都没有。在《惊变》里它又成为能源转换器的使用手册，《符号》里它又变成C饮料公司的内部刊物，《天堂》里它则是一本破旧的技术手册，《废墟》里这本杂志一开始是城市隐秘处的地图册，最后又摇身一变为一本写满复杂的非线性方程式的操作手册。作者在文中通过他人解释S市得名于英文 submit（顺从），sustain（承受），survive（幸存），succumb（屈服）的打头字母，但是小说中的其他人物还认为S还代表着 suicide（自杀）。不论是"《读书》杂志"还是"S市"我们都可以将其看作一个包含多重解读可能性的隐喻，它们在文本中不同的地方都有着特定的寓意。而隐喻所包含的多层含义不仅将促使读者更深刻地体验韩松所呈现的一个不确定性、开裂性、多元性的混沌世界，这种重新定位还能使读者认识到《地铁》文本本身的多样性。

有批评者曾表示对文中出现的"C"抱有期待，以为其背后大概"始终隐现着国家主义与全球资本的魅影，隐现着技术进步背后的支配性力量所在"，然而在小说的最后废墟探险者却解释C只是液体本身，"除此之外，它什么也不是"，对此感觉这种安排"错失了一种让文本往不同的方向生长的可能性，也使得文本无法真正展示出技术异化的恐怖与荒谬"。[②] 这样的评价当然具有建设性意义，然而笔者认为C的寓意复杂性和多样性正是混沌理论所要揭示

---

① 黄灿、李元：《〈地铁〉的五副面孔》，《中国科普作家协会专题资料汇编》，2014年。
② 康凌：《如何批判技术异化——读韩松〈地铁〉》，《南方文坛》2012年第1期，第48—50页。

的。在《末班》和《惊变》中我们可以得知 C 是可口可乐的缩写。到了《符号》这里时，C 则是一家饮料公司，"包含 control,contain,calculate,circle,亦即控制、包纳、计算、圈子或循环的意思，以与 S 市的 S 相匹配形成美妙的生命进化双螺旋图形"。① 《废墟》中 C 却除了液体本身什么也不是，取名 C 也只是一种随机结果。那么无论我们将 C 仅仅看作是液体或公司或媒介都显示了其局限性，而混沌理论则包容我们讨论 C 饮料的不同含义，在阐释的过程中尽量避免对作品做一种还原论式的解读，使之生成更丰富和多元化的解读。它可以承载多种解读的可能性，虽然每种可能性都会受到作者为其划定的边界的限制，但可以合理地支撑我们丰富的阅读体验，拓宽我们的文学阐释途径。

吉莱斯皮指出尽管当代文学批评家普遍赞同词语的意义来自人类多层次意识的参与，这种意识由描述、回忆、联想和感觉所组成。但由于受到笛卡尔分析模式以及牛顿思维的影响，他们习惯性地从因果关系的角度来认识世界，在考察文学作品时仍然遵循着演绎推理的线性方法，这种分析模式便导致了批评家对某些特定的文本生成单一、片面的阐释。② 将非线性思维灌输到《地铁》的分析中，并不是对传统分析模式的拒绝。我们必须得承认在阅读《地铁》时所经历的复杂性和多样性体验，因此当批评家在意识到传统解释无法满足或促进当下的阅读体验，混沌理论将有助于重新确定阐释的方向。《地铁》中的这些隐喻所指向的多种意义本身就意味着生命体验的复杂性和难以捉摸性。正如宋明炜所言，"这种体验，是生存于现在的中国，面临多种可能性，既有反思，又有焦虑，却或许无法将个人和国家的'将来'确定在任何一种单一的'计划'之中"③。

韩松作品的伟大之处之一便在于对现实和痛苦的关注，以及内容方面的犀利与深刻。他在《地铁》自序里坦言，"……我们现在其实是太欢乐了。至少在我的成长岁月里，那些偶像般的作家们，并没有把中国最深的痛，她心灵的巨大裂隙，并及她对抗荒谬的挣扎，乃至她苏醒过来并繁荣之后，仍然面临的未来的不确定性，以及她深处的危机，在世界的重重包围中的惨烈突围，还有她的儿女们游荡不安的灵魂，等等这些，更加真实地还原出来。所以作为文字工作者，有一个使命还没有完成。这时要去谈其他的，都是肤浅的。"④ 正因如此韩松才选择承担义务去回答时代"最艰难的问题"之一，来反映当下社

---

① 韩松:《地铁》,上海人民出版社 2010 年版,第 128 页。

② Michael Patrick Gillespie. *The Aesthetics of Chaos：Ninlinear Thinking and Contemporary Literary Criticism*. Gainesville University and Contemporary Literary Criticism. Gainesville：University Press of Florida, 2003, p.15.

③ 宋明炜:《于一切眼中看见无所有》,《读书》2011 年第 9 期,第 153—158 页。

④ 韩松:《地铁》,上海人民出版社 2010 年版,第 12 页。

会发展的深层内容。尽管相较于其他作家,韩松对于技术发展的态度未免有些悲观,但是他确实真诚地提出了个人对未来发展的隐忧,并严肃地探究发展过程中人们将面临的种种道德伦理问题。

（朱钰婷　浙江大学人文学院博士生　邮编 310013）

打开沪上"传奇"的历史空间

——评夏商长篇小说《东岸纪事》

俞清瑶

摘　要：在以都市、弄堂为核心的"上海书写""上海怀旧"的文化潮流中，夏商的长篇小说《东岸纪事》聚焦于都市化以前的浦东乡镇，将"上海"还原到历史的动态演进中寻找其多重面向，挖掘上海文化中更具普遍性的中国乡土文化内蕴。这一异质性的寻根之旅展现了浦东的生活哲学和价值理想，也揭示了国家主导下的都市化进程对浦东的文化重组，重新打开了被沪上繁华和俗世生活所固化的"上海想象"。小说对浦东"前史"的文化摹写，为"上海书写"如何扎根本土、"落地"中国提供了一种实践路径。

关键词：夏商；《东岸纪事》；乡镇上海；异质"怀旧"

作为都市文学的重镇，"上海书写"历来备受瞩目。2012 年，《收获》杂志推出夏商的长篇小说《东岸纪事》，受到评论界广泛好评。夏商以六年之功创作《东岸纪事》，通过乔乔与崴崴、邵峰、马为东等人的情感纠葛以及上一辈的刀美香与柳道海等人的故事，编织了一部浦东"前史"。小说再现了二十世纪六十年代到八十年代末，中国迈向现代化背景下浦东的历史面貌和社会生态，从中展现了小人物的命运沉浮和精神困境。由此，被遮蔽于都市、弄堂景观下的裁缝铺、熟食店、港机厂、乡间饭馆等空间得以重新敞开，在浦西题材文学、海派文学所塑造的十里洋场、高楼林立的印象之外，《东岸纪事》的乡镇上海与读者的"前经验"产生巨大裂隙。在这个意义上，夏商借《东岸纪事》拓展、丰富了上海形象，甚或构成对当下上海叙事的颠覆和重构。

一、传奇和怀旧背景下的另类寻根

近代以来,上海作为中国最璀璨的明珠,一再成为文学的写作对象。从韩邦庆到张爱玲,再到王安忆、金宇澄等作家,皆提供了杰出文本。刘俊将二十世纪上海书写分为三种基本形态,分别概括为"现代性"和"后现代性"的上海书写、"左翼"的上海书写和"传奇"的上海书写,并且指出后者通过书写"琐碎日常和普通人生"、最终指向"对'人'的存在困境的抽象",高度评价其内涵深刻性和艺术成熟性。①

在这一基本脉络中,《东岸纪事》显然应归属于"传奇"一脉。只不过夏商所写的是以城乡工人为主的无产阶级文化"传奇"②。需要说明的是,小说中的"无产阶级文化"剔除了强烈的意识形态内涵,也并非是消费主义语境下的符号,而是被还原到原生态的生活本然之中。即如葛红兵发现的,"《东岸纪事》不追问生活的意义,生活没有大于生活本身的事体需要思考"③。但这并不意味着《东岸纪事》缺少"故事"。事实上,这是一部真正的平民传奇。云南山区的崴崴混成了传说中的"黑老大",最后又"从良"经营饭店;弄堂里走出来的女大学生乔乔遭遇小流氓欺辱后沦为"垃三";"傣族公主"刀美香的人生经历了一场场虚惊终究还是成了"正儿八经的浦东人";被杀人案压抑数十年的柳道海发现"死者"并没有死……《东岸纪事》的一个美学效果即在于,张扬的故事与平淡的生活之间的巨大张力。也正是在如此震撼的"传奇"之中,才愈发显得生活内在逻辑的强大——种种意外跌宕都无法阻碍生活如流水般一路向前,绘制出悲喜交织的平凡人生。

二十世纪九十年代以来,"上海怀旧"成为颇具声势的文化现象。从陈丹燕的"上海故事"到程乃珊的"上海词典",乃至王琦瑶作为"上海小姐"的显赫来历,都勾连着"上层社会的繁华"。这让一些批评家觉察到消费主义和后殖民的气息④。王晓明指出,"上海的历史被极大简化了。而且是一面倒的简化,凡是悲苦往事,能不提就不提,凡是繁华和繁荣的传奇,则一定要着意渲

---

① 刘俊:《论二十世纪中国文学中的上海书写》,《文学评论》2002 年第 3 期。

② 陶磊:《夏商〈东岸纪事〉研讨会发言纪要》,《中国政法大学学报》2015 年第 4 期。

③ 葛红兵:《打捞历史"大筐"里的日常——夏商长篇小说〈东岸纪事〉读后》,《书城》2014 年第 1 期。

④ 参见李静:《"海上怀旧"与全球上海——浅析"弄堂""蓝屋"和"乐园"之空间意象》,《当代作家评论》2013 年第 2 期。张惠苑:《从西方想象、西方殖民到本土定位——论 1980 年代以来的上海怀旧书写》,《福建论坛(人文社会科学版)》2014 年第 2 期。陈斯拉:《论文学中"上海怀旧"的本质与特性》,《文艺争鸣》2015 年第 7 期。

染,详细铺陈"①。聂伟则从中发现了都市怀旧中"让历史告诉未来"的文学修辞,认为这标识着当前都市自我定位能力和想象未来能力的缺失,由此出现缺乏心理归属感的精神症候②。这些现象与詹明信的论述相契合,即"怀旧就其本质而言,是作为对于我们失去的历史性,以及我们生活过正在经验的历史的可能性,积极营造出来一个征状"③。

《东岸纪事》不失为是"上海怀旧"的产物,只不过它将视野拓展挪移至都市的"周边"与"前身"。夏商并不回避浦东处于现代都市浦西的阴影之下所产生的转型诉求,但重要的是作家着力于还原浦东/上海的本土根性,挖掘长期以来被都市想象遮蔽的另一面。这似乎可视为夏商对上海从东方文明向西方文明开放、进行文化互动互融的过程性的体认,也为上海都市书写长期存在的漂浮失根问题提供了一种解决路径。当"破败的栏杆""晚饭前的流言"进入小说图景,当"户口""动迁"进入文本叙事,带有中国味的乡镇风俗人情以及城市化进程中的"中国问题"都拥有了更贴切的底色和幕布。

在这一意义上,《东岸纪事》对上海文学版图的开拓有其重要意义。上海并不一定如印象中的优雅、精致,它也有粗糙甚至鄙陋的生活本色。尽管这粗鄙的生活中也一定包蕴着某种王安忆所说的"上海心"。但夏商对张爱玲、王安忆等构建的上海形象的挑战无疑是值得关注的。当现下的上海现象不仅成为"外地人"的,也成为"本地人"的刻板印象,它反向制约着作家和读者对生活本身的认识。正如小说中所展现的一个富有意味的场景:

> (李英——笔者注)举起手里的黑色皮包比照实景,包上印着"上海"两个字,配套的图案正是外滩建筑的剪影。这个包风行全国,很多人家都有。其实一辈子都未必有机会来上海,对上海的印象就是这个剪影。④

这或许可以成为解读《东岸纪事》之"另类"怀旧的一扇窗户。

---

① 王晓明:《从"淮海路"到"梅家桥"》,《文学评论》2002年第3期。

② 聂伟:《文学都市与影像民间》,广西师范大学出版社2008年版,第43页。

③ 詹明信著、陈清侨等译:《晚期资本主义的文化逻辑》,生活·读书·新知三联书店1997年版,第354页。

④ 夏商:《东岸纪事》,华东师范大学出版社2018年版,第385页。

二、浦东"前史"的文化摹写与重塑

《东岸纪事》追忆的浦东是一个地道的中国乡镇。这一空间为中国人的生命韧性,甚至某种粗犷的民间美学提供了展示平台,但是,小说仍然描绘了上海特色的世俗理性和市民文化。如果说前者使《东岸纪事》获得了不同于以往"上海书写"的更为开阔的面向,在某种程度上接续了更深厚普遍的文学脉络,那么后者则表明小说并未完全脱离"传统",它仍然保留了鲜明的地域特征和内在气韵。

1. 乡镇浦东的情感模式及其世俗理性

《东岸纪事》的男主人公崴崴是浦东的"黑老大"。崴崴名声很大,但甚至连养父柳道海和母亲刀美香都不知其是如何发迹的。只知道还在上初二的崴崴在赌场火并中奠定了"江湖地位",迅速成为一方"绿林首领"。崴崴几乎从不出手,书中两次出手分别因为父母遭到侮辱和母亲无故失踪。因此,乔乔初见的崴崴,只是一个"又矮又胖,腆着肚子,发际线开始往后退"的"大肚秃顶短腿男"[1],让人有些失望。但崴崴之特殊并不在外表而在行事。不同于"小螺蛳"的卑劣、小开的浪漫,也迥异于邵峰的爱情和马为东的"实惠",甚至唐管教与崴崴相比也显得温吞;崴崴是单刀直入、一语中的。他说"你应该清爽,我约你出来就是想睏你","等一歇我先出去,电影院围墙后头等你,来不来随便你","你来不是因为欢喜我,是因为买我账"。[2] 如此,原应柔情缠绵的动人爱情便被抽丝剥茧,成为世俗利益的理性衡量。在这一充满颠覆性的爱情叙事中,崴崴的形象干脆利落又异常鲜明地立起来了。在上海文学中,恐怕很难找到这样一个形象。在此,《东岸纪事》展示了最真诚最隔膜、最纯粹最复杂的情感样式。在小说中,白流苏与范柳原、王琦瑶与康明逊、梅瑞与康总式的步步为营小心试探的情感博弈不复存在。

崴崴和乔乔的情感当然是真诚而纯粹的。他们一开始就明白终究无法长久,因此从未将对方视作正儿八经的伴侣,也不为这段感情附加利益羁绊。崴崴追求"良家妇女"薛美钏,乔乔经营熟食店以立身;各有倚仗和目的地的生活方式使他们能够随时干脆利落地背转过身,继续各自的人生轨迹。所以

---

① 夏商:《东岸纪事》,华东师范大学出版社 2018 年版,第 211 页。
② 同上,第 7 页。

他们又是"隔了一层"的,"只有睡在一起的时候,他们才有点像老夫老妻"①。
这样的情感模式在《东岸纪事》中比比皆是:乔乔和唐龙根在一起是为了有点
积蓄,更是因为没有想好具体出路;和马为东结婚,是想回归正常生活过踏实
日子;与小开同居的直接因素是小开娘舅有权签署饭店批文。乔乔无法掌握
也不去设想未来,只是"一个人太孤独,有个伴解解厌气"②。就如刀美香和柳
道海这对"死夫妻""仅仅是搭伙过日子"③,王庚林与林家婉的婚姻只是一个
需要"寻个伴"一个"嫁掉省得爷娘啰唆""两本户口簿并成一本老便当的"④。
夏商以这一极简方式深入生活内部,发现"生活"本身不需要解释,甚至不需
要被赋予意义,只不过是"随便到了何处""活下去就活,活不下去就死"⑤的清
爽与无奈。

《东岸纪事》善于通过解构情感来暴露生活的内在逻辑。一方面,对情感
的解剖揭示出浦东民间强大的世俗理性;另一方面,"搭伙过日子"也映射了
生活的无聊、孤独甚至虚无。前者是作家对"世俗性"这一"上海书写"的传统
主题的再诠释,而后者则是作家对乡镇上海自发萌生出现代/后现代的社会
精神病症的关切和溯源。正是生活天然具备的世俗性,成为诞生无聊和庸俗
的绝佳土壤,现代病看似移植而实有本土根底。从乔乔和崴崴在情感与生活
之间的选择可见,生活的庸常早已消解了情感的圣洁。《东岸纪事》对这种
"心如明镜"式的生活哲学有十分透彻的发掘。例如乔乔在得知邵峰是"外地
人"后,"马上把他从心里擦掉了",因为不会有结果;至于乔乔后来的主动献
身,不过是小螺蛳事件后自甘堕落的还愿和放纵,或是对人生的一场报复和
豪赌。当马为东被证明与邵峰一样毫无"腔调"之后,乔乔再也没有类似希
冀。如柳道海一般,乔乔的人生态度也近似"什么都可以,什么都无所谓"⑥。
但不同的是,乔乔拥有刀美香身上的生命韧性,"社会上没靠山,自己就是自
己靠山,关键辰光也要豁得出去"⑦。柳道海却是彻底向生活投降,他将生命
之火深深包裹在裁缝铺中一针一线的细密的静默中,直到迎来最终的爆发。

世俗理性某种程度上带来对情感的压抑和异化。也正是"生活"本身对
浦东民间日常强有力、饱满地占据,使得生活趋于无聊和孤独。《东岸纪事》
的开篇场景对于上海文学而言并不陌生。晚饭前的流言、逼仄拥挤的民居,

---

① 夏商:《东岸纪事》,华东师范大学出版社 2018 年版,第 233 页。
② 同上,第 611 页。
③ 同上,第 482 页。
④ 同上,第 27 页。
⑤ 同上,第 106 页。
⑥ 同上,第 484 页。
⑦ 同上,第 178 页。

都是典型意象,王安忆那本著名的《长恨歌》对此已有极为细致的描写。对于从黄浦江飘来的浮尸,人们感兴趣的仅仅是他是否是崴崴的杰作,因为这可能成为一段时期内茶余饭后的重要谈资;至于案件本身,那是在人们的关注范围外的。这一场景足以表明浦东乡镇的封闭自足性,它不像都市空间那样具有强烈的向外探索欲;这种特性不仅是导致无聊的一种原因,也同样构成其自我调剂方式。闭合空间由于承载过多向内的压力,更易练就人们强大的韧性,这使人们拥有承受苦难、容忍无聊的经验。仍以乔乔为例,爱情的可能性已经被意外受辱和伦理道德一笔勾销;面对父母小心翼翼的亲情、闺密与前夫的恋情,乔乔只是"心如明镜"却不说破。乔乔的涵养功夫,与母亲梅亚苹是相似的,也与刀美香、秦芳等人是一路的。

如此,乡镇浦东的生活和情感是沉重的,又是轻薄的。生活的孤独和无聊表征于乡镇社会形态之中,使《东岸纪事》的精神探索复又接通了"上海书写"的某种旨趣。小说从生活的普遍性和传统生活样态中探寻都市精神病症的根源,不仅有其启发性,也具有理解当下现实的意义。

2. 狂欢背后的伦理归宿与都市化焦虑

与常见的上海文学相比,《东岸纪事》极显目的特点在于对"流氓""垃山"题材的聚焦。小说穿插以赌场、街斗、火并、枪击、监狱、出轨等情节。这构成流氓、垃山们轰轰烈烈的人生狂欢。但在内心深处,他们始终保留着回归正常生活的愿望。试看海滨浴场一段:

> 六个世俗眼中的流氓,加上六个花花绿绿的小垃山,是小小的浩浩荡荡。不清楚他们是否知道自己是一群乌合之众,年轻时总是要混一混的,等变成"老克勒",对着小辈也好吹吹牛屄,自己曾经是混过江湖的。当然,做流氓是不能当真的,总有收道的一天。收了道就过老婆孩子热炕头的日子了。[1]

崴崴和乔乔们当然知道他们只是乌合之众,就如他们明知终会分手却"糊里糊涂"过着每一天。他们既是过一天算一天,也时刻做好了终结当前生活的准备。尽管连刀美香都看出崴崴真心喜欢乔乔,但这不过是想想就罢了,崴崴十分满足于"老婆孩子热炕头"的生活。

对乔乔而言同样如此。世俗生活的道德规则和伦理约束始终没有退出

---

① 夏商:《东岸纪事》,华东师范大学出版社 2018 年版,第 267 页。

乔乔对未来的想象与规划。"小螺蛳"事件之后,乔乔曾两度尝试回归"良家妇女"的生活轨迹。一次是遵循本心和邵峰恋爱。他们的爱情充满了初恋般的暧昧和朦胧,夏商的笔触也难得含蓄温柔——"她垂着头,他垂着头,两人的前额顶成一个锐角"①。但纤弱恋情无法承受接踵而来的不幸,邵峰无力应对乔乔堕胎造成的严重后果,更不敢面对手术室外乔乔的父母。而马为东同样无法成为乔乔的倚靠。正如崴崴的两次动手皆与亲情有关,乔乔的三次哭泣也不离世俗伦理。第一次痛哭是在被"小螺蛳"侵犯后的浴室中,乔乔因"小螺蛳"事件真真切切成为她人生悲剧的转折点而绝望。第二次是做出与马为东成婚决定的河边;当乔乔以替病重的父亲冲喜之名说服自己嫁给并不爱的马为东时,乔乔因主动向命运妥协而哭,"她不知自己这一生的下场是什么""有一肚子委屈"②。第三次是路遇同学任碧云及其丈夫的街上,彼时乔乔已经是那个年代稀罕的"万元户",偶遇经济条件远不如己的同学,她的落泪是因为目睹了自己原应平凡、安稳的人生为何样。

在崴崴和乔乔快活无拘的表象下,实则隐藏着对寻常人生的无限渴慕。也正是基于这一共识,乔乔触及薛美钏的目光时感到一阵心虚,崴崴看见乔乔坐在自家饭店时会不经意间撇转视线。隐藏在无言沉默中的,是日常生活空间对传统道德文化和主流价值观的接受和认同。在浦东小镇的封闭空间中,乔乔和崴崴不可能拥有《上海宝贝》中倪可、天天、马克的人生价值观。虽是流氓和垃山,但他们依然烙印着顽强而牢固的保守理念,他们的困境并非源于都市空间价值失序、道德混乱的乱象,而是生活本身对人的磨砺与挑战。在这一意义上,茅盾针对乡土文学的一番言论可作镜鉴:"我以为单有了特殊的风土人情的描写,只不过像看一幅异域的图画,虽然引起我们的惊异,然而给我们的,只是好奇心的餍足。因此在特殊的风土人情而外,应当还有普遍性的与我们共同的对于命运的挣扎。"③夏商对浦东开发前的风俗人情、社会风貌、精神状态的追寻,正展现了他对特定空间内文化形态、生活逻辑、个人命运等普遍性问题的思考。

当然,对乡土道德文化的态度关联着作家对现代都市文明的反思。在先锋作家夏商笔下,小说开篇从黄浦江飘来的浮肿尸体不得不启人深思。他的闯入浦东并引发轩然大波,具有都市文明进入并搅动传统空间的象征意义,而"尸体"的意象显然标志着作家对此持有警惕心理。事实上,夏商对都市现代化进程的反思早有显露。此前的《乞儿流浪记》(2004 年出版时题名《妖娆

①　夏商:《东岸纪事》,华东师范大学出版社 2018 年版,第 64 页。
②　同上,第 144 页。
③　茅盾:《关于乡土文学》,《文学》1936 年 2 月 1 日。

无人相告》)虽然将地理虚拟化,但其中浦东的原型依稀可辨。连接岛内外的越江大桥,江对岸的都市景观和岛内的困顿压抑,岛内居民那种无知却深信不疑的想象和向往,都令人联想到《东岸纪事》中有关浦东与浦西关系的体认和思考。郜元宝则认为《乞儿流浪记》反映了岛中人"在不经任何预告和商量的情况下被迫而盲目地卷入不可逆转的都市化进程,沦为'底层'和'弱势'"的悲惨历史,是"现代都市的一部隐秘的前史"①。将两书进行互文性阅读,无疑可以勾勒出夏商对都市化进程更为完整的反思谱系。与《东岸纪事》以南浦大桥奠基、延安东路隧道建成、国家正式宣布浦东开发的结尾类似,《乞儿流浪记》以越江大桥的投用收束全书,但作者不无意味地提及岛内幽灵"鬈毛"重新进入都市。这恐怕是作家更为直露的态度,即被迫卷入现代化进程中的"前现代"的不安。这一定程度上成为《东岸纪事》的潜意识。

《东岸纪事》把底层文化和流氓文化加诸崴崴和乔乔,同时又赋予其对世俗道德伦理的归属感。它以这种错位的怪异组合,既表达了对都市化的焦虑,又较为完整地呈现了都市化前夕乡镇空间的社会理想和精神生态。与《乞儿流浪记》相比,《东岸纪事》放弃了强烈象征性和形式感的叙事,选择更柔和的"怀旧"来容纳作家的批判性思想;通过"怀旧",小说也得以在评价乡镇浦东时留下弹性空间,这恐怕是更成熟的一种表现。

3. 国家统治下的空间重组与文化整合

通常意义上的"上海书写"往往以上海本地人为对象,小说叙事之越出上海也往往肇因于主人公的行迹。《倾城之恋》之于香港,《长恨歌》之于邬桥,《繁花》之于苏州,莫不如此。《东岸纪事》以浦东为叙述对象,但又并未框限于浦东一隅。作家以将近五分之一的篇幅,详细讲述了刀美香和柳道海的云南往事,完成了刀美香成为"新浦东人"的"史诗"。之所以称之为"史诗",是因为这段故事跨越了上山下乡、返城热潮、户口改革和动迁这些历史的大开大阖;因为她与崴崴、柳道海之间的怪异关系;还因为她"额骨头碰到天花板",没花一分钱就落实了上海户口的传奇性。作为"一个女人的史诗",刀美香的故事并不逊色于乔乔。准确来说,《东岸纪事》讲述了两代人和两个地区的故事。

小说中地区间大跨度的交互式书写,印证了作家对"上海想象"以及"上海文化"的动态性和开放性的体认。刀美香、崴崴成为"新浦东人"的移民叙事,本身就隐含了文化交流、文化互融的意味。在婚姻、户口问题上,刀美香

---

① 郜元宝:《"岛屿"的寓言——读夏商长篇小说〈乞儿流浪记〉》,《名作欣赏》2018年第4期。

表露出一种边地的带有狠劲的坚韧感,她为以柳道海为代表的柔韧的上海文化注入另一性质的生命强度。当然,上海文化也深刻改造了刀美香和崴崴的文化基因。如果说刀美香能够说"掺杂着勐海口音的夹生浦东话",那么崴崴却能说一口字正腔圆的上海话,"像一个土生土长的浦西人"①。崴崴初至浦东时,在赌场火并中打伤多人;出狱后却很少露面、实行"幕后垂帘听政"②。这一转变极富意味,它表明崴崴对勐海和浦东两种地区文化的选择和融合。乔乔能够让刀美香联想到自身而顾影自怜,在极度相似的命运轨迹(尚依水—刀美香—柳道海,小螺蛳—乔乔—邵峰)之外,恐怕也与乔乔兼具刚强和柔韧的性格特征无法分开。而乔乔的刚强,很难在梅亚苹、车建国、柳道海等为代表的"老浦东人"群体中得到解释,反而与刀美香、崴崴一脉有着内在相通性。正如论者所言,移民"不仅携带了原生地的文化传统和历史记忆,而且他们的生活习俗和文化消费习惯也正在对民间的审美趣味甚至现代都市局部的文化市场发挥着微妙的影响"③。由此,我们看到了《东岸纪事》对"上海文化""上海人"这些概念内涵变迁的细致呈现。

刀美香故事的潜在层面则是国家对社会空间和人物命运的掌控与干预。列斐伏尔指出,在全球化、都市化时代,"国家的角色在发展地区生产能力和生产新的空间结构方面不仅没有削弱,反而日显其重要性。国家仍然继续扮演着争取控制、重组以及转化社会空间的中心角色"④。上山下乡时期全国范围内的空间重组使刀美香和柳道海得以跨越半个中国相遇;刀美香借三姐名义手术时命悬一线,差点让三姐成为法律意义上的"刀美香";户口与粮油关系的挂钩致使刀美香在浦东长期处于半饥饿状态;动迁政策成为她与崴崴修补关系的重要契机。刀美香的人生节点,处处留有国家参与的痕迹。与此相对,柳道海的人生成为刀美香的注脚。如果不是下乡,浦东人柳道海永远不会结识刀美香,更不必说此后崴崴在浦东的传奇经历。从这一角度而言,只有基于这一背景,《东岸纪事》的一系列传奇才成为可能。

此外,"动迁"作为《东岸纪事》重要的情节单元,也有其丰富含义。小说中,伴随着都市化的推进,人们根本无暇缅怀数十年的旧居,而只是为争取更多赔款、更大面积和最佳楼层各显神通。其间,户口、婚姻、生育、交情无不沦为可利用的工具。通过这一方式,国家切断并搁置了可能阻碍都市化进程的

① 夏商:《东岸纪事》,华东师范大学出版社 2018 年版,第 502 页。
② 同上,第 6 页。
③ 聂伟:《文学都市与影像民间》,广西师范大学出版社 2008 年版,第 24 页。
④ 蒋孔阳、朱立元:《西方美学史第 7 卷二十世纪美学下》,北京师范大学出版社 2013 年版,第 550 页。

"怀旧"，顺利推动了转型。在这场"暴风骤雨"式的"运动"中，人们根本无力反思其正当性和合理性，而是被推动着不断前行、追求更"现代"也即更高质量的生活。换言之，这里只容得下"怎样"追求"现代"的问题，而"要不要"追求"现代"的价值判断已经被悬置。只有在搬离旧居之际，梅亚苹才终于有空为此伤感落泪。由此看来，关于动迁的段落似乎可被视为"东岸"都市化历程的缩影。小说不仅思考了现代化、都市化进程，还触及了物质现代化与情感怀旧机制之间的置换、断裂问题。

《东岸纪事》将浦东/上海的历史变迁进行内源性与外源性的探视，展现了"上海"的多元意涵及其发展演变的动态过程。在国家统制调度的大时代背景下，相对静态、封闭的浦东，或许是无力继续守护纯粹的"上海心"的。

三、"退守"姿态与"先锋"写作

《东岸纪事》对"老浦东"的追溯和复现，在某种意义上不失为是一种"回退"。此前的"上海书写"或写"海上繁华梦"，或写"都市欲望"，或写弄堂里巷的琐碎日常。如果说前两者主要建立在想象之上而显得缥缈，那么后者则绘制出一幅令人亲近信任的上海图景。但在王安忆、金宇澄等名家之后，这一写作范式逐渐趋于成熟，甚至出现了某种程式化的倾向。而以弄堂、茶室、包间等空间塑造的"上海"也不乏局限性，一定程度上形成了另一种想象性遮蔽。

在这一背景下，《东岸纪事》开拓的以工厂、乡间饭馆、熟食店、学校为主体的乡镇空间，进一步拓展了"都市—弄堂"的"上海书写"链条，开辟了一种抵达更为坚实和原汁原味生活的可能路径。如果说都市上海关注"世界性"，弄堂生活指向独具风情的"上海味"，那么《东岸纪事》则意图发掘浦东地区的中国本土性或传统性。毕竟，19世纪中叶前的上海、20世纪90年代前的浦东，原是与周边地区无异的乡土中国的组成部分。千百年来所积淀的传统中国文化，也无法被百余年的动荡变迁完全抹平；深挖都市、弄堂的基底，它仍有"中国"意味，是丰富复杂而非单一纯粹的混合体。《东岸纪事》对乡镇浦东的寻根，是朝着上海的"原型"退守，同时承认了"上海"是拥有多种面向和丰富可能性的历史的、立体的文化体。

夏商曾谈及他对"先锋"一词的理解。他说：

> 我还是认同自己是一个先锋小说家，在于我认为先锋小说不在于文本和形式，而是一种观念。[①]

---

① 何晶：《夏商：我要抵达生活的细部》，《文学报》2013年6月27日，第5版。

真正的先锋小说在于它对人类精神深度的追问和对世事真相的探寻,而不在于文本是非花拳绣腿,事实上,我认为过于怪异的形式感对文学不是美德,恰恰是有害的。①

《东岸纪事》仍保留了巨兔、狐狸、尸体、怪症等意象,但小说的整体形式和叙述风格显然是对写实小说的一种文体回归。夏商坚持《东岸纪事》"和先锋的血缘更近"②,正在于他仍秉持着一种对现有"上海想象"和"上海书写"的反叛精神和超越诉求。小市民的世俗哲学、都市的欲望叙事都不应成为上海的固化标签。夏商在观念上的先锋性,即在于他的回到"原点"。国家对浦东的空间重组和文化整合,现代都市化进程对封闭自足的乡镇生态的冲击,以及内在于生活中的不断向前的动力,都构成"上海"之形成的复杂资源。

在这里,"上海"退回到历史的动态空间。《东岸纪事》以"后退"的姿态为"上海书写"提供新质,探寻都市和弄堂之深处的历史底蕴。夏商的寻根,为这一世界性的都市景观或地方性的弄堂风情画重续"中国"的乡土根性;他从这一角度填充上海历史,完善上海面貌,也推动了对当下上海的重新认识。

(俞清瑶　浙江大学中文系博士生　邮编310028)

---

①② 夏商:《上海的 A 面与 B 面》,《山花》2019 年第 5 期。

艰难崎岖的精神生长之路

——浅析巴金关于《寒夜》的创作谈

郭婷婷

摘　要:《寒夜》是巴金小说创作中公认的成熟之作,自问世起就是研究者反复阐释和解读的对象。巴金自己也在 20 世纪 40 年代末、60 年代初和 80 年代初分别谈过《寒夜》的创作。通过分析《寒夜》初版"后记"、《谈〈寒夜〉》《关于〈寒夜〉》等文章,考察巴金这样一个具有代表性的知识分子作家在不同时期立场、心理、信念上的"变与不变",尤其是其精神上所经历的从自觉到自溺又复归自省的过程,可以说是现代知识分子思想精神史的一个缩影。

关键词:初版后记;《谈〈寒夜〉》;《关于〈寒夜〉》

20 世纪的中国,对知识分子来说,实在太过动荡不安,但正是在这极其不安中又碰撞、激荡出许多宝贵的思想精神火花。作家巴金正是现代以来经历过"五四"洗礼,接受科学民主思想的第一代知识分子。我们自然可以从巴金的鸿篇巨制中去汲取思想之源,但在作品以外,他还写了大量的序言和后记与读者交流,而这恰恰也是我们走进巴金的另一条路径。巴金在 20 世纪 40 年代末、60 年代初和 80 年代初分别对《寒夜》的创作做过不同程度的解释,不过这几次谈《寒夜》的间隔时间较长,且巴金的动机和呈现给读者的内容也不尽相同。但唯其如此,在细细挖掘与体味中我们才得以抵达历史的细枝末节处,去感受巴金的真与诚,去咀嚼巴金给予我们的宝贵精神食粮。

一

1947 年 3 月,《寒夜》在战火中匆忙付梓。巴金在上海晨光出版社的初版后记中第一次正面谈了《寒夜》的创作。一年后,作品再版时,巴金却修改了后记,只留下初版后记的前三段。以后的多次再版也仅收录 1948 年经作者修改后的版本。这状似不经意的取舍,却在一定程度上掩盖了作为"五四产儿"的巴金在 20 世纪 40 年代末时局变幻之际的艰难处境和复杂心境。

事实上,初版后记与巴金后来几次谈《寒夜》的文章相比,真正意义上谈《寒夜》的内容并不算多,甚至没有触及具体的小说情节与人物,只是在开头交代了创作缘由和写作环境。接下来的文字则几乎都是针对某些质疑的回应:

> 我从来不是一个伟大的作家,我连做梦也不敢妄想写史诗。诚如一个'从生活的洞口……'的'批评家'所说,我'不敢面对鲜血淋漓的现实',所以我只写了一些耳闻目睹的小事,我只写了一个肺病患者的血痰,我只写了一个渺小的读书人的生与死。但是我并没有撒谎。我亲眼看见那些血痰,它们至今还深深印在我的脑际,它们逼着我拿起笔替那些吐尽了血痰死去的人和那些还没有吐尽血痰的人讲话。①

在巴金看来,"耳闻目睹的小事""一个肺病患者的血痰""一个渺小的读书人的生与死"并不比所谓"鲜血淋漓的现实"缺乏书写价值。他强调自己"并没有撒谎""亲眼看见""深深印在我的脑际",也不过是想说明自己的创作是基于现实刻骨铭心的感受,而不是无病呻吟的小资产阶级情绪。

1944 年"一个寒冷的冬夜",为支持友人赵家璧被敌人炮火摧毁的事业,巴金开始了长篇小说《寒夜》的创作。而这部后来被众多学者认为是巴金小说创作的成熟之作在发表之初却遭到一些左翼青年的攻讦。《寒夜》中这篇写于 1947 年 1 月下旬的短短后记,足以让我们感受到当时双方的针锋相对:

> 可惜我还没有拜读莫名奇的"痛快"的大作的荣幸,但是别人已经对我讲过他所举出的罪状。我不想替自己辩护,我还要奉上我这本新作《寒夜》增加我的罪名。我不知道我是否在"应该捉来吊死者"之列,但我仍然恭候着莫名奇、耿庸之流来处我以绞刑。我不会逃避。②

此语所针对的正是此前不久《新民报·夜光杯》上发表的署名"莫名奇"

---

① 巴金:《〈寒夜〉后记》,《中国当代文学研究资料·巴金专集 1》,江苏人民出版社 1981 年版,第378 页。

② 同上,第 380 页。

的文章《该抓来吊死的作家》(1946 年 12 月 14 日)和《刻画着梦的时刻——评巴金先生的〈长夜〉》(1946 年 12 月 30 日),以及耿庸在《联合晚报·夕拾》发表的《从生活的洞口……》(1947 年 1 月 20 日)诸文对他的发难。前者将巴金的抒情散文冠以"新感伤主义"的帽子,并借用高尔基的话指摘靳以、巴金等人"'成了名的罪恶作家'之所以创作不出'鼓舞精神'的作品,在于他们'自己生活的颓废与心情的脆弱及其贫血的神经质'"①。后者又搬出鲁迅先生,把巴金等作家称为"做戏的虚无党"。对此,巴金讽刺道:"我应该向'夜光杯'和'夕拾'的编者们道贺,因为在争取自由,争取民主的时代中,他们的副刊上首先提出来吊死叫唤黎明的散文作家的自由。②"他一针见血地指出对方发难的本质与意图:"读到自己不喜欢的文章就想把作者'捉来吊死',这样的人并不是今天才有。我们自己的老古董秦始皇就玩过'坑儒'的把戏,他所坑的'儒'自然是那些和他不同道的、不拥护他的人。"③

随后,1947 年 3 月 2 日《时代日报·文化版》刊登了一篇署名"记者",题为《所谓"鲁门弟子"——许广平先生的谈话》的记录稿。文中批评了文艺论争中打着鲁迅旗号中伤他人的现象:

> 现在文艺工作者中间,在相互批判的时候,时常喜欢把鲁迅先生提出来,不管是善意的或牵强的,因此替自己辩解也好,或有时会说某人是"鲁门弟子"也好,其实在鲁迅本身之外,也许无意中加了主观的成分了。这是完全错误的,鲁迅先生活着时绝没有什么"门""帮""党"的活动存在。④

许广平的这一谈话虽没有点名道姓,但从时间上看,所批评的对象却已见端倪。最后,这场笔战以郭沫若在《新文艺》周刊上发表《想起了斫樱桃树的故事》(1947 年 3 月 24 日)"调停"结束。他肯定了巴金是"我们文坛上少数的有良心的作家",又委婉地将耿庸等人对巴金的攻击解释为:"青年们是喜欢破坏偶像的,巴金先生的偶尔遭遇拂逆,我相信这是一种消极崇拜的表现,或许也正足以证明巴金先生的优越的成绩吧。"⑤巴金在一年后的再版后记中

---

① 郭建玲:《1940 年代后期左翼文学进程中的〈文艺复兴〉》,《中国现代文学丛刊》2014 年第 5 期。

② 巴金:《〈寒夜〉后记》,《中国当代文学研究资料·巴金专集 1》,江苏人民出版社 1981 年版,第 380 页。

③ 同上。

④ 《所谓"鲁门弟子"——许广平先生的谈话》,《时代日报》"文化版",1947 年 3 月 2 日。

⑤ 李存光编:《巴金研究资料下卷》,海峡文艺出版社 1985 年版,第 16 页。

删去了这些带有暗讽且极具火药味与攻击性的文字,在某种程度上来说,这也是一种让步。性情耿直的巴金或许不想再纠缠于扰人的笔战。但作为长期在国统区和沦陷区活动,被延安文艺界称作"中间作家"的他,此时依旧保持着作家的独立与个性,延续着五四以来知识分子的自觉与自信。

二

　　1962 年 8 月《巴金文集》第十四卷出版时收录了作者写于 1961 年 11 月的《谈〈寒夜〉》一文。这是继 20 世纪 40 年代末单行本《寒夜》两版后记后巴金再次谈《寒夜》的创作。而这一次,时隔多年再谈《寒夜》,作家的心境和时代语境都发生了翻天覆地的变化。巴金由电影《外套》中的主人公小公务员阿加基·巴什马金不幸的命运想到自己笔下的人物——《寒夜》里的汪文宣。

　　和初版后记相似,巴金又一次强调了汪文宣这个人物的原型是他过去的许多亲友:"像这样的人我的确看得太多,也认识不少。他们在旧社会里到处遭受白眼,不声不响地忍受种种不合理的待遇,终日终年辛辛苦苦地认真工作,却无法让一家人得到温饱。他们一步一步地走向悲惨的死亡,只有在断气的时候才得到休息。"[1]不过,有所区别的是,巴金在这里特别指出了悲剧主人公所处的环境——"旧社会"。在巴金看来,像汪文宣这样的人,倘不是生活在不合理的"旧社会",完全是可以活下去,而不至于走向"悲惨的死亡"。巴金在整篇文章中反复使用"旧社会"或是"旧制度""旧势力"等词,仅"旧社会"一词就达十多处,十分耐人寻味。巴金写道:"从前一般的忠厚老实人都有这样一个信仰:'好人好报'。可是在旧社会里好人偏偏得不到好报,'坏人得志'倒是常见的现象。"[2]他甚至毫不讳言地表明自己的创作目的:"我写这部小说正是想说明:好人得不到好报。我的目的无非要让人看见蒋介石国民党统治下的社会是个什么样子。我进行写作的时候,好像常常听见一个声音在我耳边说:'我要替那些小人物申冤。'"[3]

　　在分析人物命运时,巴金提及:"有读者写信来问:那三个人中间究竟谁是谁非?哪一个是正面人物?哪一个是反面的?作者究竟同情什么人?"[4]

---

[1] 巴金:《谈〈寒夜〉》,《中国当代文学研究资料·巴金专集1》,江苏人民出版社 1981 年版,第 535 页。
[2] 同上,第 535—536 页。
[3] 同上,第 536 页。
[4] 巴金:《谈〈寒夜〉》,《中国当代文学研究资料·巴金专集1》,江苏人民出版社 1981 年版,第 538 页。

如今我们在从事文学批评活动时,诸如"谁是谁非""正面人物""反面人物"这样非此即彼、二元对立的思维模式显然已经过时,但在 20 世纪五六十年代却是主流的批评方式。这不仅影响着普通读者和批评家的阅读思考模式,更制约着作家的创作水平,巴金显然也深陷其中。他尝试着做出回应:"我想说,不能责备他们三个人,罪在蒋介石和国民党反动政府……"①创作于新中国成立前的《寒夜》,显然并不适用于单纯批判性的解读方式,它是五四运动的产物,与由延安文艺精神脱生而来的新中国文艺理念有着相当的隔膜。巴金将人物的不幸归咎于旧社会、蒋介石和国民党政府,既出于真心的控诉,同时也巧妙地搁置了在几个主人公中做非此即彼的选择的问题。但似乎觉得解释得还不够,在承认自己同情主人公的同时,巴金又表明,自己对他们也有批评。妻子和母亲在主观上想尽办法希望汪文宣得到救治,实际上却没有停止过婆媳间的"战火",最终加速了汪文宣的死亡;而汪文宣自己虽然热爱生活,有求生的欲望,却一次次糟蹋自己的身体不肯及时就医。巴金反问:"这些都是为了什么呢?难道三个人都发了狂?""不,三个人都没有发狂。他们都是不由自主的。他们的一举一动都不是出于本心,快要崩溃的旧社会、旧制度、旧势力在后面指挥他们。"③说到底,巴金的同情远大于批评,遗憾的是,他把主人公的悲剧根源通通归结为那个在社会主义新人们看来已经被消灭掉的"旧社会",毋庸置疑,这样简单的指向大大消解了小说的悲剧意味。

然而,回到历史语境中观照巴金在新中国成立以后的波折命运,我们便无法对他有太多的苛责。当历史的年轮转到 1949 年,知识分子或主动迎合或被动接受一个完全崭新的社会制度。和不少来自国统区的作家一样,巴金满怀着诚恳地"来学习"的态度参加了新中国第一次文代会。从"启蒙大众"到"向工农兵学习",现代知识分子正是在这一转变过程中艰难地"被迫成长"。丁玲等延安文艺界的作家们显然已经先行一步了。而有的人,如胡风,仍固守着"主观战斗精神"的文艺观念,试图对已经不容他插手的新中国文艺"指手画脚",自然,等待他的是 1955 年一顶"胡风反革命集团"的大帽子。而巴金在胡风冤案中出于自保也违心地贡献了《必须彻底打垮胡风反党集团》《他们的罪行必须受到严厉的处分》《关于胡风的两件事》等文章。紧接着 1957 年"反右运动"扩大化,众多文艺界知名人士相继被打成右派,巴金虽暂时幸免,却已然诚惶诚恐。在写于 1953 年到 1962 年的一系列序言与后记中,巴金不

---

① 巴金:《谈〈寒夜〉》,《中国当代文学研究资料·巴金专集1》,江苏人民出版社1981年版,第538页。

③ 同上,第540—541页。

断地进行自我否定:"很早我就说过我没有写过一篇像样的作品。现在抽空把过去写的东西翻一遍,我只有感到愧悚。在这个新时代面前,我的作品显得多么地软弱,无色!"[①]"我把自己十年来的长短作品重读一遍,觉得这些东西既不深刻,又无力量,作为作家,我实在辜负了这个光辉灿烂、气象万千的时代。"透过巴金1962年在上海市第二次文代会上的发言《作家的勇气和责任心》,我们依旧能感受到巴金没有完全放弃他知识分子的自觉立场,他挣扎着发出一点微弱的、并不合时宜的声音。

回到《谈〈寒夜〉》的最后,巴金发出由衷的感叹:"这两天我重读《寒夜》,好像做了一个噩梦。但是这样的噩梦已经永远、永远地消失了!"[②]在这里,巴金所谓"噩梦",与其说是《寒夜》里主人公所经历的一切,毋宁说也是新中国成立以前的那个"旧社会"。要强调的是,"旧社会"这个词的反复使用其实还暗示了一个"新社会"的指涉,控诉"旧的"也意味着歌颂"新的"。然而,彼时的巴金还没有意识到噩梦并没有结束,他很快将尝到"说真话"的真正苦头。

三

"文革"结束后,当人们还沉溺在"伤痕文学"和"暴露文学"的无尽控诉中时,巴金俨然已经以其年迈的身躯扛起了反思的大旗。《创作回忆录》这本小册子是时年76岁的巴金为自己制订的"五年计划"(包括写出两部长篇小说、一部《创作回忆录》、五本《随想录》和翻译亚·赫尔岑的《回忆录》)中的一部分,其中包含了十一篇文章。按照原计划,《创造回忆录》应该到第十篇为止,但第十篇《关于〈激流〉》写到最后,巴金觉得还有话要说,且似乎不得不说,于是就有了《关于〈寒夜〉》。毫无疑问,"反思"是巴金老年最为重要的一个关键词,在他复出后的几乎所有文字中,我们都能感受到这样一个真诚的、忏悔的、反思的主体。

《关于〈寒夜〉》一开始就是巴金的自审。以往我们普遍认为小说《家》中觉慧的原型是巴金,但巴金却认为并非如此:"觉慧同我之间最大的差异便是他大胆,而我不大胆,甚至胆小。"[③]巴金更进一步意识到自己恰恰是借觉新这个人物角色来鞭挞自己。同样的,巴金认为:"在小职员汪文宣的身上,也有

① 巴金:《〈巴金文集〉前记》,《中国当代文学研究资料·巴金专集1》,江苏人民出版社1981年版,第393页。

② 巴金:《谈〈寒夜〉》,《中国当代文学研究资料·巴金专集1》,江苏人民出版社1981年版,第535页。

③ 巴金:《关于〈寒夜〉》,《创作回忆录》,人民文学出版社1982年版,第105页。

我自己的东西。"①对于在"文革"中"唯唯诺诺接受一切"的自己,巴金推翻了以前的解释"中了催眠术",而承认"自己身上本来就有毛病"。他反省道:"在向伟大的神明低首弯腰叩头不止的时候,我不是'作揖哲学'和'无抵抗主义'的忠实信徒吗?"②接着,巴金又一次重申了自己在 20 世纪 40 年代和 20 世纪 60 年代所坚持的观点:《寒夜》是控诉不合理的制度。不过,巴金进而强调说:"我写汪文宣,写《寒夜》是替知识分子讲话,替知识分子叫屈叫苦。"③《寒夜》在 1947 年的初版后记中,巴金称汪文宣是"渺小的读书人",而 1962 年《读〈寒夜〉》中,又称汪文宣为"善良的小资产阶级知识分子"。比较而言,似乎"渺小的读书人"更符合汪文宣的实际身份定位,但巴金在这里直接将他视作知识分子群体的一分子,显然是采用了"知识分子"较为宽泛的定义。巴金之所以特别表明自己为他们"说话",为他们"叫屈叫苦",正是深感于中国现代知识分子多舛的命运。新中国成立前,他们饱受战火之苦,生活之艰,进入新中国以后,又不断卷入轮番的政治运动。到了 20 世纪 80 年代,知识分子终于有了一丝说话的空间,而巴金自己本身就是一个典型的中国现代知识分子,他的"发声"也有了现身说法的意味。

《关于〈寒夜〉》的另一重反思是过去这些年《寒夜》遭到的许多不公正的评价,这也包括作者自己的一些违心之论:"这些年我常说,《寒夜》是一本悲观、绝望的小说。"④多年来人们批评巴金同情、怜悯《寒夜》的主人公却没有给他们指出一条路,质问没有一个主人公起来为改造生活而斗争过。那时巴金觉得自己没法反驳。现在,他终于有机会为自己也为知识分子们做一些辩解:"我太小心谨慎了。为什么不能反驳呢?""有什么理由责备那些小人物不站起来'斗争'? 我国的知识分子从来就是十分善良,只要能活下去,他们就愿意工作。"⑤客观地讲,用社会意识形态去挟制作家的创作本就不合理,更何况用一套全新的社会价值取向去评价作家前一个时期的作品,但在一个思想混乱的年代,往往没有什么合理可言。有人认为巴金的一些作品在读者中起了很大的消极作用,甚至把一个初三学生遇到困难时萌生的自杀念头归咎于巴金的作品。还有直接上纲上线地批判"巴金作品中的没落、颓废、悲观、伤感……资产阶级思想感情腐蚀着青年的灵魂,阻碍青年建立革命的人生观"⑥。我们不禁要反思是怎样一种无端的谴责,逼得巴金发出如此不平之

---

①　巴金:《关于〈寒夜〉》,《创作回忆录》,人民文学出版社 1982 年版,第 105 页。
②③　同上,第 106 页。
④　同上,第 111 页。
⑤　同上,第 113 页。
⑥　李存光:《巴金研究资料》(下卷),海峡文艺出版社 1985 年版,第 271 页。

声："我给憋得太难受了,我要讲一句真话:它不是悲观的书,它是一本希望的作品,黑暗消散不正是为了迎接黎明!"

反思之余,回忆起当年,巴金的心情依旧复杂:"那个时候文艺的斗争很尖锐,又很复杂,我常常感到'拔白旗'的大棒一直在我背后高高举着,我不能说我不害怕,我有时也很小心,但是一旦动了感情健忘病又会发作,什么都不在乎了。"①因为"动了感情",巴金才有了 1962 年在上海第二次文代会上的"出格"言论。但平心而论,20 世纪五六十年代的巴金正如后来他所反思的那样,在各种文艺运动中基本上是在无意识中被推着往前走。时过境迁,晚年的巴金在大多数人选择缄口不语的时候,勇敢地跳出来"清算自己"。不妨也可以说,巴金的反思在更大程度上是为了"介入当下",是一个真诚献身于文学的老作家所渴望发出的余光余热。值得一提的是,《关于〈寒夜〉》同《创作回忆录》的其他文章一起,在巴金看来还有另一重深意:"替现代文学馆的出现喝道②"。正如文章末尾巴金真诚写道:"我写这十一篇《回忆》,并没有'扬名后世'的意思,发表它们也无非回答读者的问题,给研究我的作品或准备批判它们的人提供一点材料。"③近些年,现当代文学史料的整理与研究方兴未艾,这正与巴金等老一辈作家学者的努力不无关系。

从巴金谈《寒夜》这一小小的侧面展开的是现代以来知识分子与百年中国诡谲历史交缠的命运图景。更重要的是,它投射了巴金所坚持的、被迫放弃的,又竭力找回的知识分子的道德与良知、独立与个性、自觉与自信。20 世纪 40 年代,他能够为作品所受的攻讦据理力争;20 世纪 60 年代,他在矛盾与挣扎中自我批评、自我规训;20 世纪 80 年代,他以反思、自审重拾"真诚"。我们当然不能忽视在这一过程中时代所加给巴金的沉重枷锁,这当中有太多的不自觉与不得已。且最最遗憾的是,对于今天的年轻一代来说,我们几乎是无法与之所遭受的深切痛楚共鸣的,无怪乎有年轻读者对巴金晚年的反省嗤之以鼻,曰之为"唠叨"。但我们不能忽视在这条崎岖的精神生长之路上,大多数人跳过了反省而陷入欲望的狂欢中。为此,当知识分子日趋于边缘化、知识分子身份愈发模糊化的今天,我们仍需去寻找现代知识分子的思想之源,去汲取其中的智慧与力量。

(郭婷婷　浙江工商大学人文与传播学院硕士生　邮编 310018)

---

①　巴金:《关于〈寒夜〉》,《创作回忆录》,人民文学出版社 1982 年版,第 112 页。

②　巴金:《创作回忆录·后记》,创作回忆录,人民文学出版社 1982 年版,第 117 页。

③　巴金:《关于〈寒夜〉》,《创作回忆录》,人民文学出版社 1982 年版,第 116 页。

《黄雀记》:被吞噬的青春之歌

曾　珍

摘　要:《黄雀记》是苏童新世纪创作的长篇小说,也是他回归现实题材具有一定转型意义的代表作品。作者以三个少年和一位老者在香椿树街发生的貌似荒诞但却发人深省的故事,反观人对于逝去的历史与当下现实的选择与承担。作家着力刻画的是在信仰缺失和人情淡漠的金钱社会下三位少年疼痛的成长经历,讽刺的是物欲横流的社会对美好青春的吞噬与毁灭。因此,少年青春的荒芜与凋落,是本论文的重心所在。

关键词:《黄雀记》;苏童;现实;青春

"螳螂捕蝉,黄雀在后"是古老寓言再浅显不过的道理,它讽刺的是那些只顾眼前利益而不顾身后祸患的人。事实上,当改革开放的春风吹来物质的极度膨胀与消费的热潮,所谓德行与修养早已被许多人抛到脑后,充斥的是欲壑难填的贪婪与人心离散的自私,"人为财死,鸟为食亡"的金钱追逐戏码不断上演,试问,还有多少人能够不为所动去爱惜自己的生前身后名呢? 从文化隐喻的层面上来讲,苏童的《黄雀记》以一种"民族寓言"的方式试图对整个现代中国的人文精神进行深刻的追问。作品不着"黄雀"二字却以其命名,其中的"隐喻"不言而喻。与此同时,历史织就的大网也影响着当代人的命运,作者让保润、柳生、仙女三位少年的青春之歌终将缥缈于香椿树街的结局来完成他对民族文化和国民性等问题的严肃探讨。

一、香椿树街的"看"与"被看"

"看与被看"这样一种叙事模式之所以获得一种文化史的意义,自然是因为 20 世纪初鲁迅写下的那些小说,他将冷眼旁观的麻木与可怕浸透在"看"

与"被看"的二元对立当中，第一次使得这样一种模式获得一种文化批判的深度。在 21 世纪的今天，由"看"与"被看"暴露出的民族精神仍在苏童笔下描摹。那是一条"嘈杂拥挤人丁兴旺"的南方老街，祖父荒诞的行为与保润一家是香椿树街人人关注的焦点。可以说，当苏童有意无意地在小说中使用"看"与"被看"的视角进行叙事时，"看与被看"的模式就成为解读小说《黄雀记》情节的重要方式之一。

小说将故事背景设定在改革开放以后的新时期，原本宁静稳定的香椿树街莫名地被祖父荒诞的行为打破，长久以来精神上的惴惴不安使他从三番两次的轻生到"丢了魂"并试图找回。小说中写道"祖父丢魂的新闻轰动了香椿树街"，这就开始了小说中第一次有意识的"看"与"被看"：

"大多数香椿树街居民没什么文化，习惯性地把魂灵想象成一股烟，有人在街边为煤炉逗火，看看煤球柴火上燃起的青烟，心里会咯噔一下，烟，魂，祖父的脑袋！他们不免会把煤炉想象成祖父的脑袋，而祖父的魂魄，自然便是煤炉上袅袅飘散的青烟。也有几个知识分子，具备了一些宗教知识和文化修养，他们坚持认为魂灵是一束光，不是什么青烟，那束光是神圣的，通常只有大人物或者圣人英雄才值得拥有，祖父不配……最不懂事的是街上的孩子，他们对魂灵一说很入迷，因为缺乏常识，又想象力泛滥，往往从飞禽走兽蚊蝇昆虫或者妖魔鬼怪中寻求魂灵的替身。"[1]

在作家笔下，街道的居民各怀心思，有暗自嘲笑的，有明着看热闹的，有不体谅还故意捉弄的。人与人之间的关系在此处已经有所暗示，祖父的人格尊严俨然在众人的观看之下被消解。没有人明白祖父真正的痛苦与失落，正如没有人注意到祖父脑袋后的疤痕。那是"文革"时被红卫兵砸出的印记，是"祖父魂灵出逃的出口"，然而沉痛的历史记忆没有在新时代人们心中留下任何的停顿或节点。我们说不曾背负历史重量的成长是一种幸运，但故意将历史过滤的成长则不得不说是一种不幸，"历史应是人类的教师"，任何人唯有与过去的历史和解才能有新的自我发现。可以说，这是苏童在《黄雀记》中传达给读者认知"历史"的正确态度。

如果说祖父对过往历史的耿耿于怀象征着他那一代人对"文革"的警醒与反思，那么香椿树街居民对祖父失魂的轻慢与嘲笑无疑是下一代人价值体系与精神信仰缺失的象征，我们通过子孙辈对祖父的态度便可看出。在儿媳妇粟宝珍的眼中，祖父是与她势不两立的敌人，而这仇恨的根源竟是祖父每年一次的拍照行为，"祖父的遗照越来越多，儿孙们不仁不孝的泥潭便越来

---

[1]　苏童：《黄雀记》，作家出版社 2013 年版。

深。在粟宝珍敏感的神经中枢里,祖父迈向鸿雁照相馆的脚步会发出恶毒的回响:不放心,不放心,不放心。它在向街坊邻居阴险地暗示,儿子不好,儿媳妇不好,孙子不好,他们都不好,他们做事,我不放心"①。在这里,邻里街坊的"看"与保润一家的"被看"互为参照,造成了所谓"人言可畏"的后果。对粟宝珍来说,香椿树街居民的评价是她用来建构自我的一面镜子,她希望从中得到认同与尊重,而祖父的特立独行显然在很大程度上破坏了她的认同感。因此,当祖父疯狂挖掘树木的行为给街道卫生带来很大影响的时候,粟宝珍以此为契机痛快地将祖父送进了井亭医院,并迫不及待地清空了与祖父有关的一切。终于,当象征与旧时代最后一息关联的祖父被人们遗弃的时候,可想而知后辈们的生活不会太顺遂。母亲蛮横,父亲懦弱,从家庭教育的意义上来说,保润最终命运的悲剧性与他的父母脱不了干系。与其说香椿树街的人们用眼睛、嘴巴离间了保润一家,倒不如说是这一家人在"被看"的镜像中迷失了自我,祖孙三代一家四口欢聚一堂的美好在"他者"的"看"中慢慢溃散。作家细致地描写了这些眼光:

"保润经常会遇到饶舌的邻居,因为对他们的家事感兴趣,而对保润格外热情,迷信的老人们急于打听井亭医院是否帮祖父找回了魂,更多的邻居拉住他夸赞父亲的孝道,也顺便试探他作为孙辈对祖父的孝心。"②

"被看"固然重要,是看客出于特殊的嗜好对被看者的"凝视",其中必然夹带根据一定价值评判标准对被看者的言行做出的某种评判。而"事实胜于雄辩"作为最有力堵上看客悠悠之口的行为却在保润父亲的所谓"牺牲"当中丧失了最后一道证明。他目睹妻子粟宝珍对祖父的苛责与无情,却因无力承担祖父犯下的错误而一再压制内心想要孝顺老人的心意,任凭祖父无灾无病地与精神病人同住,任凭祖父哭闹着祈求回家的浑浊泪水一流再流。小说中对保润父亲在医院陪护祖父的行为是这样描写的——"保润的父亲做出的牺牲,平息了街坊邻居对这个家庭的非议"。"乌鸟私情"难道不应该是一种天然的流露吗?可以说,"被看"的压力再一次曲折展现了以保润一家为代表的人们的精神病态。

如果说精神病院是祖父暂时脱离长期"被看者"位置的居所,那么看守所则意味着保润成为新的重点"被看者"难以逃避的宿命点。在这里,值得注意的是,人们对于二者的"看"发生了本质的变化。因为无论祖父的行为或言语有多么荒唐,至少在道德层面上来讲是找不到瑕疵的,所以"看"这一行为对"被看者"来说不过是无关痛痒的事情,人到底是活给自己看的。而对于保润

---

① 苏童:《黄雀记》,作家出版社 2013 年版。
② 同上。

的"看"涉及道德伦理中的关键，涉及犯罪的真相，这决定了人一辈子能否堂堂正正地挺直脊梁骨去生活，而不是永久带着人性中抹不去的污点夹起尾巴做人。时代的步伐绝尘而去，也顺带置换了少年的命运，无奈遗憾出局的保润，成了那个被滞留在看守所里的少年。鲁迅曾说过："群众，——尤其是中国的，——永远是戏剧的看客。牺牲上场，如果显得慷慨，他们就看了悲壮剧；如果显得觳觫，他们就看了滑稽剧。"而对于香椿树街的居民来说，上演的剧目不重要，重要的是这场突如其来的强奸案带来了可供消遣的"故事"：

"邻居们都频繁地往马家的时装店里跑，不是对店里新来的时装感兴趣，是对保润的案情感兴趣。马师母嗔怪邻居们，平时拉你们进来也不来，这会儿都来了，没想到我这店里攒点人气，还要沾那保润的光。只不过巧媳妇难为无米之炊，粟宝珍不透露案子的进展，马师母也就无法提供什么新的线索，只是说，快了，总要水落石出的。邻居们从各自的见识出发，踊跃分析保润的前景，因为都是自说自话，所以谁也说服不了谁。后来，不知谁提了祖父，哎呀呀，疯老头现在可怎么办呢？一家人谁也顾不上他，不是又要挖魂了吗？这样，邻居们暂时抛开保润，开始议论起祖父来了。"①

在这里，香椿树街的人们联合起来形成了强大的看客群，为了满足自己看戏的心态，他们不顾保润父母的伤心，也不真的关心保润和柳生谁才是真正的主犯。保润的悲哀处境就在于他既没有学到祖父谨守道德戒律的品行，又不懂得利用新时代人情与资本的规则，所以他一怒之下的捆绑给自己带来了被陷害入狱的命运，连街坊邻居基本的信任和同情都得不到。当粟宝珍为儿子保润与柳生母亲激烈地辩护时，"大家普遍欣赏邵英兰的风度，觉得粟宝珍实在太过分了"，两位母亲犀利的目光交战也只换来人们的冷眼旁观。我们由此可以看到，看客从最初一探究竟的好奇参与变成不置一词的冷漠的旁观，这种人性的残酷通过"鉴赏"他人不幸与痛苦的过程得到最大程度的揭露。类似的表达也出现在苏童其他的作品当中，如《城北地带》中的美琪，被强暴后因无法忍受香椿树街的流言和"围观"而选择了投河自杀。"看与被看"的命题被苏童巧妙转化为中华民族性格侧面的缩写。

二、少年命运的"吃"与"被吃"

如果说鲁迅是自觉地把"看与被看"升华成"吃与被吃"，以此来揭露封建

---

① 苏童：《黄雀记》，作家出版社2013年版。

礼教对人的压迫与吞噬，那么苏童的《黄雀记》则是在无意当中完成了这种转化，小说题目中隐匿的"蝉""螳螂"和"黄雀"这三种意象的组合其实就暗指了保润、柳生和仙女（白小姐）之间的关系。苏童说："我想象《黄雀记》的结构是三段体的，如果说形状，很像一个三角形。"①既然是三角形，那么保润、柳生和白小姐组合起来的三角关系也必然有着较为稳定的特点。小说虽然将他们安排成各自成章的样子，即"保润的春天""柳生的秋天"和"白小姐的夏天"，但通读全文可知，无论多少年过去，"有个魔鬼仍然在他们三人之间牵线搭桥"，尽管他们当中曾有人努力摆脱这种关联，但都无济于事。年少冲动犯下的错误犹如保润手中的绳子，将他们三人的一生永远地绑在一起。作家有意将小说当中的"强奸案"模糊带过，而用大量篇幅布局他们三人经此以后的生活，一方面是在为自己设定的悬念寻找解决的突破口，另一方面也引导读者去思考人生是否会因一次犯错而陷入万劫不复之地，永难回头。又或者，只是苏童小说人物一贯的宿命论在作祟？让我们深入文本来看。

保润最初认识仙女是通过一组错放的照片，从此种下了他对仙女难以形容的亲近之心。所以当柳生以仙女为诱饵抛向保润的时候，"他像一条饥饿的鱼，别无选择"。可当保润试图与仙女建立友好关系的时候，他才发现，外表如天仙一般的"仙女"内心自私虚荣，她泼辣蛮横，甚至目中无人，在保润看来，"她的无礼，已经成为个性，或者习惯"。在与仙女的交往当中，保润屡屡受挫，却也对仙女偶尔的顺从与亲近格外珍惜，所以每每与仙女拌嘴以后的保润都后悔不已，他表面气急败坏，内心早已被仙女融化。可对于仙女来说，保润是"国际大傻逼"，是从井亭医院逃出来的疯子。反观柳生，他出生在香椿树街有头有脸的人家，帅气、多金，善于利用金钱收买人心，很快就让叛逆的仙女听命于他，做了这女孩的老大。可以说，在仙女心中，柳生身上不仅有她着迷的金钱信仰，还有青春期美好的情愫：

"她忽而走神，回想起这个男人十年前的样子，英俊，浮夸，轻佻，微卷的头发上抹了过多的钻石牌发蜡。他是她的舞伴。小拉。他们一起跳舞。小拉。咚，嗒，咚嗒。她记得小拉的舞步。她记得钻石牌发蜡的香味。她记得自己当初对柳生紊乱的情感，有时讨厌，有时是喜欢的。"②

所以，从情感层面上来说，柳生是处在"黄雀"的位置，他吃定了仙女，而仙女则吃定了保润，三位少年情感的追逐借助古老的寓言在此呈现出来。

随着三人关系的不断展开，仙女对保润的态度愈发恶劣，她强行霸占着保润的八十块钱，在保润与她的多次交涉中抵赖不还。终于，保润引以为傲

---

① 苏童、傅小平：《我坚信可以把整个世界搬到香椿树街上》，《黄河文学》2013年。
② 苏童：《黄雀记》，作家出版社2013年版。

的捆人技艺遭到仙女公然嘲笑的时候,他的年轻气盛终于"爆发"。他一路跟踪、偷窥仙女,偶然看到了仙女视若珍宝的兔子,于是他顺理成章地拿走了仙女的兔子,打算以此作为交换那八十块钱的筹码。而柳生打着对兔子美餐一顿的目的也参与到保润与仙女的纠葛当中,触发了小说中最大的矛盾,也造成了三位少年人生的最大转折。仙女果然寻着兔子而来,三言两语的争执在二人发现兔子消失以后引发了保润捆人的暴力,面对仙女的无理取闹,保润再也无法遏制心中的怒火,他用链子将她捆了起来,想要报复之前所受的轻视与委屈。不承想,这次情绪发泄的捆绑竟然为柳生提供了一个欲望发泄的机会,他对仙女若即若离的情感再也按捺不住,青春期单纯的爱恋在欲望强势来袭的那一刻被摧毁得支离破碎,随即这碎片幻化成的仇恨火焰变得面目可憎起来,它不分青红皂白地烧在了另一个无辜的少年身上。我们知道,柳生犯下的强奸罪最终落在了保润身上。或许是仙女对保润捆绑的变态报复,或许是金钱闪耀的光亮吞没了不值一提的真相,总之命运的错落不容置喙地安排在他们三人之间。所以,从被侮辱与被损害的层面来看,保润被仙女诬陷入狱,因而保润被仙女"吃"掉,而仙女被柳生伤害则意味着仙女被柳生"吃"掉。不再自由的青春、不再纯洁的青春,以及不再光明的青春占据了少年们最美的十年时光,他们暗哑的青春之歌只好结束在这阴暗潮湿的南方小城。

事实上,保润悲剧的造成与改革开放前物质的匮乏与经济的贫穷也有很大的关系,柳生的免予制裁便是金钱操控下的权力运转。然而,金钱的万能论能随着时代的不断发展与进步继续奏效吗?小说的结局可以替我们回答。

十年的牢狱之灾,改变了三位少年最初的模样。柳生依旧活跃在香椿树街,他的心理或因往事发生了一些变化,但生活还是顺风顺水,他瞅准了医院蔬菜供应的商机,加上圆滑的处世之道,很快就买上了小车过上了富裕的生活。仙女则改头换面去深圳做起了时代的弄潮儿。江山易改,本性却难移,除了称呼上的变化,由"仙女"变成了"白小姐",贪慕虚荣、爱惜钱财的嗜好一如从前,歌厅、酒吧、夜总会是她流连忘返的捞金之处,从公关、第三者到他人情妇的角色转换,她都游刃有余。而这一切表面的平静都维系在保润身上,他像一颗定时炸弹时时牵动着柳生与仙女。终于,这一天还是如期而至。出狱后的保润并没有不顾一切地去复仇,他重新回到香椿树街,找到柳生与仙女,在完成与仙女合跳小拉的愿望以后就表示"咱们清账了"。可以说,十年的磨难让这位少年迅速成长、成熟,也让他领会了比复仇更重要的是稳定的生活。可惜祖父的遗忘、父亲的早逝和母亲的抛弃是时刻提醒他的警钟,这十年的屈辱光阴让他家庭破碎、生活破灭,让一切物是人非,一颗复仇的种子重新在保润心中埋下,等待着生根发芽的那一天。也许是柳生结婚的幸福太过炫目,也许是仙女与柳生暧昧不明的关系再次唤醒了保润年少时的嫉妒与不甘心,总之,复仇来得太快太突然,正如作家将这复仇浇筑在酒精当中,似乎有意借助某种外界的不可控因素来驱动保润内心本能的冲动,叙述的游移与犹豫显示出来。所以,从结局好坏的层面上讲,柳生无疑是最不堪一击的"蝉",他以被保润杀死而告一段落。毋庸置疑,等待保润的将是残酷的法律惩罚。而躲过祸患依旧游走在繁华世界的仙女则可以算得上是"黄雀",至少她依然拥有掌控自己人生的权力,哪怕被误解,哪怕生下怪胎。

其实,小说写到最后,我们是能发觉的,作家虽然借用寓言的形式来结构三位主人公之间的关系,但对于"黄雀"的归属并没有直接给出答案。我们自然可以理所当然地把仙女当作最后的"黄雀",只不过这"黄雀"已苟延残喘,因为她也并非真正意义上的胜利者,柳生的死使她在香椿树街难以立足,从仙女怀着孕被追逐着喊打的场景将"吃与被吃"的戏谑发挥得淋漓尽致。

三、自我救赎的"弃"与"被弃"

从"看与被看"的麻木到"吃与被吃"的残酷,《黄雀记》笔下的人物似乎呈现的都是灰暗的底色。苏童深谙压抑的魂灵也需要有释放的窗口,正像周冲作为《雷雨》中"一抹亮色"的存在,祖父角色的设定无疑是小说氛围的调剂。实际上,祖父的作用不仅局限于此,已经有研究者观察到并且进行了相关的研究。在此,论者无意对祖父这一人物形象进行深挖,而是试图让其成为少年们成长坐标当中的一个参照,来见证他们的成长,不仅有放纵和堕落,他们还有向善向好的一面,无奈时代的洪流最终冲垮了他们向上的自我救赎之路。

首先我们通过祖父来看保润。他本是个天性善良的少年,面对母亲对祖父拍照行为的不满态度,他并不认同,于是表面听从母亲去劝阻祖父,实际上却由祖父任意妄为。可慢慢地,当母亲抓住契机迫不及待地把祖父从家里迁走的时候,保润做的仅仅就是从坑里把祖父的遗照救起来,他心里虽思念祖父,也对祖父的受难有一定的感触,但"拯救祖父太麻烦,他怕麻烦"。作为家里的一员,保润是有一定话语权的,所以我们说当保润放弃拯救祖父的时候便意味着他内心某些善意逐渐被丢弃了。面对母亲变本加厉地把祖父房间卖掉的行为,保润最终也放弃了抗衡。可以说,在保润从善良走向冷漠的过程当中,家庭教育有着不可推卸的责任。如果说放弃拯救祖父是保润道德滑坡的开始,那么在井亭医院看守祖父则是保润品性加速坏掉的一个中转。小说对此也有暗示："由于长期监视祖父,他的目光很像两只探照灯,视野开阔,光源很亮,是一束冷光。他打量任何人,都是咄咄逼人的,其眼神富含威吓的意味,老实一点,给我老实一点!"①然而保润对自己的变化却不自知,小说于是通过他人的话语向我们传达出来:"邵英兰看得心颤,忍不住以长辈的身份教训起保润来,保润,你爷爷以前多疼你,怎么能这样绑他?怎么能这样牵他?快把绳子松开,你爷爷是病人,不是犯人,不是一条狗啊。"②多么令人心痛的变化啊!毫不夸张地说,保润已经彻底丢失了原有的自己,他对祖父爱与慈悲的遗失象征着少年自我救赎道路的中断,在时代与家庭潜移默化的影响下,是保润对本真自我的无意识抛弃。

其次我们通过祖父来看柳生。细读小说我们知道,如果不是保润替柳生吃了官司,那么香椿树街的祖父与柳生这样两个平行的人生是不可能有任何交集的,柳生代替保润,暂时履行去医院照看祖父的义务。内疚也好,赎罪也罢,当柳生开始变得有所承担之时,我们分明看到了一个少年想要悔过自新的可贵,并且他早已从最初的排斥转变成对祖父真心相待,我们通过保润出狱以后的一个细节可以有所窥见。十年的杳无音信让祖父失去了对孙儿的那部分记忆,这使得保润痛苦且愤怒,他不顾老人的身体状况,疯狂地摇晃着祖父,试图唤醒这残存的亲情。按理说面对祖父忘记了亲孙子而只记得柳生这一尴尬的事实,柳生应该有所回避,可面对祖父的惨叫,他终是起了恻隐之心,甚至是站在道德与正义的一面制止了保润的行为,"他不是故意忘记你的,这叫失忆,你懂不懂?你怎么能这么对待他?"③说罢,还帮祖父更换了因惊吓而尿湿的裤子。可以说,柳生对祖父爱的回馈象征着他对少年时期丢失的道德的努力寻回,也代表了他对曾经放弃自我救赎的自己的告别。

最后我们通过祖父来看仙女。他俩为数不多的交集主要发生在保润家里,也大多是由偶然因素造成。然而吊诡之处在于,每次只要牵涉到祖父的事情,仙女的处境都很糟糕。换句话说,祖父与仙女的命运仿佛在冥冥中结下了说不清道不明的"孽缘"。最初是仙女被柳生安排在保润家里养胎,无意间遇上了从医院逃回家的祖父,于是街坊邻居集体把仙女驱逐出门,面对香椿树街居民的无情,仙女甚至萌发了轻生的想法,她脑海里浮现出自己遗书的内容:"我恨死了这个世界,我恨死了这个世界上的人。"其次是仙女意外发现了祖父多年来寻找的手电筒,无知的她只想着把它扔掉,没想到可怕的梦魇便日夜缠绕着她,仙女知道自己触怒了保润一家祖先的魂灵,在找寻手电筒失败的情况下只好尽力寻找与鬼魂和平共处的方法。最后便是小说的结

---

① ② ③ 苏童:《黄雀记》,作家出版社 2013 年版。

局,祖父抱着仙女生下的红脸婴儿独自坐在水塔门口,仙女则永远地消失在香椿树街。在此,祖父的坚守与仙女的抛弃形成了强烈的反差,这种对自我、对他人的不负责任也折射出新旧时代重叠下的暗影,仙女无疑是那个活在灰色地带里自私的魂灵。她对自我救赎的认知,是从来就没有过的,她有的只是对异想天开的幸福的追逐,而那幸福是搭建在纸醉金迷的物质当中的,这注定了她必然失败的结局。可以说,在自我救赎的道路上,唯有仙女是从头到尾的失败者,这不仅来自外界对她的抛弃,也源于她自己对自我的放弃,由内而外,由小到大,从来如此。

其实,除了三位主人公的人生镜像,香椿树街上的人们哪个不是在祖父的注视下生活的呢?苏童有意安排祖父的长寿便是最好的说明,与此同时,祖父以坚忍不拔的生命力、坚守道德的意志力长久审视香椿树街也寄托了作家对现代人精神救赎的一点希望。

四、结语

从"鲁镇"到"香椿树街",延续的不仅是乡土中国最惯常的民间叙事,还有对现代人生存方式与精神信仰的严肃探讨。虽然时代和"黄雀"的隐喻是这篇小说叙述的最大特点,但我依然愿意扒开历史的外衣去真正关注生存在南方小镇上的平凡少年,因为文学说到底是表现人的,"文学是人学"是我们理解一切文学问题的总开关。如果我们的青春也曾冲动过、迷惘过甚至迷失过,那么《黄雀记》便是献给我们青春最后的祭奠,三位少年教会我们惜取少年时,也教会我们不要穷途末路、积重难返。同时,在拜金主义盛行的新时代,金钱的多寡不仅能够衍生出新的权力法则,还能让人忘乎所以、是非不分,正如小说中粟宝珍最后一声凄厉的嘶喊"谁说了都不算,人民币说了算,后门说了算"。那么,家庭和社会就应当承担起教育教化的责任与义务。首先值得被重视的应是父慈子孝、夫妻和睦的良好家风的建构,这是小说中三位少年共同缺失的东西。所以,对于少年心理健康的关注,我们研究者和广大读者都应该具有足够清醒的理性认识,莫让青春的旋律还未唱响就偃旗息鼓!

(曾　珍　浙江工商大学人文与传播学院硕士生　邮编310018)

王国维论"性"

乔万春

摘 要：人性问题是古今以来人们最津津乐道的问题,同时也是争议最多的问题。古人对于这个问题先后提出性善、性恶、性无善无不善、性可以为善可以为恶等主张。古人论性,往往从天开始,认为天是性的来源,而在具体论述上又多从经验上推论,这在很多时候就不得不趋于矛盾。到了王国维,他以西式哲学重新解析"性",认为先天的性是不可认识的,只有呈现在经验之中的"性"可以认识,而善恶的对立正是经验中的事实,无须过多讨论。

关键词：王国维；康德性；善恶

一

在所有关于人的问题中,"性"无疑是最受热议的话题。在很早的时期,中国的先民就对此进行过论述。《说文解字》说:"性,人之阳也,性者善也,从心,生声。"《中庸》记载:"天命之谓性,率性之谓道,修道之谓教。"认为"性"乃是上天所安排的,非后天修炼而成的。《礼记·乐记》说:"人生而静,天之性也;感于物而动,性之欲也。"人从上天得来的"性"是很纯净的,只是受到物质的束缚不断膨胀,失去其纯洁美好的状态。孔子说:"性相近也,习相远也。"(《论语·阳货》)强调"性"作为人的先天禀赋并没有什么差异,而后天习养则差别很大。郭店简《性自命出》记载:"喜怒哀悲之气,性也。及其见于外,则物取之也。性自命出,命自天降。"①将性与天命连接起来。告子以生论性,曰:"生之谓性,性无善无不善。"(《孟子·告子上》)又曰:"性犹湍水,决诸东

---

① 李零:《郭店楚简校读记》,人民出版社 2007 年版,136 页。

方则东流,决诸西方则西流。人性之无分于善不善也,犹水之无分于东西也。"(《孟子·告子上》),告子将"性"看作人的自然属性,是生物生来就具有的本能,本身没有善恶可言,在经由后天不同的引导后才趋向善或趋向于恶,从而具有道德意义上的社会属性。孟子以牛山之木喻性,曰:"牛山之木尝美矣,以其郊于大国也,斧斤伐之,可以为美乎?是其日夜之所息,雨露之所润,非无萌蘖之生焉,牛羊又从而牧之,是以若彼濯濯也。人见其濯濯也,以为未尝有材焉,此岂山之性也哉?虽存乎人者,岂无仁义之心哉?其所以放其良心者,亦犹斧斤之于木也,旦旦而伐之,可以为美乎?"(《孟子·告子上》)又曰:"恻隐之心,仁之端也;羞恶之心,义之端也;辞让之心,礼之端也;是非之心,智之端也。人之有是四端也,犹其有四体也。"(《孟子·公孙丑上》)孟子以人心中善的一面去论"性",推出人性本善的结论。并且认为人之所以从恶,乃是因为人受到欲望的蛊惑,丧失去其本心,而"学问之道无他,求其放心而已矣"。(《孟子·告子上》)荀子认为人性本恶,他说:"人之性恶,其善者伪也。今人之性,生而有好利焉,顺是,故争夺生而辞让亡焉;生而有疾恶焉,顺是,故残贼生而忠信亡焉;生而有耳目之欲,有好声色焉,顺是,故淫乱生而礼义文理亡焉。然则从人之性,顺人之情,必出于争夺,合于犯分乱理,而归于暴。故必将有师法之化,礼义之道,然后出于辞让,合于文理,而归于治。用此观之,然则人之性恶明矣,其善者伪也。"(《荀子·性恶》)又曰:"凡性者,天之就也,不可学,不可事。礼义者,圣人之所生也,人之所学而能,所事而成者也。不可学,不可事,而在人者,谓之性;可学而能,可事而成之在人者,谓之伪。是性伪之分也。"(《荀子·性恶》)荀子明确区分了"性"与"伪","性"自天出,其本恶,不能通过后天修炼向好,而只有通过人为设立礼义法度进行约束,这些后天的规范是可以"学而能"的,因为它是人为而就,所以荀子称其"伪"。董仲舒多次谈到人性,以下言论皆是其对于人性的论述:"天地之所生,谓之性情,情亦性也。"(《春秋繁露·深察名号》)"天之所为,有所至而止。止之内,谓之天性。"(《春秋繁露·深察名号》)"圣人之性不可以名性,斗筲之性又不可以名性,名性者,中民之性。"(《春秋繁露·实性》)董仲舒的性论包含两层含义,一是上天给予人的"性",它是抽象的、普遍的、一切人都共有的,二是现实社会层面意义上的"性",它是具体的、个人的、有差别的,董仲舒将其分为"圣人之性""中民之性""斗筲之性"三种。朱熹以"理"论"性",其曰:"性者,人之所得于天之理也。"①又曰:"命,犹令也,性,即理也。天以阴阳五行化生万物,气以成形,而理亦赋焉,犹命令也。于是人物之生,因各得其所

---

① 朱熹:《四书章句集注》,中华书局1983年版,第17页。

赋之理,以为健顺五常之德,所谓性也。"①他认为"性"乃理之体现,是形而上者,人性道德与宇宙大道之间具有一致性关系,而既然"理"是"善"的,那么从"理"而出的"性"也必然是善的。王夫之说:"太虚者,阴阳之藏,健顺之德存焉;气化者,一阴一阳,动静之几,品汇之节具焉。秉太虚和气健顺相涵之实,而合五行之秀以成乎人之秉夷,此人之所以有性也。原于天而顺乎道,凝于形气,而五常百行之理无不可知,无不可能,于此言之则谓之性。"②又说:"形日以养,气日以滋,理日以成,方生而受之,一日生而一日受之。受之者有所自授,岂非天哉?故天日命于人,而人日受命于天,故曰性者生也,日生而日成之也。"③他以"气"论性,认为"性"源于天,顺乎道,凝于形气。天以实有之"气"授予人便是"性","性"乃是"气"附于形体之结果。同时,又因为"气"作为万物之内在依据,又是变化不居、流动不息的,每一刻都在产生着不同的变化,那么,以"气"为根据的"性"就也不是固定的,它随着"气"的运转而发生着不同的变化,这也就是他说的:"夫性者,人之生理也,日生则日成者也。"④

纵观中国人性论思想史,我们看到中国历代的思想家在论"性"时,基本上都绕不开"天命"这个根据:一方面,"天"作为万事万物的主宰,拥有着无限的力量,人在其面前是无能为力的,只能处于被动的消极的地位;另一方面,"天"作为绝对力量的拥有者并不是与人处在对立面的,"天"乃是人之所以成人之根据,人乃是天的子民,人与天之间有一种内在的亲密性关系,这种亲密性的关系既略带有宗教意义上的归属性意味,又略带有建立在血缘基础上的父子关系的意味。所以,作为人本质体现的"性"自然是不能和"天"脱离关系的。人们对"天"的认识直接决定着人们怎么看"性"。这种特征在先秦儒家学说中表现得尤其明显。徐复观先生在《中国人性论史》中总结道:"先秦儒家思想,是由古代的原始宗教,逐步脱化、落实,而成为以人的道德理性为中心,所发展、建立起来的。从神意性质的天命,脱化而为春秋时代的道德法则性质的天命;从外在的道德法则性质的天命,落实而为孔子的内在于生命之中,成为人生命本质的性;从作为生命本质的性,落实而为孟子的在人生命之内,为人的生命做主,并由每一个人当下可以把握得到的性。"⑤经过历代哲人的不同论述,构建出了"天—命—性"严谨的论"性"体系。

---

① 朱熹:《四书章句集注》,中华书局 1983 年版,第 17 页。
② 王夫之:《张子正蒙注》,上海古籍出版社 2000 年版,第 94 页。
③ 王夫之:《尚书引义》,中华书局 1976 年版,第 63—64 页。
④ 同上,第 63 页。
⑤ 徐复观:《中国人性论史·先秦篇》,九州出版社 2015 年版,第 238 页。

二

在《论性》一文中,王国维在对"性"这个历来争论不休的问题做了一番简单的论述,使用了大量的篇幅来评析古人的观点。他说:"我国之言性者古矣。"①关于性的论述可以追溯到尧舜时期,尧之命舜曰:"人心惟危,道心惟微。"仲虺之诰汤有言:"唯天生民,有欲无主乃乱,唯天生聪明时乂。"《汤诰》说:"惟皇上帝,降衷于下民。若有恒性,克绥厥猷唯后。"王国维认为这两种说法自相矛盾,其理由如下:"然人性苟恶而不可以为善,虽聪明之君主,亦无以乂之。而聪明之君主亦天之所生也。又苟有善之恒性,则岂待君主之绥乂之乎?"②谈及孔子之人性论时,他认为孔子是"始唱超绝的一元论"③者,因为孔子论性皆从经验上推论,而不涉及超验之内容,所以其论述没有矛盾。至于其后告子论性曰"性犹湍水"不过是孔子之说的变种。王国维洞察到孟子言性之说的漏洞,认为:孟子一方面以心善言性善,认为人本性善良,此乃上天赋予人的,生来就是如此;另一方面又将影响善性发挥的感官欲望也看作人生而即有的,是性的一部分,这就不能不趋于矛盾。显然,王国维洞察到了孟子论性中出现的这种前后不一致。所以他称孟子之性论为二元论。王国维还看到荀子性论的弊病,荀子从天生的官能欲望的流弊方面论性,认为天生的人体感官趋于欲望之享受,如果不加以节制而任其发展,结果只能是趋于恶的,由此他论断人性本恶。并认为后天的礼仪法度皆是人为而成,非自然天成,其为"伪"。这些礼仪法度乃是圣人所订制而成,其目的在于约束人性之恶,让社会保持良好的运转。江恒源先生认为,荀子的这种观点和其注重人治的观念是分不开的,"荀子的根本观念是注重人治,看轻天然"④。而这个"人治"中的所说的人,便是圣人。王国维认为,荀子性论中一个矛盾在于对于"圣人"与"常人"的区别,他说:"且夫圣人独非人也欤哉!常人待圣人出,礼义兴而后出于治,合于善,则夫最初之圣人,即制作礼义者,又安所待欤?"⑤若人生而只能受到欲望的挟制,而无半点自由之意志,那么圣人便不可能产生,这里便足见荀子性论之矛盾。王国维还洞察到荀子之说的另一个矛

① 金雅:《中国现代美学名家文丛·王国维卷》,中国文联出版社 2017 年版,第 22 页。
② 同上,第 23 页。
③ 同上。
④ 江恒源:《中国先哲人性论》,山西人民出版社 2014 年版,第 55 页。
⑤ 金雅:《中国现代美学名家文丛·王国维卷》,中国文联出版社 2017 年版,第 24 页。

盾,荀子认为人性本恶,但是这种恶必须得到规制,不能任由其发展,而规制本性使人趋善避恶的过程就是"化性而起伪"。这种过程就是人不断通过自身的努力去外求的过程。因其乃人为而成所以是"反于性而悖于情"的。然而另一方面,荀子"又以三年之丧称情而立文"①,他说:"凡生乎天地之间者,有血气之属必有知,有知之属莫不爱其类……故有血气之属,莫知于人,故人之欲于亲也,至死无穷。"(《荀子·礼论》)又说:"说豫娩泽,忧患萃恶,是吉凶忧愉之情之发于颜色者也。"(《荀子·礼论》)既然"爱其类"是"生乎天地之间者"生来共有的属性,不是通过后天的教化习养而成,其与性没有什么必然之矛盾,故其"非反于性而悖于情"。显然,荀子的这种说法是与前述矛盾的。所以,王国维评价道:"于是荀子性恶之一元论,由自己破灭之。"②

王国维不仅评论古人之人性论,自己也运用西方哲学思想对"性"进行解析。他早期对于哲学抱有强烈的兴趣,尤其是对于康德、叔本华、席勒等人的哲学思想非常痴迷,在论"性"时候,他主要也是借鉴康德的哲学思想。康德的哲学又被称为"先验哲学",主要探讨的是人的认识能力问题,即人的先天认识能力应用于经验对象之上以获得知识是如何可能的。康德说:"我所理解的纯粹理性批判,不是对某些书或体系的批判,是就一切可以独立于任何经验而追求的知识来说的,因而是对一般形而上学的可能性和不可能性进行裁决,对它的根源、范围和界限加以规定,但这一切都出自原则。"③康德的意思是我们首先必须对知识赖以产生的纯粹理性本身进行批判,确定有哪些先天要素参与了知识的建构,以及这些要素的来源、功能、适用范围,才能确定知识的限度。在康德的哲学体系中,有两组概念最为重要,一是"先天知识"和"经验性知识",康德认为:"尽管我们的一切知识都是以经验开始的,它们却并不因此就都是从经验中发源的。因为很可能,甚至我们的经验知识也是由我们通过印象所接受的东西和我们固有的知识能力(感官印象只是诱因)从自己本身中拿来的东西的一个复合物。"④他将这种独立于经验、甚至独立于一切感官印象的知识称为先天知识,从而与那些具有后天的来源、即在经验中有其来源的经验性知识区别开。二是"物自体"和"现象",康德指出:我承认在我们之外有物体存在,也就是说,有这样的一些物存在,这些物本身可能是什么样子我们固然完全不知道,但是由于它们的影响作用于我们的感性而得到的表象使我们知道它们,我们把这些东西称之为"物体",这个名称所

① 金雅:《中国现代美学名家文丛·王国维卷》,中国文联出版社 2017 年版,第 24 页。
② 同上。
③ 康德:《纯粹理性批判》,人民出版社 2004 年版,第 3—4 页。
④ 同上,第 4 页。

指的虽然仅仅是我们所不知道的东西的现象,然而无论如何,它意味着实在的对象的存在。"①所谓"物自体"就是康德所说"物本身",它超脱于时间、空间之外,不可以被认识,而只能通过纯粹知性被"思维"着。而所谓现象,即这些"物本身"作用于我们的感性而得到的表象,只有它是知识的对象。

王国维从这两对概念出发,认为:"性之为物,超乎吾人之知识外也。"②其理由是:"今试问性之威武,果得从先天中或后天中知之乎?先天中所知者,知识之形式,而不及知识之材质,而性固以知识之材质也,若谓于后天中知之,则所知者又非性。何则?吾人经验上所知之性,其受遗传与外部之影响者不少,则其非性之本来面目,固已久矣。"我们知道,先天的知识是就人的感性及知性的能力而言的,其主要包括时间空间纯直观形式,以及范畴等部分。就这部分而言,"性"确实不属于先天之知识范围。所以,言"性"只能从经验上推论,而经验上所知之性受到外部因素的影响,已非性之本来面目。从王国维的话我们可以推论出,他所说的不可知之"性"乃是作为"物自体"之性,作为"物自体"的性乃是经验中所知之"性"的来源,但是它又不同于经验中之"性",经验中之"性"已被纳入人类感官之中,受到人的认识能力的"加工",其只能是"性"之本身与经验的复合物。虽然"性"之本身不可以认识,但是经验中之"性"是可以认识的,而且经验中所呈现的"性"必定是善恶二元的。王国维说:"善恶之对立,吾人经验上之事实也,反对之事实,而非相对之事实。"③就经验而言"性",有性善论、性恶论以及性无善无不善论,因其皆从经验上推论之,所以不至于矛盾。那么,为何古人论性之说往往有矛盾呢?王国维说:"超乎经验之外,吾人固有言论之自由,然至欲说明经验上之事实时,则又不得不自圆其说,而反复于二元论。故古今言性着之自相矛盾,必然之理也。"④

三

总的来说,王国维对于性的论述完全是借鉴康德认识论哲学,康德认为知识所能到达的边界在于经验中的"现象",超验"物自体"本身是不可知的。依附于此,王国维认为作为"物自体"的性是超乎我们经验之外的,我们不能

---

① 康德:《未来形而上学导论》,商务印书馆 1976 年版,第 50 页。
② 金雅:《中国现代美学名家文丛 • 王国维卷》,中国文联出版社 2017 年版,第 21 页。
③ 同上,第 22 页。
④ 同上。

对其有所认知,只有呈现在经验之中,受到外部因素影响的"性"才是认知的对象。这与中国先人对于"性"的讨论是完全不同的。在中国先人那里,"天—命—性"这三者具有内在的统一性,"天"是万事万物的最高主宰者与支配者,是至高无上的权威,"命"是能支配、改变人生、决定人旦夕祸福的神秘力量。这种神秘的力量只能来源于至高无上的天。人作为天命的接受者,只能服从这种先在的力量,不可违背。人作为天之子,其"性"必然来源于天,所谓"天命即谓性"就是这种体现。反过来,对"性"的体悟则可以通达天命。孟子曰:"尽其心者知其性也,知其性则知天矣。"(《孟子·尽心上》)说的就是这个意思。中国古人这种论性的视角带来的结果就是,"性"作为上天赋予人的一部分是不可改变的,它不能因为后天的行为发生改变。因为"性"即是"大命"在人身上的体现,既然天命是不可违抗的,"性"也是无法违抗的。同时,以"天命"为根据论性最后只能流于猜测和空想,"天命"作为超验的概念,其只不过是人对无法认识的东西的一种超验解释,正如牟宗三先生所说,命"不是一个经验概念,亦不是知识中的概念,而是实践上的一个虚概念"①。

王国维以新的视角诠释"性"突破了中国传统以"天命"论"性"观点,从"现象界"的角度观之,"性"乃是必然的而非自由的,王国维说:"在现象之世界中,一切事物,必有它事物以为其原因,而此原因复有它原因以为之原因,如此递延以至于无穷,无往而不发见因果之关系。故吾人之经验的品性中,在为因果律所决定,故必然而非自由也。"②从"物自体"的角度观之,"性"可谓是自由的,"然现象之世界外,尚有本体之世界。故吾人经验的品性外,亦尚有睿智的品性,而空间时间及因果律,只能应用于现象之世界,本体之世界则立于此等知识之形式外。故吾人之睿智的品性,自由的非必然的也。"③这种论性的角度使我们认识到"性"既是必然的又是自由的,从必然角度言之,"性"是呈现在经验中可以认识的对象,并不存在先天确定的"性",人之"性"乃是由后天经验所决定的。从自由角度言之,并不存在固定不变的"性",人性是自由的,不必受制于天。

王国维多次强调异质文明的交流是促进学术研究的一个重要动力,而王国维所处的时代正是一个中西文明交流频繁的时代。在这个过程中,王国维一方面借鉴思想文化,同时汲取中国古代文化的营养,创造出了以西式观点、方法阐释中国旧思想资料的独具特色的研究方法。他的《论性》一文就是这

---

① 牟宗三:《圆善论》,吉林出版集团有限责任公司 2010 年版,第 104 页。
② 金雅:《中国现代美学名家文丛·王国维卷》,中国文联出版社 2017 年版,第 21 页。
③ 同上,第 45 页。

种研究方法的具体实践。他以这种独特的方法论性，使得其对于"性"的解说完全不同于中国历史上任何一位哲人的性论，让我们对于"性"这个问题有了新的认识。

（乔万春　浙江工商大学人文与传播学院硕士生　邮编 310018）

众生相中坚守 天地人间独行

——试析宗璞《野葫芦引》中的孟樾教授

应丹楠

摘 要：《野葫芦引》以抗日战争为背景，集中表现教授群体以及家人的生活状态与精神面貌。作者宗璞凭借着深厚的文学修养，创作了一部可歌可泣的以知识分子为题材的长篇小说。本文关注小说中主要人物之一"孟樾教授"，通过对其出走与坚守两方面的研读，尝试着对此人物形象进行深入分析。

关键词：宗璞；《野葫芦引》；知识分子

一、引言：烽火中的教授

二十世纪三十年代，烽火连迷，满地血泪，千年古国几毁于日军炮轰。国家破，山河也为之遭殃；京城春，草木却难复新生。百年耻辱，最难释怀是东瀛倭寇，烧杀抢掠，意在断绝华夏文明。是时，中华民国新立二十余年，民主革命历历在目，传统教育尚未绝断。有一批留洋书生，他们少读传统儒书，后入西式学堂，归国后在各个领域崭露头角，遂成大师群体。抗战一触即发，以卢沟桥炮声为反抗的号角，他们背井离乡出生入死，义无反顾地抛下教授生活辗转流亡内地，只为传承中华文化，培养中华人才。宗璞在长篇系列小说《野葫芦引》[①]中，借用史笔，以小说写历史，塑造了以孟教授为代表的教授群体。他们南渡东藏，西征北归，保证了中华文化的弦诵不绝。

---

① 宗璞：《野葫芦引》，人民文学出版社 2004 年版。

二、独行天地:孟弗之的独立精神

严肃文学在经历了政治的摆弄与市场的冲击之后,曾一度沉寂下去。曾在严肃文学中占有重要地位的知识分子,无论是作为作者还是作为主人公,他们都显露出退缩、转型甚至"缴械"的趋势。知识分子,尤其是现在被称为"高知"与"公知"的教授群体,仿佛失去了他们的立命之处,也失去了他们的使命感。然而文坛也依然记得张炜曾说过:"知识分子心灵的性质决定了他必须站在精神的前沿,必须得有所判断和分析。"[①]知识分子,或是余英时说的"知识人"应当有自身的独立性,在众生中显得突兀,在天地中茕茕独立。毫无疑问,《野葫芦引》刻画的教授大部分都是如此。而孟弗之作为小说主人公,他不是一个典型人物,却融合了各人的独立精神。

《南渡记》[②]伊始,借明仑大学历史系教授孟樾与物理系同事庄卣辰的对话谈论国事。两位从庐山谈话归来,对一触即发的战争忧心忡忡,孟樾愤愤不平地说道:"政府现在的对策仍是能忍则忍。"他并非好战之徒,只是恪守中庸,甚至有些安分守己的读书人。"他素来是个谨慎的人,常常把做过的事回想一遍。"或许是研究历史的缘故,他总给人一种不苟言笑,默默观察的印象,似是要在历史的隧道里凭着他一双眼,洞悉一切。但这次会议上,孟弗之不合时宜地流露出支持抗战的想法。

在小说所描述的世界里,时局尚不明了,沉重的气氛下人人苟且偷生,支持抗战意味着要抛弃安逸的生活而投入未知的流亡之中。离开还是留下,困扰着当时京城里养尊处优的教授们。除了孟樾一家,还有庄卣辰、钱明经与凌京尧等人物,代表了不同的选择。庄卣辰与孟弗之相似,不问政事,前者钻研物理,后者醉心历史。卢沟桥事变之后,庄卣辰曾说"今天最大的事是卢沟桥的炮声,这是中国人的骄傲。只要我们打,就能打赢,怕的是不打"。屈辱的炮声惊醒了书斋中的教授,他们从书桌前站起来了。钱明经则不同,正如他名字之中的"钱"与"明",他惯于权衡再三,精打细算,他说"打有打的道理,不打有不打的道理。国家现在的状况经得起打吗?一百年来,也打了几次,结果都是更大的灾难"。国家大难当头,内忧外患,未来何去何从?钱明经的思考不无道理。历史上,三校并迁之时,陈寅恪曾作诗"南渡自应思往事,北归端恐待来生"。这种被迫南渡的留恋与无奈,害怕不得北归的担忧与绝恨,

① 张志忠:《1993 世纪末的喧哗》,人民文学出版社 2015 年版,第 246 页。
② 宗璞:《南渡记·野葫芦引》,人民文学出版社 2004 年版。

是当时许多离开者的心声。走,是肯定要走的。但走了以后,还能回来吗?离开后的北平会是怎样的情形呢?漆窗白绸的生活,粉墨登场的梨园,凌京尧终究难以割舍京戏,也难以割舍北平。"文化汉奸",起先只看到漂浮在现世之上的文化,等敌人寻上门来才知道"汉奸"二字的分量。孟弗之不是没有劝过凌京尧,但他却自固于暖室之中,宁可嘲弄自己"懦弱、颓唐、贪图安逸"。

孟弗之支持抗战,更支持为抗战而迁校。他说,"我辈书生,为先觉者"。东北沦陷以后,远在北平的孟樾就有国破家亡之感。泱泱大国任人宰割,黍离之悲恸倒书生。先秦以来读书人都以天下为己任,这是士精神的传承。"在一般社会心理中,'士'是读书明理的人。"①书生应比一般民众有更为深远的见识,有更为深刻的思考,是能够为社会其他人所效仿学习的对象。熟读二十四史,通晓孔孟之道,着手写《中国史探》的孟弗之对于国家兴亡实在是太敏感了。他明白唯有离开即将沦陷的北平,把明仑大学迁往战后区,才能将中华文化传承下去。日寇进城,走与不走都是煎熬。留在城内的如他的岳父吕清非老先生曾说,"路远迢迢,不知哪里更近些",老人最终自绝于书房,以死明志。其实这也是另一种形式的"出走",作为华夏儿女面对绝境选择自尊。

孟樾决定出走北平,除了维系文化,更是因为他明白个体的存在价值。宋明以后讲究"治人"必先"修己"。余英时曾指出宋理学开始,"'修身'比'治人'更为重要。'修己'不能狭隘地解释为道德修养或'如何成为圣人',而是'修己'有所得的人在精神上有更丰富的资源,可以从事各种创造性的工作,也可以应付人在旅途上种种内在和外在的危机"。②尽管这种"修己"的传统由来已久,但只有经过了西方文化审视之后才能觉出其中的"个体意识"。孟樾一代的读书人,大多受西方文化的影响颇深。追求民主追求科学,崇尚民族气节的同时,他们也期待个体价值实现。吕清非老人与孟弗之曾就卫葑前往延安一事有过讨论,老人对于他对政治的关注颇为赞赏,"总得有人把精力花在政治上,不然国家民族的命运谁来掌握?"这是老人"以天下为己任"。但孟弗之的评论则较为委婉,"他以前念书很专心,是卣辰的得意弟子。这一年课外活动多,学习似乎退步了。他能力很强,爱国心热,只是以后学问上要受影响"。这则是"治人"必先"修己"的道理。抗战期间,明仑大学很多学生报名去前线,孟樾站出来要让大家以学业为重。萨义德在其《知识分子论》中表示"知识分子的活动的目的是增进人类的自由和知识"。③孟弗之首先重视知

---

① 余英时:《中国文化与现代变迁》,三民书局出版社 2015 年版,第 34 页。
② 余英时:《中国思想传统及其现代变迁》,广西师范大学出版社 2004 年版,第 32 页。
③ 萨义德:《知识分子论》,单德兴,译,生活·读书·新知三联书店 2016 年版,第 36 页。

识的教授与学习,认为"学校是传授知识发扬学术的地方",其实便是对这一"知识分子的活动的目的"的认可,追求知识分子与众不同的个体价值。

然而,理解孟弗之不应直接从萨义德的"知识分子论"开始,两者在社会地位上截然不同。"'士'在传统社会上是有定位的;现代知识分子则如社会家所云,是'自由浮动'的(free-floating)"。① 孟弗之所处的年代,虽然真正的"士"已经随着科举制度消失了,但由于他作为教授与文学院长(行政官员)的双重身份,是一位具有社会地位的知识分子,因而他并非完全意义上的边缘人物与流亡者。在明仑大学这座"民主堡垒"之中,教授有着极大的权力,即"教授治校"。其一是保证教授的学术自由、择业自由,即所谓"教授治学";其二尤为可贵,大学教授拥有发表言论、自主管理学校的自由。《东藏记》开篇对此有描述,"根据明仑教授治校的传统,教授会议选出评议会,是学校的权力机构,校长和教务、训导、秘书三长是当然成员,另有从教授中推选的评议委员一同组成"。这一制度,其实是照搬了西南联大的制度,有记载可寻。因有这样的制度条件,孟樾才能被选入评议会担任教务长一职。其余教授也深受社会尊敬,连政府官员都要以礼相待。孟樾不是贪恋权势之徒,他在接任后表示"世事往往如此——我们只是竭尽绵薄而已"。因而教授会议不是权力制度,而是一种精神。小说曾叙一事,因飞机运狗而臭名昭著的王某人曾向明仑大学捐款,然而多数师生表示不接受,教授会议后"校方最后决定委婉陈词,说学校不接受个人馈赠。明仑大学的这种做法,一时传为奇谈"。可见,教授会议传递出了一种人格独立的精神——不屈于威武,不移于贫贱。西方知识分子也重视独立,提倡反抗权威,但其着眼于"独立"的存在状态而非内心渴求。孟樾则不同,他既拒绝接受代表权势的土司家的送礼,也拒绝了姻亲严亮祖的馈赠,这源于他内心中对于"独立"的执着,对于"浩然之气"的秉承。

萨义德说"知识分子总是处于孤寂与结盟之间",由此他提出了"知识分子的流亡"概念,他们是作为放逐者和边缘人的角色处于社群之中的。这有两层含义,一是真实的流亡状态:"流亡者存在于一种中间状态,既非完全与新环境合一,也未完全与旧环境分离,而是处于若即若离的困境,一方面怀乡而感伤,一方面又是巧妙的模仿者或秘密的流浪人。精于生存之道成为必要的措施,但其危险却在过于安逸,因而要一直防范过于安逸这种威胁。"② 孟樾等人由北平至昆明,是地域上的流亡逃难者,因而他们的生活不免受到异乡的影响。他们住过猪圈上的阁楼,也曾寄人篱下,甚至在一次轰炸中他们的

---

① 余英时:《中国文化与现代变迁》,三民书局出版社 2015 年版,第 34 页。
② 萨义德:《知识分子论》,单德兴,译,生活·读书·新知三联书店 2016 年版,第 61 页。

房屋被夷为平地。但对于孟樾来说，"此心安处是吾乡"，梅花林是他心安之处。空袭警报时他不往城郊避难，却径自走向梅花林。梅是有寓意的，傲寒而绽，暗香浮动，经久不散。文中曾以孟弗之妻子之口作述"腊梅林是炸不倒的，我对腊梅林充满了敬意，也对我们自己满怀敬意"。不同于萨义德所说的流亡者，孟樾并没有因流离失所而产生隔阂感。在昆明他融入普通民众的生活和更为传统与质朴的中华文化之中，这与北平的历史是一脉相承的。他们离开故土虽是被迫的，但出于对家乡的热爱，绝无怨恨与疏离。在《北归记》中，一行教授挤在货运飞机上，和孩童一起俯视北平，寻找他们熟悉的街道。那种欣喜，那种期盼，都不是流亡的西方知识分子所能体会到的。第二层"流亡"则有隐喻的意思，在这一点上孟樾则是符合的。"流亡意味着将永远成为边缘人，而身为知识分子的所作所为必须是自创的，因而不能跟随别人规定的路线。"其实这便是前文所多次提及的"独立"，孟樾做事，沉稳之中偶有惊人之举。这并非其人格的矛盾性，而恰恰体现了他为人处事的统一性——做事说话都只出于自己的真心。独立思考是西方教育的重点，其实在士传统中也有体现。我们知道先秦以后，士文化不仅是儒家正统，也受到了释道二家的影响。庄子曾说过："彼是莫得其偶，谓之道枢。枢始得其环中，以应无穷。"所谓"得其环中"不就是要避开是是非非的干扰，而处在了无成心的立场去思考问题吗？ 自然庄子描述的是一个不可能达到的境地，但孟樾能够淡然处世，逃亡而心安，心安而独立，也的确得益于此。

三、君子不忍：孟弗之的家国情怀

在希腊圣城德尔斐神殿上，刻着一句著名的箴言："认识你自己。"西方近代主流文化中的个体论，滥觞于古希腊智者对于人的关注。而在古老的中国，对人的关注则融进了集体文化之中，传统偏于群体论。五四以后高举个人主义的旗帜，但这种个体意识是建立在集体观念的基础上的，由家国情怀作为支撑。严复将自由翻译为"群己权界"，而中国便是在"群体和个体的界限上"这一维度上思考自由。对孟樾来说，在坚守自我的同时，也关注着国家民族的命运。小说中的孟教授以冯友兰先生为原型，冯老最爱张载的横渠四句"为天地立心，为生民立命，为往圣继绝学，为万世开太平"。这"四为"是传统儒生的理想，也是孟弗之的家国情怀所在。刘心武曾推测"孟樾的'樾'，是树荫的意思，书中的孟嵋一直在这棵大树的荫盖下，休戚与共，甘苦同肠"。孟樾字弗之，谐音"孟夫子"，可见作者对这一人物赋予的意义，这是儒家"亚圣"

传人。从孟樾的名字来看,他是小说的中心人物,支撑保护着其余角色,也支撑保护着整个民族文化。

作为文学院院长,孟弗之忠于职守,爱才惜才。譬如明仑教授白礼文,好吸鸦片,喜食云南火腿,在教学上极不负责,却甚有学问,是一个狂妄的怪才。孟弗之虽爱其才华,但为学校考虑最终仍支持将其解聘。尤甲仁是一位留洋归来的语言专家,一直与孟弗之有书信往来。这位少年老成的学者心高气傲,聘任一年却不到职,到校以后与同事关系不佳,仍由弗之出面解决问题。从中可见,孟樾负有替学院网罗人才的职责。与此同时,他从未懈怠教学工作与学术研究,在抗战中仍然坚持写书,甚至将书稿视为家庭的一部分。一次日军空袭昆明,他们的居所被炸毁,孟弗之偕妻儿归来看到一片废墟,首先喊出的是:"我的书稿!"待亲手刨出藏在床底下的纸箱子,"弗之打开书籍,见书稿平安,全不知已经过一番浩劫。他慨叹道:'这下子咱们全家都在一起了。'"可见孟樾并非一个概念化的、精神性的人物,他身上闪耀着人格独立的光辉,却并非单为"独立"而存在。他认真履行自己的职责,不似白礼文那般举止怪诞,也不似尤甲仁那样恃才傲物,而是融入校内外的生活之中,做一个教授、做一个中国人该做的事。这些事看似简单,其实不易。只有心中有大我,关心着国家民生,才能踏实做好自己的分内之事。小说中学生曾问"读书能救国吗?"弗之回答:"如果我们的文化不断,我们就不会灭亡。从这个意义上讲,读书也是救国。"孟弗之的原型冯友兰曾说,"从表面上看,我们好像是不顾国难、躲进了'象牙之塔'。其实我们都是怀着满腔悲愤无处发泄。那个悲愤是我们那样做的动力。……那时我们想,哪怕只是一点中国味,也是对抗战有利的"①。这可以算是对孟弗之在小说中"读书救国论"的话的补充,是对这一人物的注解,在抗战中,老师加倍负责地教,学生加倍努力地学,这便是对前线的支持。大学如果不能培养对国家有用的一流人才,不能做出显著的学术成果,如何对得起战场上拼杀的同胞呢?"岂曰无衣?与子同袍。"战士持枪,书生执笔,同仇敌忾。

陈平原曾说:"硝烟弥漫中,中国大学师生弦歌不辍,这本身就是一种稳定人心的力量。"②有这样一群人在坟堆、炮弹坑里念楚辞学几何,中国怎么会亡国呢?中华儿女又怎么会成为亡国奴呢?教导他们的教授,则是"一个在经济上相对有保障,在政治上有追求,在专业上有固定方向的群体。这个群体带有西方中产阶级的性质,是我们通常所说的知识分子的一部分。……在整个知识分子各类人群中,大学教授最能独立表达自己的思想,很少受制于

---

① 冯友兰:《我与西南联大》,石油工业出版社 2018 年版,第 92 页。
② 陈平原:《抗战烽火中的中国大学》,北京大学出版社 2015 年版,第 129 页。

党派利益制约"①。经济上有保障,指的是教授群体有固定收入。其实辗转到了昆明以后,明仑大学师生的生活水平逐年下滑,常常食不果腹。为了维持生计,教授夫人们自制一些点心去街上售卖,其中便有孟樾妻子吕碧初。尽管如此,教授们也仍可在校园里找到自己的一席之地。政治上有追求,指的是教授群体都关心国事,追求民主独立。书中弗之与萧子蔚有一段沉重的对话,子蔚感慨"我们有第一流的头脑也有第一流的精神",弗之却叹道"要有所作为,还得先求生存"。弗之所说的"先求生存",意指民族危亡求生,知识分子作为中华民族的一部分,他们与祖国命运是息息相关的。最后孟弗之抚然,"这是中国知识分子的悲哀"。"政治"并非政党制度之争,而是对于国家民族的忧虑。安贫乐道,忧国忧民,有这样两点光辉的闪耀,才足以塑造出一个德才兼备、内外兼修的孟樾形象。

"大学教授作为知识分子,在其谋生之外有关怀社会价值的天然倾向,就是说,他们在谋生过程中同时承担许多道义上的责任",②谢泳指出了知识分子天职——"关怀社会价值"。在《东藏记》中,孟樾曾写过几篇历史研究文章,以史论今,关心社会,而这几篇文章引起了政府的不满。一日有汽车来孟家不由分说接走孟樾,后又半路放回不予解释。这似乎是政府给出的一个警告,要孟樾注意言行。后有人组织几篇文章反驳孟樾的观点,为其冠上"居心叵测、意欲何为"的罪名。事后孟樾因觉得连累了同署名的同事而致歉,同事道:"怎么说得上连累,孟先生的看法,我都赞成的。我们写文章不过是一种言论,何必这样怕。"弗之回答:"怕的正是言论。不准说坏话,且不准说古人坏话。一说到缺点,就好像别人故意栽赃,真不可解。我又在想下一篇文章,关于'乌台诗案'的。"不仅表现了孟弗之的谨慎,也表现了谨慎之中的一股书生呆气。人家不让他写,他偏要写,继续以史批今。呆气源于他对于社会的关怀,要揭露黑暗与苦难。这使人想起萨义德所说的黑暗时代的知识分子,"在黑暗时代,知识分子经常被同一民族的成员指望挺身代表、陈诉、见证那个民族的苦难"。萨义德为此做了更人道主义的拓展:"知识分子的重大责任在于明确地把危机普遍化,从更宽广的人类范围来理解特定的种族或民族所蒙受的苦难,把那个经验连接上其他人的苦难。"③从孟樾的作为之中,我们偶尔也能感受到这种价值。《东藏记》结尾,聊到日军俘虏,小女儿嵋提及其中的反战者。孟弗之沉思后说:"他们也是人,但是在法西斯政策驱使下意境成为工具,被'异化'了。我们进行这场保卫国家民族的战争,不仅要消灭反人类的法西斯,也要将'人'还原为人。"中华民族推崇的"仁义",是一种推己及

---

① ② 谢泳:《西南联大与中国现代知识分子》,福建教育出版社 2009 年版,第 13 页。
③ 萨义德:《知识分子论》,单德兴译,生活·读书·新知三联书店 2016 年版,第 56 页。

人、由人及己的思维方式。法西斯将人"异化",是"非仁"的,不是君子的做法。因而孟樾不会是拜伦式的英雄,他既不高傲也不忧郁,而是孔孟推崇的君子,心系苍生。曾有人说西南联大的教授学术上受西方影响,为人上则颇为传统。在精神追求上,当时的教授是拥有君子理想的中国式知识分子。

君子到底是什么呢?孔子说:"君子道者三,我无能焉:仁者不忧,知者不惑,勇者不惧。"仁、智、勇三者不好理解,但我们可以从"不忧""不惑""不惧"三方面感受孟弗之的君子之风。不惧即不畏惧,孟弗之害怕过什么呢?日寇来袭,守军深夜撤退,孟弗之痛感国难,当即做出南迁的决定。藏于昆明,空袭频发,孟弗之始终行走在狭小的住所与简陋的校园之中,步履渐缓而从未迟疑。文章被遭恶意揣测,受到当局警告,孟弗之依然坚持写作。姻亲严亮祖是一位爱国军人,曾对他有两句绝妙的评论。其一,"这群教授读下去的书比炮弹还硬";其二,"我知道孟弗之写的历史是真的,哪怕杀头"。不畏侵略,不畏强权,敢为天下先。这"勇"是不推脱不退缩,是君子之勇。不惑则心中有所信,并爱其所信。文中所塑的革命青年卫玠"信他所不爱的,而爱他所不信的",因而一直在理想与爱中徘徊。孟弗之不涉政治,一方认为他偏于激进一方又认为他过于保守。但他有自己的信念,面对着生死未卜的明天、胜败难料的抗战,他表示"中华民族是不会死,也不会老的。世上的公理,人类的正义也是不会老,不会死的"。姻亲吕素初曾对女儿说"公平是读书人才能讲的"。这句话深刻而又令人心痛,是多少经受了现实的捶打而最终屈服的人们的心声啊。但孟弗之所言恰是对此的反驳:"公平是所有人的公平,但唯有读书人愿意去信它去爱它去追随它。"孟弗之始终坚守着公理,"只要自己问心无愧,哪管得了许多"。

其实"问心无愧"四个字便很难做到,既要与人为善,又要心系天下,尽管没有声势浩大的主张,但能坚守心中的道义,也绝非易事。孟弗之做到了这一点,因而他步履坚定。"孟樾的那一盏灯还在亮着,继续亮着。"抗战未成功一天,研究教学就不能断一天;人尚有一口气残存,对公理的坚持也就多了一口喘息。孟樾的灯是不灭的,因为他不惧不惑,也正因此,他做到了不忧。不忧并非无忧无虑,而是"不以物喜,不以己悲",是"一箪食,一瓢饮,在陋巷,人不堪其忧,回也不改其乐"。孟家在昆明的生活条件十分艰苦,曾有人以"颜回之乐"相送。孟樾的精神影响着一整个大家族,家人的言行也反映了孟樾的君子之风。孟崎的表哥澹台玮曾说:"虽然吃的是'八宝饭',我们却处在一个拥有丰富精神世界的集体中,那力量是很强大的。"正是这丰富精神世界的强大力量,使人坚守于"八宝饭"中毫不心忧。孟弗之北平的书房中挂有一副对联:"无人我相,见天地心"。其原型冯友兰将人生划为四个境界,最后为

"天地境界"。天地人我皆无分别,自是无忧无惑无惧。

君子之道不只是独善其身,更在于兼济天下。孟弗之一面独立于天地之间,远走昆明;一面藏身于万众之中,满腔家国情怀。在他身上,我们能感受到一代知识分子的气度,无论出走与坚守,都无愧天地无愧苍生。歌曰:云山苍苍,江水泱泱。先生之风,山高水长! 用在孟槐身上,再恰当不过了。

(应丹楠 香港理工大学硕士生 邮编999077)

明珠蒙尘:试论地方戏曲非遗的现代化生存

——以宁海平调耍牙为例①

朱鸽妮　徐樱姿　邱　逸

摘　要:随着社会现代化进程加快,娱乐休闲方式呈现多样化的趋势,许多古老的地方剧种受关注度大不如前,甚至濒临消亡。浙江省作为戏曲大省,拥有 18 个地方剧种,56 项戏曲非遗,然而仍有不少非遗项目传承和保护处境艰难(形势不容乐观)。本文以宁海平调耍牙为个案,讨论地方戏曲非遗的现代生存问题,为地方戏曲的传承与保护寻求可持续的发展路径。

关键词:戏曲非遗;平调;传承;保护

非物质文化遗产是彰显历史文化成就的重要标志,是人们在漫长的历史发展过程中凝结的智慧结晶。作为"非遗"的重要组成部分,地方戏曲在保存"民族基因"、彰显"民族文化"方面有着独特的作用,其重要价值日益得到社会的认同。然而,即便政府与民间都投入大量资源来保护地方戏曲,它们仍处于不断地消亡的状态之中。文化部门的权威数据显示,1959 年,我国尚有368 个剧种,目前只剩下 286 个,相当于平均每两年就有 3 个剧种消失;全国有 74 个剧种只剩一个职业剧团或戏班,处于几近消失的边缘。因此,如何使地方戏曲在现代社会中生存下去,已经是戏曲非遗保护的当务之急。本文以宁海平调为个案,尝试讨论地方戏曲非遗的现代生存问题。

一、宁海平调的生存现状

至 2019 年笔者团队采访之日,宁海平调保护和传承的大旗依然扛在具有

---

① 本文指导老师为徐杨。

官方背景的宁海平调越剧团①身上。该剧团于 2018 年排演大戏将近三百场,但多数为越剧,少数为平调,由此现象可以得知,"越剧走市场,平调走传承"的路子还未改变。② 平调的传承与保护依旧是平调剧团未来发展的重中之重。

据相关研究者考证,宁海县的平调是浙江省古老的传统地方戏曲剧种之一,起源于清同治光绪年间,流行于现在的宁波地区附近,至今已有两三百年的历史。③ 宁海平调的形成多受新昌调腔和甬昆剧的影响,体现了浙东地区浓郁的地方特色。"耍牙"是宁海平调表演中最精彩,也是最核心的特技。耍牙表演者多为阴险奸诈的反派,他们通常含八至十颗猪獠牙于嘴中,通过猪獠牙不同的动作形态来表现剧中人物或残暴或淫邪的形象。2006 年 5 月 20日,在国务院批准文化部确定的第一批国家级非物质文化遗产名录上,耍牙榜上有名。然而,经笔者调查,现宁海县境内仍然活跃的平调剧团仅存三个。④

通过文献回溯⑤,从前人的研究中笔者可以发现,宁海平调剧种本身的基本研究已有了较为详细的资料,近年来相关研究者逐渐将研究重点转移至平调的活态传承和保护的问题上,本文也将继续讨论这个问题。

2016 年开始的浙江省戏曲普查结果显示,浙江省境内,除越剧外,拥有共计 18 个各具特色的地方剧种,其中戏曲非遗的项目就多达 56 个,宁海平调正是其中之一。在笔者团队的采访过程中,发现了不少地方戏曲共同存在的生存问题。

资金的普遍缺乏已成为地方剧种传承、发展的重要阻碍。地方戏曲的可持续发展极大程度有赖于地方财政的持续支持,因而地方剧团的发展在很大程度上受到地方财政收入的影响。地方戏曲发展依赖充足的资金来进行创作团队、公关团队建设,以及舞台技术的升级和传承人的培养。尽管近年来浙江省在文化建设方面的财政支持比重不断提高,但对地方戏曲非遗的传承和保护来说却是杯水车薪。

---

① 原宁海平调剧团。

② 经耍牙第六代传承人薛巧萍描述,宁海平调越剧团每年都有三百多场演出,多数表演越剧,少数表演平调。

③ 周来达:《平调和平调声腔形成于何时辩》,《浙江艺术职业学院学报》2011 年第 1 期,第 34 页。

④ 经调查,分别是宁海平调越剧团、繁艺平调越剧团、蕾蕾越剧团。

⑤ 黄文杰:《宁海平调发展现状调查》,《中国戏剧》2016 年第 7 期,第 64—66 页;朱旭:《宁海平调的野性与阳刚之美》,《今日浙江》2015 年第 1 期,第 58—59 页;胡欣富:《浅谈宁海平调》,《大众文艺》2013 年第 5 期,第 166—167 页;吴伟峰:《狞厉之美——宁海平调的"耍牙"绝技》,《宁波通讯》2011年第 16 期,第 50—51 页;周来达:《平调曲牌音乐特性初探》,《文化艺术研究》2010 年第 3 期,第 88—107 页。

不仅如此，观众流失也成为各类地方戏曲无法回避的生存窘境。坐落于各个村落祠堂中的古戏台曾经是人们文娱生活的重要场所，当地的村民是地方戏曲演出的主要观众，彼时的地方戏曲正享受着发展的辉煌时期。现如今，信息时代的到来加快了生活节奏的步伐，新兴传播媒体带给了人们多样化的娱乐方式，慢节奏、程序化的戏曲艺术与当代年轻人的审美取向相背离。在多样化的娱乐时代中，人们的休闲娱乐方式日渐多样，诸如平调的地方戏曲的市场号召力已越来越弱。老一辈观众的退场，新一代观众队伍尚未形成，地方戏曲已经失去了它的生存支柱。

除此之外，宁海平调独有的发展问题也相当突出。与瓯剧、绍剧等具有独立剧团的地方剧种相比，宁海平调剧团不得不长期实行"越剧走市场，平调走传承"的发展道路。宁海平调剧团这样的基层地方剧团，面对戏曲市场不景气的现状，发展显得力不从心。在笔者团队的采访中得知，1999年至2000年间，为打破"越剧大锅饭"的僵局，浙江省决定将境内越剧团进行改企，宁海越剧团便是其中之一。面对失败就要垮台的"危机"，宁海越剧团顺应了中央下发的"挖掘保护地方剧种"的政策，与宁海平调剧团相结合，二者组成了宁海平调越剧团。至此，宁海平调越剧团实行了"二块牌子一套班子"的管理模式[①]，即"越剧走市场，平调走传承"，该模式一直延续了近二十年。

改革初始，宁海平调越剧团将耍牙作为吸引观众的噱头，以期提高平调的知名度，但是如今，耍牙的光芒已掩盖了平调剧种本身，观众知耍牙而未必知平调。2000年戏曲改革时期的平调是相对幸运的，因拥有耍牙绝艺，宁海平调顺利地在众多地方戏曲间脱颖而出，获得政府的承认和资助。在往后的发展中，为使平调足以吸引广大观众的目光，宁海平调越剧团以川剧中的变脸为参考对象，将"耍牙"作为宣传的金字招牌，意在为平调打开戏曲市场。在报纸、电视台等媒体的刻意渲染下，人们对耍牙的关注度呈现出上升的有利景象。然而，平调的表演剧目多为老套的民间神话、鬼怪传说，难登大雅之堂，因此该平调越剧团的对外表演不得不以炫技式的耍牙表演为主，不掺杂任何平调的故事情节，致使宁海县内外的观众只知耍牙而不知平调，平调剧种终沦为耍牙技艺的陪衬。

二、活态传承与保护的路径选择与现行保护分析

朱锦华先生在其有关昆曲研究的文章中提到，纵观世界上戏曲类非遗的

---

① 唐洁妃：《浅谈县级专业剧团生存和发展》，《中国戏剧》2006年第7期，第9—10页。

传承和保护,大多采用两种途径:一是原模原样保存的静态传承保护,二是在不断地排演训练中的活态传承保护。前者的典型代表就是日本的能剧,能剧起源于公元 8 世纪,有"几乎静止的戏剧"之称,因其自诞生至江户幕府时代,能剧文化几乎保存完好;而国内大多数戏曲的保护途径多采取后者,如昆曲、越剧等剧种便是在一代又一代的排演中不断地改进创新。①

平调艺术的传承在"文革"时期断层十余年,许多老艺术家早已改行或者离世,平调的后继者异常匮乏,原先的艺术表演也无法做到十成的还原。因此,原模原样的静态传承保护,平调显然已经无法做到。若转向活态传承保护,则需要该剧种长期、不间断地排演。然而由于资金短缺,宁海平调越剧团迫于演员的生计问题亟待解决,不得不选择走越剧市场的道路,平调的排演时常难以为继。加之教授平调的师资队伍大都年迈,精力有限,剧团只能做到传承,而无法进行再创作和改编。由此我们不难看出,宁海平调的活态传承保护是有限却不可或缺的,宁海平调耍牙在现代化社会中的活态传承保护必然成为今后的重要议题。

至 2019 年,宁海平调耍牙的保护已走过了不少年头。通过观察平调耍牙的发展现状,笔者发现现行保护中仍存在着一些棘手的问题。

截至笔者团队调查期间,宁海平调剧种尚处于一个恢复发展的阶段,复苏的程度还远远不足以打开商业市场。因此,站在保护团体的角度上来看,平调的保护发展是一个资金只出不进、不断损耗的过程,这也就导致在平调保护过程中出现一系列的恶性循环。因此,资金成为平调保护的重点问题。

据了解,一场平调演出尚在编排,资金就已经在大笔投入。导演、舞美、服装,以及出演带来大量的人力、运输、舞台耗费,但是剧团却往往入不敷出。在平调走传承方面,宁海平调越剧团将越剧作为市场的利益回报,来创作平调精品剧目,精品平调剧目排演耗资巨大,产出周期漫长。在资金掣肘的情况下,地方剧团的人员负载量也是有限的。以宁海平调越剧团为例,作为基层剧团,其所拥资金远远不能同时负担越剧和平调两个团队的运营,因此平调演员在练习平调的同时还肩负着表演越剧以获取剧团盈利的任务,一年下来,剧团在浙江范围内大概有 200 至 300 场的越剧表演,平调传承者的大量时间都消耗在了剧团的生存之上,传承平调的精力就被大大分散。

宁海平调作为古老的地方剧种,欲打开市场,新颖且符合时代精神的剧本必不可少。地方基层剧团却对缺乏独立创作团队的窘境束手无策。究其原因,并非剧团与时俱进的意识缺乏,而是组织庞大的创作团队的资金严重

---

① 朱锦华:《昆曲保护与传承问题刍议》,《戏剧艺术》2018 年第 1 期,第 103—112 页。

匮乏。以宁海平调越剧团为例,该剧团目前尚未能产生一支专业的创作团队,在剧目改编的需求下通常采取高薪外聘的方式。以一个地方剧团的收入来说,创作团队的打造意味着资金的进一步消耗,极易产生顾此失彼的现象,即剧团没有充足的资金保证创作人员与一线演员的同时优待,两相权衡,一线演员收入减少带来的演出队伍震荡,剧团的生存难以为继,是剧团更不愿意承担的后果。平调剧目的大规模创作也在如此妥协下踟蹰不前,精品数量稀少酿成的苦果,使其商业化愈发遥遥无期。因资金带来的恶性循环不仅体现在剧本的创作之上,平调的宣传也颇受影响。笔者在宁海平调传承中心采访时曾提出建议——平调是否可以运用现代化的新媒体传播来扩大知名度和影响力。接待人坦言,目前资金匮乏,不具备聘请宣传团队进行造势和大规模宣传的能力,宣传范围仅局限于地方媒体,加之剧团皆为一线的表演员工,文化水平普遍不高,缺乏运营新媒体的能力而难以创作出合适的公关文案。平调宣传的效果与剧团花费的人力、物力不成正比,无奈之下剧团终摒弃了主动宣传的念头。

若说资金匮乏是贯穿平调保护始终的一根刺,那么耍牙传承所面临的道具匮乏就显得更为棘手。与川剧中变脸的地位相似,绝技耍牙使平调在众多地方戏剧种可以独树一帜。尤其是在现阶段的保护过程当中,耍牙作为平调宣传的标志性特征,是平调打开知名度的重要利器。但与川剧变脸不同的是,相较于脸谱制作侧重的是后天绘画艺术的加工来表现人物情感,耍牙的道具只能依靠原材料本身的优势:公猪的獠牙与人类的牙齿结构相似,表面釉质层与唾液配合给与舌尖和口腔皮肤恰到好处的摩擦力,使表演者可以将它在口腔中自由伸缩。

严格意义上"耍牙"所用牙齿,是生长在猪口腔最里面的长达两三寸的獠牙,且要求每对牙齿的尺寸相同。但由于家猪的规模化饲养方式,找到一对合适的公猪獠牙已如大海捞针,表演者只能靠单颗牙齿的拼凑配对。目前技术下,能利用的树脂、玉石等材料经过现代工艺加工制作而成的模拟獠牙,并不适用于耍牙表演。[①]

耍牙道具的不可替代性是目前为止都没有办法解决的难题,即便如今耍牙艺人不多,道具也已是捉襟见肘。可想而知,若日后进行大规模耍牙训练,又将会面临怎样的尴尬境地。

除此之外,在传承工作方面,宁海平调越剧团于 20 世纪末便组织设立平

---

① 据耍牙第六代传人薛巧萍描述,因为在制作过程中它们经过了抛光工艺的处理,与人的唾液结合之后变得十分光滑,表演者即使是万分小心,也会将其甩出口中,而如果不经过抛光,其表面更是粗糙无比,根本耍不起来。

调传承班,以期扩大学员数量,延续平调香火。2013 年平调越剧团更是将传承班交与绍兴艺校,由绍兴小百花越剧团训练学员戏曲基本功。然而越剧的表演柔美细腻,少有武戏,而武戏恰是平调表演的重要内容,因此在十多年的学员培训中,平调学习的成才率并不理想。在国内的教育生态中,人们受传统观念影响更倾向于读书成才的道路,对于艺术教育自然存在着一定的刻板印象。由此,该剧团在宁海县境内各大初、高中进行传承班的招生过程中,所收的生源,形象虽佳,但是在校内文化知识相对落后,学习能力并不出众。在接下来的培训当中,由于学员文化素养不高,对戏曲中人物形象和情感的把握难以到位。

宁海平调越剧团要求长时间演出,且多以越剧表演为主。因此,学员们只能在有限的平调演出、排练中提高自我。另外,耍牙所需严苛的牙床条件和功夫技巧意味着演员与道具猪獠牙需要长年累月的磨合,并且施教者皆为年事已高的老艺人,精力不佳,由此可见平调耍牙学员学艺之难。在十多年的培训下,剧团只能勉强维持平调耍牙不断绝,改进创新的条件尚不成熟。

三、平调耍牙的传承与保护对策

地方戏曲在现代化的新时代中重新焕发生机与活力的秘诀,在于戏曲本身对时代精神的呼应。人们的认知水平、思想觉悟、文化素养、审美情操随着新时代生活体验的变化而变化,当这些现代的文化思想投射到戏曲的审美领域时,就需要戏曲工作者在创新实践中积极做出相应的调整。自 1939 年张庚在延安提出"旧剧现代化"至今,戏曲现代化仍是戏曲理论与实践最核心的命题。直面电影、电视剧、综艺节目等流行热点,地方戏曲从中认识到时下人们的审美偏好。然而,戏曲终究不是快餐化的文化消费品,它始终承载着中国传统文化的优秀基因。因此,古老剧种需符合时代精神,妥善处理现代与传统的交锋,方能在当下获得大众的认同。

时代精神的要求意味着戏曲的改弦更张,有时更涉及对戏曲传统中核心部分的调整。在平调的原模原样传承与不拘一格创新的碰撞下,传承者或许会永无休止地陷入"继承"陷阱,再难解放手脚和观念来进行"创新"。若说与"创新"对立的规范在戏曲发展的黄金时代是促成其集大成的根基,在危机时期,过分严整的规矩则是架在喉头遏制发展的枷锁。[1] 本文就如何有效解决

---

① 孙红侠:《"现代"与立场:传统戏曲的转化与建构》,《民族艺术研究》2018 年第 3 期,第 38—43 页。

这对矛盾提出以下对策。

"戏曲现代化"是戏曲创新的重头戏,而其重心在于如何能用传统的形式来表现现代生活。

不比京剧昆曲等程式相对固定的"大"剧种在表现现代生活上难度之高,小戏因其贴近生活而一度繁荣,因此程式化程度较弱,因而更适合现代戏的创作。平调诞生于宁海人民日常生活情景和当地流传的民俗故事,大多表现封建家庭之间的纠葛和社会矛盾,展现宁海本地忠孝节义等伦理观念,提倡扬善弃恶等道德理念,因此宁海平调同样具有小戏易于改编的优势。

与此同时,耍牙作为宁海平调独一无二的绝艺,却也有其局限性。在传统平调剧目下的耍牙表演依托于妖鬼传说的神话故事,不乏传统腐朽思想的掺杂。然而,现代社会早已脱离封建制度甚远,新媒体的发展给予人们众多的娱乐新选择,平调传统的舞台表演形式与西方文化和众多快餐式文化相比,都显得相形见绌。因此,若仍因循守旧,宁海平调将面临日渐凋零的风险。

在传统视角中,才子佳人、英雄救美的圆满着实脍炙人口,数百年来,戏曲中此类题材剧目的层出不穷早已使得观众审美疲劳,剧目创新迫在眉睫。文艺理论家张庚提倡"旧瓶装新酒",即通过传统戏曲艺术自身来适应时代。浙江小百花越剧团的新版《梁山伯与祝英台》就是"旧瓶装新酒"的典型代表。新剧中弱化了梁祝的传统故事情节,突出风花雪月的唯美爱情,强调写意的叙事风格,这些都是传统戏曲中所欠缺的。随着人们的文化水平和鉴赏能力不断提高,专注于老套的爱情故事、家长里短的传统剧目,显然难以满足大众的口味。而诗化越剧、新概念越剧、歌舞式越剧的成功展演,又给予平调深刻的创作启示。宁海平调在改编现代化剧目上,并非一无所获,也曾有成功案例。

桶盘山"浴佛潭"有一岩洞,民间传说此处曾住过一条独角龙,性凶,常抢貌美女子,后独角龙抢一姣姣女,成白头到老之愿。姣姣身贞心坚,终斩了独角龙,邻近百姓感恩其为民除害,称其为女英雄。20世纪60年代,这一传说演变至宁海平调代表作《金莲斩蛟》,却独出心裁:娇花小姐金莲作英雄,数次与山匪李蛟决斗,终斩杀恶霸,换得情郎刘邦瑞周全,两人厮守成为百姓世代相传的佳话。这一故事情节切合宁海地域重女的习俗,即女子亦能成斩杀蛟龙的英雄主角,保留了剧目的传统性,而"女英雄"武斗救夫的情节又展现了现代社会男女平等的价值观念。

2015年,宁海平调越剧团邀请戏曲导演、编剧陈伟龙和宁海本地平调研究专家袁哲飞对传统平调大型戏目中"前十八"和"后十八"36本剧目中的《火烧白雀寺》进行加工打磨,新编出了21世纪以来第一部完整的宁海平调大戏

《白雀寺》①。此次平调大戏《白雀寺》在原创剧本故事的同时，将传统音乐融入现代元素。在平调原有的"三大一小""锣鼓助节"的伴奏中，加入小军鼓、低音鼓西洋打击乐器，凸显剧情的起伏和人物情感张力。原有的平调曲牌也被打散，灵活根据剧情需要进行曲牌套唱词的缩减增加。此外平调越剧团还邀请省内外专家团队对舞美、灯光、造型进行量身打造，为传统剧本的呈现增添了新样式。

即便如此，适应现代化社会的精品平调剧目依然匮乏，在剧目创新的道路上依然任重道远。积极适应现代化的同时，平调本身的特色应当有所保留。

作为平调中独树一帜的传统技艺，耍牙的独特性在于表演者需将公猪獠牙含在口中，以舌为主要动力，齿、唇、气为辅助，方能展现出变化多端的动作。耍牙地域性极强，使其在全国其他剧种中呈现出独一无二的特点，加之技巧性高，道具获取较难，训练艰辛等各方面问题，耍牙传承呈现出式微趋势。若宁海平调失去看家本领"耍牙"绝艺的加持，其发展必然不能一骑绝尘，因而耍牙技艺的保留和发扬，已成为宁海平调保护的重要一环。

所谓"西脸东牙"，川剧变脸和宁海平调耍牙各执一方天地。如今，异于平调耍牙的窘境，川剧变脸以其精湛的表演和独树一帜的直观表现手法成为全国社会群众宠爱颇深的戏曲种类。作为川剧表演的特技之一，变脸借由脸谱揭示剧中人物的内心及思想感情的变化，融入川剧戏曲表演中，使群众可在观赏时深刻体会到人物内心不可名状的"情感冲击"。两相比较，尽管耍牙有着同样的凸显人物性格的作用，单适用于武角的耍牙因不比脸谱在角色上的广泛适用性而相形见绌。

成都市着眼未来，依托川剧变脸在四川的艺术领域中占有的举足轻重的地位，打造出"历史文化名城"的城市文化名片，在大规模的城市建设中保留了深厚的文化内涵。成都城市名片的成功运作或许可为平调耍牙的发展提供借鉴。若以平调耍牙为依托，打出宁海本地的城市名片，可为平调耍牙做出宣传，亦能成为宁海本地的"文化名片"。

此外，耍牙的角色多出现在民间的妖鬼传说里，一方面体现平调植根于乡土，另一方面则显示了平调的精华部分与迷信等封建事物的关系复杂。保留耍牙的同时，全新打造耍牙角色的形象也是传承的另一种方式，同为民俗鬼魅题材的舞台剧作品《平潭映象》，以高度艺术化的形式展现民俗风貌，脱离了单纯的鬼怪故事叙述，给平调耍牙的发展以深刻的启示。

在对戏曲唱腔的创新上，平调本应当具备更多优势。越剧、京剧在创新

---

① 根据宁海民间传说，《白雀寺》讲述的是宁海一为官清廉的县令为剥落本地白雀寺中道貌岸然的住持伪君子真面目，展开正义与邪恶间的较量的故事。

唱腔上,常常举步维艰。这些剧种发展出了各式各样的流派,流派的唱腔特点成为戏曲得以流传的重要原因。然而戏曲流派各有各的发声特点和旋律,难以轻易改变,也很少被戏迷观众们所接受。而平调本身流传范围窄,发展尚不完善,缺乏流派的桎梏,更加易于唱腔的创新。

相对激进的戏曲唱腔改良当属浙江小百花越剧团在诸多新编剧目中所做的尝试,茅威涛等越剧演员将戏曲唱腔"歌化",使得曲调更加朗朗上口,在后来的展演中也颇为成功,给予平调一些创新的启示。平调在形成过程中,因宁海县山多地少的地理环境影响,唱腔难免带有山地地区粗犷豪放的特点。宁海当地自古以来崇尚忠诚礼义,宁海人的性格也常常刚正不阿,带有"台州式的硬气"。这种地域的性格特征表现在平调上,是旋律的粗硬大气,因此仍存在改进的空间。

唱词的新编,也是向上拓宽观众源的渠道之一。对比昆曲"良辰美景奈何天,赏心乐事谁家院"的隽秀典雅,平调由于创作者大多是缺乏较高文化水平的市民阶层,因此唱词里多是家长里短的宁海地方口头用语,其间更是不乏含一些粗鄙之语,难登大雅之堂。而简洁优雅的唱词对观众也有一定的吸引力。

与时俱进的不单是平调的内容,舞台技术也是不可或缺的一部分。其中将多媒体引入和应用于舞美设计,会展现出相较传统舞美艺术更为出色的感染力。字幕的出现无疑是其间点睛之笔。字幕的独特作用在于对戏剧的辅助。平调唱词本身带有浓郁的宁海方言特色,唱腔、音律以及部分唱词在现实生活中甚少遇见等问题使得唱词对于观众来说不便于理解,有时更有因情节需要设置极快语速的情况。字幕的播放,可使观众通过字面意思理解唱词,无须因受众范围的扩大而不得不修正唱词中的方言词汇,保留了唱词中的原汁原味。字幕的另一重要功能在于舞台提示,即对该场次所处的时间、地点及环境的提示,便于观众迅速入戏。即使在宁海下辖的大多数小村庄,电子字幕也得到了普及。

其次,多媒体技术实现了舞台表演与观众的有效互动,提升了舞台艺术效果。在宁海较大规模的演出中心,舞台背景的呈现方式已然更新换代,电子屏幕与灯效相辅相成使得观众所能够获得的舞台信息量较传统舞台布景大大增加。工作人员通过多媒体技术和舞台道具的有机结合,可在极短时间内实现舞台布局的切换。相较人工操控布景的传统模式,多媒体技术对舞台布景的设置更为精巧,加之现代化舞台灯光设备的渲染,给予观众良好的临场观感,突出舞台整体表演的画面影响力。现代化舞台增设立体音响,仍沿用平调演出原有的乐器制作背景音效,只通过多媒体技术对制造舞台声音的方式进行更新,以增强演出的听觉冲击,为前来欣赏平调的观众带来更高品质的演出,亦能够帮助观众深入平调的精神世界,领会其创作主旨和艺术主题以及思想内涵。

四、结语

宁海平调缘起宁海县百姓的日常生活和民俗故事,也曾担负着文娱教化的社会功能,是宁海县百姓不可或缺的精神食粮。然而在现代社会的娱乐方式多样化的情境中,平调赖以生存的社会基础正发生着重大变革:囿于资金不足、戏迷流失、演出剧目老套,加之因生存需要不得不以"耍牙"为噱头吸引关注,平调至今仍无法挣脱式微的桎梏。

即便如此,平调仍有其得以进一步发展的可能。如平调老艺人所称,平调作为宁海本地传统艺术文化的精华,杂取百家、融会贯通是其精髓所在。在现代化趋势下,正视以上种种问题,综合其他剧种的保护措施,平调仍有走出低迷状态的机遇:第一,改编符合时代精神的剧目,及时更新与当今社会相符合的内容、形式;第二,借鉴京剧、越剧改良经历,创新平调唱腔和唱词;第三,依托"耍牙"打造宁海城市名片,以期促进平调本身的宣传;第四,根据现代化技术对舞美更新换代,给予观众更高品质的临场观感。此外,现代文化消费市场竞争激烈,平调在思考传承保护的同时,更应重视对平调商业化的思考,打破"只进不出"的境遇,提高竞争优势。无论哪一点,宁海平调在未来的发展中依旧道阻且长。

(朱鸽妮 徐樱姿 邱逸 杭州师范大学历史系本科生 邮编311121)

人与兽的纠葛

——浅谈鲁迅笔下的动物意象①

顾圣音

　　摘　要：鲁迅在作品中构建了一个"人兽平行"的世界,他对"人"的思考,往往通过与"兽"的比照进行。本文描述了鲁迅笔下的狼、蛇、猫头鹰及狗、猫、羊六种相对立的动物意象,探讨它们之间的关系,发现动物意象所隐喻的精神品格,并进一步探讨从中体现的鲁迅的人学思想和美学追求,体会鲁迅文字的独特魅力。

　　关键词：鲁迅；动物意象；人性；兽性；文化内涵

　　在鲁迅的作品中,不难发现两个世界,一个是客观存在的"人类世界",另一个是与之相对应的"兽的世界"。

　　对动物意象的塑造,鲁迅堪称别开生面。其中,"兽的世界"又可划分为两个对立的体系：一是狼、猫头鹰、蛇等,象征精神界之战士；一是狗、猫、羊等,意喻奴性的知识分子。

　　鲁迅赋予动物以文化内涵,"竭力想摸索人们的灵魂",并展示自己对人与兽、人性与兽性的思考。

一、"精神界战士"的动物意象

1.鲁迅与狼

　　狼无疑是富有野性的。几千年来,泱泱中国都浸泡在中庸的酱缸之中,

---

　　①　本文为中文系专业选修课《鲁迅研究》的期末作业,指导教师为范家进教授。

国人难免不被驯化，逐渐褪去个性的光芒。于是，狼身上所突显出来的夺人的个性光芒即刻攫住了鲁迅敏锐的双眸，他以为真正的精神界战士是必须具有强有力的野性和自由意志的，哪怕"群起而攻之"①，哪怕"见放于父母之邦"②，在真理面前，他们依旧勇敢坚持自我，"必自救其精神"③，"不恤与人群敌"④，沦为社会的异端。

麻木愚昧的社会在惊恐之余，企图用敌视的心理来寻求虚假的安全感，竟将异端者胡乱称为"狂人"和"疯子"。对此，鲁迅清醒而犀利，直面回击，毅然写下《狂人日记》《药》《长明灯》《孤独者》等作品，其中的"狂人"、夏瑜、"疯子"和魏连殳等，统而观之，构成了一个"狂人"的形象系列。你一眼就能看穿他们身上所带有的狼气，感受到鲁迅所赋予他们自身生命特性的烙印。

是的，《狂人日记》自横空出世以来，就被视为狂人挣脱黑暗藩篱、追寻光明的宣言书，它不仅仅是狼逆反心理的撕心裂肺的号叫，还是鲁迅拍案而起，以笔战斗的呐喊。我们往往会将狂人与狼对立起来，因为狼是吃人的，狂人却是反抗吃人的。其实，这不过是我们传统的文化心理在作怪，以至于忽略了两者之间的复杂关系。

我们能轻而易举地在《狂人日记》中找到狼的影子。首先，作品中的村名为"狼子村"；其次，频频出现的"吃人"字眼和"青面獠牙"的描写与狼联系甚密。但值得注意的是，这并不能作为狼就是吃人者，是狂人反抗的对象的依据。文中，鲁迅借狂人之口指出"海乙那"是吃人者，狗是它的"同谋"，尽管"海乙那"和狗是狼的"亲眷"和"本家"，但绝非狼本身。因为狼天性凶猛，是绝不吃"死肉"的。这正是狼与"海乙那"的不同之处，故狼不在吃人者之列。殷国明先生对此表示赞同，认为"海乙那"这种吃腐肉的郊狼"并不是真正的狼"；⑤王富仁先生亦言："'海乙那'是整个小说中仅次于狂人的一个重要意象，它统领了除狂人以外的所有人的精神特征。"⑥因此，切莫将狼堂而皇之地认为是凶残的吃人者。事实上，"海乙那"才是，而那被视为猛兽的野狼，却恰恰是具有觉醒意识的勇敢的狂人。

毋庸置疑，鲁迅可被视为一匹具有十足野性的狼，那股强劲的叛逆精神，无疑是"狼性"最富有张力的体现。鲁迅所处的时代，正是中国传统文化向现代化转型的关键时期，他虽受到传统文化的教育，却不留情面地对这"吃人"

---

① 鲁迅：《坟·摩罗诗力说》，《鲁迅全集》第1卷，人民文学出版社2005年版，第82页。
② 鲁迅：《坟·文化偏至论》，《鲁迅全集》第1卷，人民文学出版社2005年版，第49页。
③④ 鲁迅：《坟·摩罗诗力说》，《鲁迅全集》第1卷，人民文学出版社2005年版，第81页。
⑤ 殷国明：《"狼性"与二十世纪现代中国文学（上）》，《社会科学》2005年第1期，第107页。
⑥ 王富仁：《〈狂人日记〉细读》，《王富仁自选集》，广西师范大学出版社1999年版，第164页。

的文化进行了强烈的批判和攻击,难怪瞿秋白称鲁迅为"封建宗法社会的逆子,是绅士阶级的贰臣"。只是,身处"制造这人肉筵宴的厨房"①,鲁迅何以不冷酷无情,不愤世嫉俗呢?"野兽是单独的,牛羊则结群"②,鲁迅不是无地自容于社会,而是从大众间以清醒的态度自我分离。呜呼哀哉!"个人之性,剥夺无存"③之流弊,"合群的自大"③之猖狂,"个人的自大"④之匮乏皆叫他痛心。所以,他要奋起直上,有力地呼唤"不恤与人群敌"⑥的"精神界之战士"。面对"土匪""学匪"的骂名,鲁迅毫无畏惧,相反,他迎头直上,将自己的书室称为"绿林书屋"⑦,并公然用"匪笔"⑧称呼所写的杂文。

幸甚至哉!鲁迅这匹孤傲的野狼,是不惧国人满是敌意的面孔的,他要呐喊,他要号啕,他要呼唤坚毅的生命信仰。

2.鲁迅与蛇

蛇,亦为鲁迅所爱好,蛇之"毒",尤其为鲁迅所正视。那么,这份"毒"在精神界战士的身上又有怎样的体现呢?它表示为眼光之"毒":"于天上看见深渊","于一切眼中看见无所有";⑨表示为笔锋之"毒":"寸铁杀人,一刀见血";表示为反抗之"毒":"不克厥敌,战则不止",⑩"一个都不宽恕";⑪表示为自省之"毒":"抉心自食,欲知本味","痛定之后,徐徐食之"。⑫ 这些"毒"所代表的恰是国人所缺少的极其贵重的精气神,是鲁迅心仪的精神界战士必备的风致。

事实上,蛇与鲁迅的灵魂接洽甚密,隐含了他诸多的生命暗码。小说集《彷徨》的"彷徨",乃蛇名的一种,语出《庄子·达生》中的"野有旁皇,泽有委蛇"。唐初学者成玄英对"旁皇"注疏道:"其状如蛇,两端,五采。"由此,我以为鲁迅以"彷徨"定名小说集,既取"犹疑不决"之义表自我心态,又以"蛇"之义标识自我。

此外,《彷徨》扉页题有的屈原《离骚》中的诗句"路漫漫其修远兮,吾将上

---

① 鲁迅:《坟·灯下漫谈》,《鲁迅全集》第1卷,人民文学出版社2005年版,第216页。
② 同上,第205页。
③④⑤ 鲁迅:《热风·随感录 三十八》,《鲁迅全集》第1卷,人民文学出版社2005年版,第311页。
⑥ 鲁迅:《坟·摩罗诗力说》,《鲁迅全集》第1卷,人民文学出版社2005年版,第82页。
⑦ 鲁迅:《华盖集·题记》注释(10),《鲁迅全集》第3卷,人民文学出版社2005年版,第6页。
⑧ 鲁迅:《三闲集·匪笔三篇》,《鲁迅全集》第4卷,人民文学出版社2005年版,第42页。
⑨ 鲁迅:《野草·墓碣文》,《鲁迅全集》第3卷,人民文学出版社2005年版,第202页。
⑩ 鲁迅:《坟·摩罗诗力说》,《鲁迅全集》第1卷,人民文学出版社2005年版,第82页。
⑪ 鲁迅:《且介亭杂文末编·死》,《鲁迅全集》第6卷,人民文学出版社2005年版,第612页。
⑫ 鲁迅:《野草·墓碣文》,《鲁迅全集》第3卷,人民文学出版社2005年版,第202页。

下而求索"①亦富有深意。表面上看,书名与诗句的意思相悖,大凡的诠释是:鲁迅固然苦闷,但欲借屈原的诗句表白自身将克服自我、执着摸索的坚强意志。于此,我们不妨换一角度,另做新解:蛇,不仅是鲁迅的自喻,也是路的象征。《伤逝》中的"新的生路还很多,我必须跨进去,因为我还活着。但我还不知道怎样跨出那第一步。有时,仿佛看见那生路就像一条灰白的长蛇,自己蜿蜒地向我奔来,我等着,等着,看看临近,但忽然便消失在黑暗里了"②一句,表明这条"灰白的长蛇"凶恶莫测,子君即是被它吞噬的,"然而子君的葬式却在我的眼前,是独自负着空虚的重担,在灰白的长路上前行,而又即刻消失在周围的严威和冷眼里了"。③ 此般看来,路在鲁迅的心目中无疑是一条长蛇的形象。

说到路,人们自然会想到《故乡》中的名句:"我想:希望是本无所谓有,无所谓无的。这正如地上的路;其实地上本没有路,走的人多了,也便成了路。"④路,就像涓生和子君脚下的"灰蛇",有无之间,扑朔迷离。鲁迅否认了愿望,但也否认了失望,"绝望之为虚妄,正与希望相同",而人生的意义就在于行走。因此,《野草》中的"过客"频频地诉说"我只有走","既然走成了过客的唯一的选择,路便从此维绕他的终身,一如缠绕拉奥孔的大毒蛇"。⑤ 鲁迅以蛇自喻,又以蛇喻路,将路与自我牢牢连接在一起,从而揭露出他独特的生命哲学:人生的希望和自我的价值皆"在路上"。

有趣的是,鲁迅是属蛇的。此外,在鲁迅的故里浙江绍兴,前人以蛇为先人,奉蛇为图腾,汉人许慎《说文解字·虫部》中即言"南蛮,蛇种"。鲁迅还曾使用过"它音"的笔名,据许广平解释:"它音,它,'《玉篇》,古文佗字,佗,蛇也'。先生肖蛇,故名。"⑥他还用"巴人"之名,连载《阿Q正传》,取"蛇人"之义,因《说文》云"巴,虫也;或曰食象它"。由此可见,鲁迅拥有自童年起积淀的深厚的"恋蛇情节",爱蛇深切。

蛇自然具有野性,它的野,像极了鲁迅笔下的野草。它不但意味着被流放、被遗弃的边缘化,更意味着一种自发的反叛。"草中饿不死蛇",蛇常出没于荒野,它们与杂草有着天然的亲缘关系。昔时,阳春三月,蛇蛰伏后出洞,在补树书屋数年的鲁迅亦辞别他生命的冬日,向天下宣言:"我横竖睡不着,

---

① 鲁迅:《彷徨》,《鲁迅全集》第1卷,人民文学出版社2005年版,第54页。
② 鲁迅:《彷徨·伤逝》,《鲁迅全集》第1卷,人民文学出版社2005年版,第212页。
③ 同上,第213页。
④ 鲁迅:《呐喊·故乡》,《鲁迅全集》第1卷,人民文学出版社2005年版,第135页。
⑤ 鲁迅:《野草》,《鲁迅全集》第1卷,人民文学出版社2005年版,第306页。
⑥ 许广平:《欣慰的纪念·谈鲁迅先生的笔名》,《鲁迅回忆录》(专著 上册),长江文艺出版社2010年版,第97页。

仔细才从字缝里看出字来,满本都写着两个字是'吃人'!"①这是"真的愤慨""真的声音",惊世骇俗,让人嗅到一股长蛇的毒疠之气。翻一翻历史上那些骂他的文章,"毒笔的文人""恶毒""险恶""睚眦必报""含血喷人"等字眼数不胜数。人们不但惊骇于鲁迅的存在,并且念及鲁迅死后"所遗留的恶影响"。自古洎今,怕是只有鲁迅曾让这些所谓社会贤能惶惶然不可终日了。

毋庸置疑,鲁迅是一条凶悍的毒蛇,同时也是一位自觉的受难者,具有强烈的牺牲精神。那终生"腹行而土食"的蛇,是鲁迅笔下不停行走的"过客",也是终其一生"与绝望抗争"的鲁迅本人,令人肃然起敬。

3. 鲁迅与猫头鹰

猫头鹰发出的声音为常人所憎恶,但在鲁迅心中,却恰恰呼唤出精神界战士不随波逐流的战斗精神。他们"宝守真谛,不阿世媚俗",②因而为喜以"温柔之音"粉饰太平的统治者所不容,为掩耳盗铃、敷衍塞责的公众所讨厌,沦为"为世所不甚悦者"。但他们照旧勇敢地发出"真之心声","放言无惮,为古人所不敢言",③"发为雄声,以起国人之新生,而大其国于天下"。④ 鲁迅以为,缄默的中国,缄默的百姓,急需划破天涯的枭鸣来叫醒。

猫头鹰是夜之精灵。鲁迅曾写《夜颂》,歌颂"爱夜的人",说他们"有听夜的耳朵和看夜的眼睛","接收了夜所赐与的光亮","自在暗中,看一切暗"。他表白"我爱夜",自诩是"爱夜的人"中的"孤傲者"。⑤ 有趣的是,鲁迅本人在外表和气质上与猫头鹰非常相似,可以说是到达了神形毕肖的境界,借鲁迅的话来讲,猫头鹰完全可以称得上是他"颠扑不破的诨名"⑥,他就像猫头鹰,是长于在黑暗中孤傲战斗的智者和壮士。

此外,犹如猫头鹰爱在夜间行动,鲁迅也喜欢在夜间写作。那"灰黑色"的"背影",留给萧红深刻的回想,也让我们联想到鲁迅的名作《影的告别》。文中的"影"彷徨无着,好似鲁迅对自我保存状况的深入体察。孜孜于保留自我的"影",清醒地认识到光明与黑暗都会使本身消逝,因而他公开暗示对"天堂""黄金世界"等所谓"光明"的谢绝。是的,黑夜生发了猫头鹰的鸣叫,黑夜也触发了鲁迅的呐喊。

---

① 鲁迅:《呐喊·狂人日记》,《鲁迅全集》第 1 卷,人民文学出版社 2005 年版,第 425 页。

② 鲁迅:《坟·文化偏至论》,《鲁迅全集》第 1 卷,人民文学出版社 2005 年版,第 52 页。

③ 鲁迅:《坟·摩罗诗力说》,《鲁迅全集》第 1 卷,人民文学出版社 2005 年版,第 69 页。

④ 同上,第 99 页。

⑤ 鲁迅:《准风月谈·夜颂》,《鲁迅全集》第 5 卷,人民文学出版社 2005 年版,第 172 页。

⑥ 鲁迅:《且介亭杂文二集·五论"文人相轻"——明术》,《鲁迅全集》第 6 卷,人民文学出版社 2005 年版,第 217 页。

在《集外集·"音乐"？》中，鲁迅痛心疾首地呼唤："只要一叫而人们大抵震悚的怪鸥的真的恶声在哪里!?"①中华民族缄默、压抑得久矣，实在太需要"蒸发着血和泪"的"真的声音"。他企图用尖锐的语言来刺激人们，帮助他们从虚幻、空洞、无谓、愚昧的自欺中解脱出来，直面现实，正视矛盾。

二、"奴性知识分子"的动物意象

狼、猫头鹰、蛇无疑是"争天拒俗"的精神斗士的象征，为鲁迅所竭诚呼唤；而相对于此的那些丧失了自我尊严、蝇营狗苟的所谓"正派人物"，则为鲁迅所咬牙切齿。在鲁迅的作品中，这些人被转化为狗、猫、羊等动物形象。

1. 狗：驯良与狂吠

在动物中，鲁迅评论得最多的便是狗。事实上，狗与人类的干系颇有意思，你会发现被称为人类忠厚同伴的狗，在词语中却常常带有贬义，如"狗彘不如""狗眼看人低""狗嘴里吐不出象牙"等。据鲁迅说，经史上骂人的话，较厉害的就有"老狗"之类。② 可怜的狗绝对没有想到自己屈从了人的意志，甘愿充当人类的奴仆，不仅没有得到褒奖，反遭人的鄙视和唾骂，更没有料到在二十世纪，会出现鲁迅这位致命的"天敌"。

在《狂人日记》中，小说中的"赵家的狗"是作为"吃人者"的形象登场的，③它的目光和叫喊衬托出阴沉可怖的空气；在《论"费厄泼赖"应该缓行》中，鲁迅特地为"叭儿狗"画像，提出"痛打落水狗"的主意。④ 但是，鲁迅对狗也并非一概否定和厌弃，他厌恶的只是丧失野性的狗。在鲁迅那支"金不换"的追摄下，"叭儿狗""丧家犬""鹰犬""洋大人的宠犬"等纷纷暴露无遗。这种种"狗相"结合起来构成了中国现代社会中的"走狗"形象，鲜明讽刺了知识分子依附权贵、摇尾乞怜的奴性人格。

2. 猫：媚态与凶残

鲁迅是"仇猫"的，提及鲁迅之于猫敌意的生发，还要追溯到他的童年时代。从小，鲁迅对猫就没有好感，"总觉得它有点妖气"。一天夏夜，鲁迅在桂

---

① 鲁迅：《集外集·"音乐"？》，《鲁迅全集》第7卷，人民文学出版社2005年版，第54页。
② 鲁迅：《坟·论"他妈的!"》，《鲁迅全集》第1卷，人民文学出版社2005年版，第232页。
③ 鲁迅：《呐喊·狂人日记》，《鲁迅全集》第1卷，人民文学出版社2005年版，第423页。
④ 鲁迅：《坟·论"费厄泼赖"应该缓行》，《鲁迅全集》第1卷，人民文学出版社2005年版，第365页。

树下纳凉,祖母给他猜谜语、讲故事,其乐融融,不料有猫突然从桂树上爬下来,打断了祖母的发言,粉碎了温馨的气氛,使鲁迅极其失望。祖母转而讲述了关于猫和老虎的故事,其中猫的恶行,又败坏了鲁迅听故事的兴致,于是越发厌恶猫。[①] 在猫偷吃了鲁迅饲养的可爱的小隐鼠后,鲁迅对猫的痛恨便在心里扎了根,他甚至在《兔与猫》中直接将大黑猫称为暴殄天物的"刽子手"。关于"仇猫"的缘由,鲁迅在散文《狗·猫·鼠》里是有阐明的,他以为猫天性残暴,其最大的特征便是"虚假":以实足的媚态利诱人,以残暴的底细虐杀、摆弄生灵。[②] 而那些在文化界乱爬乱叫的正派人物,行"走狗"之实,作"猫样"之态,一方面凭借"阔人",助桀为虐,一方面又以"局外人"自居,标榜"驯良"和"公平",[③]为鲁迅所鄙夷。

3. 羊:率领与顺从

羊是六畜中最温顺的一种,以至于逆来顺受、任人宰割,是"顺民"的象征。鲁迅作品中的胡羊是羊中最温柔的,是"顺民"中的"顺民"。它们被牧民赶着,领头羊领着,"挨挨挤挤,浩浩荡荡","匆匆地竞奔它们的前程"。而所谓"前程",却是奔赴"屠宰场",而后"凝着柔顺有余的眼色",毫无怨言地任人宰割。仁义道德便是"吃人",礼教即统治者的"牧羊经",它们在温情脉脉的面纱下,剿杀着、湮灭着人的本性。人们"不能动弹,也不想动弹"[④],温驯,麻痹,愚笨,全然是仆从的模样。而那些冠冕堂皇的知识分子,竟叫嚣着"要'吃人'必须把'人'变成'奴隶'才便于进行",成为统治阶级奴化、愚弄群众的"帮凶",[⑤]着实叫人愤恨。

毫无疑问,鲁迅的两种动物意象形成了鲜明的对比,反映了他对中国知识分子问题的思考。如果说对以狼为代表的动物形象的描述包含了鲁迅对当代知识分子道德品格的热切期待,那么以"叭儿狗"为代表的动物形象的创造则包含了鲁迅对当代知识分子现实中的奴性品格的激烈批判。可见,鲁迅对中国当代社会知识分子的思虑和摸索,是将"破"和"立"紧密联系在一起的。

---

① 鲁迅:《朝花夕拾·狗·猫·鼠》,《鲁迅全集》第2卷,人民文学出版社2005年版,第233页。
② 同上,第236页。
③ 鲁迅:《华盖集·并非闲话》,《鲁迅全集》第3卷,人民文学出版社2005年版,第78页。
④ 鲁迅:《坟·灯下漫谈》,《鲁迅全集》第1卷,人民文学出版社2005年版,第215页。
⑤ 鲁迅:《准风月谈·帮闲法发隐》,《鲁迅全集》第5卷,人民文学出版社2005年版,第272页。

三、动物意象中的人学思想

"立人"是鲁迅的核心思想，早在日本留学之初，他就开始思考什么是理想的人性？中国的民族性格最不足的是什么？病痛的根源是什么？这种反思可以说贯穿了鲁迅的整个文学生涯。值得注意的是，鲁迅对人性的思考，有许多是在与兽性的比照中进行的。

1."意力"：人比兽缺失的品格

关于鲁迅笔下动物意象的塑造和人与兽关系的思虑，尼采对其产生了极大的影响，并以唯意志论学说为重。面对处于"颛蒙默止，若存若亡"[①]状况中的百姓，他提出了"恃意力以辟生路"的主意。所谓"意力"，便是人的生命意志，它是一个生命联结本性自由的基础。"意力"思想的引入，直接催生了鲁迅作品中的狼、蛇、猫头鹰形象，成为"意力"道德品格的体现。鲁迅是盼望以"意力"来促使百姓觉醒的，在他的心目中，当代知识分子作为知识、精神产品的承载者和传播者，不仅仅是独立人格的表现，还担负着播种自由思想的任务。

此外，西方自然科学也对鲁迅产生了深远的影响。鲁迅从小就对自然有兴趣。他幼年读书时最喜欢的书是《释草小记》《释虫小记》《毛诗草木鸟兽虫鱼疏》《花镜》之类的古书；在日本学习期间，他系统地学习了生物学；1907 年写下的《人之历史》，详细介绍了海尔克、拉马克、达尔文和其他西方生物学家的理论。可以说，是生物进化论使鲁迅加倍认识到人与自然之间，人与兽之间，实际上是存在着天性上的相通与一致的。他对中国国民性展开了更加深切的思考，使其人学思想在人与动物、人性与兽性的接洽和对照中得到彰显。

2."吃人"：人与兽本性相通

鲁迅对于人与兽关系的思考具有他自身的独特性。为什么这样说呢？因为鲁迅的这份对中国人，以及其人性的人类学的反思和批判，其实是从两个相反、相悖的方向进行的。说人与兽赋性相通——"吃人"，表面上是对人的一种否认性判定，但在否定背后却隐含着对人的肯定，即认可人是由动物进化而来的，人是比动物更文明的存在。而"吃人"则是人在文明进化中遗留

---

① 鲁迅：《集外集拾遗补编·破恶声论》，《鲁迅全集》第 8 卷，人民文学出版社 2005 年版，第 24 页。

下来的蛮性,是一种兽性的表现。显然,在这个角度上,鲁迅对动物性和善性持否定态度。然而,鲁迅的这种反思在反方向上亦有同步的进行,即否定人的文明性,呼唤人在文化进程中失落的动物性。固然,鲁迅的反思不是抽象的,而是聚焦于传统文化对中国人的"驯化"进行分析。

鲁迅在《中国人的脸》一文中,把"西方人的脸"和"中国人的脸"分别概括为"人＋兽性＝西洋人","人＋家畜性＝某一种人"两个公式。他认为,中国人缺乏的自然属性是从动物身上消失的,自然也应该从动物身上恢复。在《我们现在怎样做父亲》一文中,他就以"动物学的真理"来张扬爱,借以唤醒人们麻木、冷漠的心,并进一步主张人们应该"将这天性的爱,更加扩张,更加醇化;用无我的爱,自己牺牲于后起人"[①]。在鲁迅看来,这种"爱"的天性,人本应该在进化中从动物那里得到良好的传承,如今却被名教的斧钺砍伐殆尽。对此,他以"三年无改于父之道可谓孝矣"之类的清规戒律为例,对其展开了不留情面的讽刺。如此看来,传统名教对中国人精神的禁锢实在太久、太深了,以至于连动物的美好天性都要悖逆。因此,如果现代中国人要"幸福地度日,合理地做人",首先应该向动物学习。

四、动物意象中的美学追求

1."恶之花"

鲁迅痛心于中华民族品德的萎缩,欲将"蛮野"作为革新国民性的"新力"和"希望"。"蛮野",是文明成长的渊源和动力,撇开"蛮野",文明就不复存在。纵观鲁迅笔下的动物意象,本来智慧的猫、忠厚的狗、和顺的羊等都成为他审美否认的种种,而他尽力歌颂的狼、蛇、猫头鹰等,无一不是传统文化中"恶"的代表,是审美领域内的"恶之花"。显然,鲁迅在他的审美追求中,选择了一种与传统观念背道而驰的方式,构成了他"恶"的审美观。

以"反传统"为己任的鲁迅是将"恶"作为审美表达的首要工具的,所以在他笔下,狂人、疯子、孤傲者、复仇者、苍老的女人等"恶人"组成了"人的世界"的主要意象;狼、蛇、猫头鹰等恶性动物,则成为"动物世界"的主要形象。这里的"恶"并不是指品德范围内与"善"相对的观点,而是一种对神圣传统的"轻渎"和"背叛",具有强大破坏力的生命意志,即鲁迅所言的"恶实强之代

---

① 鲁迅:《坟•我们现在怎样做父亲》,《鲁迅全集》第1卷,人民文学出版社2005年版,第135页。

名"。①

2."力之美"

"恶"所包含的,是对立和反叛,它孕育着生命与创造。鲁迅所呼唤的"恶"的文学是充溢着"反抗挑战"力量的文学,是"铁和血的赞颂"。他认为,仅仅叫苦鸣不平是远远不够的,富有反抗力量的民族,应该将哀音变为怒吼:"怒吼的文学一出现,反抗就快到了;他们已经很愤怒,所以与革命爆发时代接近的文学每每带有愤怒之音;他要反抗,他要复仇。"②为此,鲁迅强烈呼唤创作主体的个性自由,因为恶之美的价值底蕴便在于个人的自由自觉:以"个人的自大"反对"合群的自大",以独异的自我"向庸众宣战"。③

在审美意识上,鲁迅表现出对反传统的寻求,而他笔下的动物意象也成为现代主义美学思潮浸润下的一束"恶之花",散发出振奋人心的"力之美"的芳香。它不仅包含着鲁迅对人类深切的爱与悲悯,也寄托着他希望人类能够从兽性圈子里得到自我提升的殷切期望。直面兽性,可以说是人类完满自我的第一步。

鲁迅笔下的"人的世界"与"兽的世界"组成了一个奇异诡谲的艺术天地,交相辉映,异彩纷呈。它不仅记录了鲁迅广博而幽深的精神世界,也蕴含着他对人性与兽性这份独特的"人学"的思考和探索,深邃动人,发人深省。

(顾圣音　浙江工商大学人文与传播学院本科生　邮编 310018)

---

① 鲁迅:《坟·摩罗诗力说》,《鲁迅全集》第 1 卷,人民文学出版社 2005 年版,第 78 页。
② 鲁迅:《而已集·革命时代的文学》,《鲁迅全集》第 3 卷,人民文学出版社 2005 年版,第 419 页。
③ 鲁迅:《热风·随感录 三十八》,《鲁迅全集》第 1 卷,人民文学出版社 2005 年版,第 311 页。

日常阅读既需要"莫逆之交",也需要"点头之交"

——范家进教授访谈[①]

徐心仪

2019 年 5 月 29 日,受学院"E 线工作室"委托,本人以见习记者的身份有幸采访到了浙江工商大学人文与传播学院的范家进教授。范家进教授,现任浙江工商大学人文与传播学院副院长,兼任中国现代文学研究会理事、中国小说学会理事、中国当代文学研究会理事、浙江省中国现代文学研究会副会长、浙江省鲁迅研究会副会长及浙江省文学学会常务理事等。本次采访,记者从其个人经历、文学爱好、教育现状及时下热点话题等多个角度进行了提问。

一、减少碎片化阅读,结交书中的"莫逆之交"

21 世纪是一个读图时代,人们越来越难以真正潜下心来进行深度阅读,碎片化的阅读成了常态。对此,范家进教授认为碎片化阅读体现当下是一个娱乐化的时代,消除深度、追求轻松。但这对于一个人真正要去积累某方面的知识肯定是不利的。快餐和零食永远可以给自己糊糊口,但是对营养肯定有坏处。知识上也是如此,你需要吃大餐,而大餐是正儿八经、铺上桌布用上餐巾的,肯定比较麻烦,但零食就可以抓起来边走边啃。学习肯定需要大餐,有长度的文章或者专著,对某个知识点的持续关注,才有可能积累起某方面的知识,光读图和碎片化的阅读是不够的。

谈到最想对现在的学生说什么时,范家进教授表示,还是希望大学生能好好读几本书。无论家庭还是社会,对在校生的定位和期许就是读书。而读

---

① 本文为作者选修的"新闻写作"课程期末作业,指导教师为李蓉教授。

书也需要和书进行"深度交往",一般浏览和认真阅读是两回事。翻阅式的阅读只是满足于知道而已,最多就像人与人之间的点头之交。而真正的读书是要坐下来跟它有一个比较长的对话。当你意识到某些书有利于自己的成长,能够不断地解释你内心的困惑,或者在你软弱、迷茫的时候对你有所启发,你就会觉得书很可爱,就会去阅读它。

其次,读书有时候也要"知人论世"。为什么有时候集中对某个作家读得多一点,包括阅读他的传记、了解他的生平?因为当我们把人和书联系起来看之后,你就会觉得他不再是一个读书的对象,而更像是一个我们要不断接触、可以随时向他求教的对象。到这种程度,就不会有其他外在的压力,读书就变成了一种不由自主的事情。人的精神财富需要由那些大家去构成,你可以有多数的"点头之交",但也一定要有少数的"莫逆之交"。

图为刚上完课的范家进教授

二、"前任院长说我说话太直,这其实是受鲁迅影响"

范家进教授对鲁迅的喜爱,在中文系是尽人皆知的。16岁考上华东师范大学中文系,在大学期间第一次接触鲁迅后,一直喜欢至今。毕业工作后买的第一套作家全集也是鲁迅的,所以鲁迅对范家进教授的影响是相当大的。

范家进教授认为,鲁迅的文章深刻、独到,能够让人对生活、对人世有不同的眼光,有时又比较毒辣,能够看到一般人看不到的地方。鲁迅很坚韧,做事很认真,在学习上有永远不断的追求,对知识世界的向往以及执着等等,这些都是正面的影响。

但是,范家进教授表示在他做管理工作的时候,鲁迅也给他带来了不是很有利的影响。"已经退休到海外居住的前院长曾经很贴心地跟我说,你说话太直,中国人好讲面子,你太直了容易得罪人;做管理工作,说话还是要尽可能委婉一点。我说话太直,很可能跟年轻时就偏爱鲁迅杂文有关。"

除了阅读、教育、国际政治等宏观问题,记者还就其学业之路、读书的一些经历、退休生活的畅想等问题进行了提问,范家进教授都一一作了解答。此次采访一直在轻松愉悦的气氛下进行,范家进教授让记者感受到了"直率而豁达、幽默而睿智、谦逊而深刻"的个人品质。而在一些问题的解答上,更是让记者获益匪浅。

（徐心仪　浙江工商大学人文与传播学院本科生　310018）

江南文苑

认识你自己

——钱谷融传（一）

韩星婴

一、童年

1."男儿属羊"

"江南水乡,晴空碧波,秀丽天然。上则长天寥廓,下则水石清妍。"这里农田星罗棋布,河流密如蛛网。百来年前,河流与江南人的生活密不可分。它是重要的交通运输通道,日常生活的自来水管道,能自然净化污水的下水道,当然还是农业用水的天然渠道。正因为如此,江南的村镇、城市绝大多数是沿河而建的,真所谓"人家尽枕河"。

江苏省西南部有个武进县,县境里有条永安河,这条河"宽约十丈,上架石桥殊坚固。河水清而不流,景定声寂,时见鸭浮。近陆多水草,皆葱绿可爱。两岸竹树掩映,尘喧不到"。永安河流经一个叫南夏墅的小地方,这儿离武进县县城大约有三十里,是江南普普通通的农业村镇。"村密树稀,殊乏山水之胜""汽车往来不绝,飞尘障目,喧声震耳"。

现在的南夏墅与百来年前相比,已经发生了很大的变化。新建房屋鳞次栉比,高速公路四通八达,只可惜原来清澈的永安河现在已经变得像闻一多《死水》诗中描写的那样可怕。江南的河流大都如此了。

钱姓是江南的大姓,一千多年以前,五代十国的时候吴越国(南夏墅当时就在吴越国的境内)的国王就姓钱。在宋代编纂的儿童启蒙读本《百家姓》中,钱就排在第二,由此可见当时钱姓的地位。南夏墅也有一些姓钱的人家。中国人多,历史悠久,差不多三百年就要来一次改朝换代,所以帝王也多,帝王的后代就更多。南夏墅的钱姓人家都说自己也是吴越王的后人,不过"于今为庶为清门",是平平常常的耕读人家了。钱镜海家就是这些钱姓人家中的一家,钱镜海"有几亩薄田,但数量很少,早年教私塾,收些束修,贴补家用"。后来私塾逐渐衰亡,连"教几个小小蒙童"也不成了。总之很有点"谋耕谋读两难成"的忧虑。

就在1919年9月28日清晨,钱家的第六个孩子出生了,这是个男孩。(后来据推算,孔子就诞生在两千多年前的9月28日,因此这一天就被定为中华民国的教师节。台湾地区直到今天还是如此。)由于家境并不富裕,这孩子也不是长子长孙,出生的时候又没有出现什么奇瑞,当时也没有孔子生辰的公历一说,所以在钱家只能算是普普通通的弄璋之喜,没有什么超乎寻常的兴奋和庆祝。

1919年已经是推翻清朝专制统治以后实行共和制度的第八个年头了,清朝雍正皇帝的九世孙,也就是后来誉满全国的大书法家启功,在这一年也已经是八岁的中华民国公民了。国父孙中山先生在中华民国成立前夕倡导并决定采用的公历和民国纪年,早在1912年1月1日起就正式实施了,所以按照政府正式的说法,这一年应该叫民国八年。民国纪年现在只有台湾地区仍在使用,大陆人初次与台湾地区亲友通信时会感到很不习惯,比如2006年,台湾地区会写成95年,乍一看还以为是十一年以前写的旧信呢。可是在1919年的时候,中国大多数的普通百姓还不很习惯用民国纪年,他们仍然习惯使用沿袭了千百年的农历。所以在钱家看来,这个孩子的生辰是己未年八月(癸酉)初五(癸未)庚子。这一天是当年秋分之后的第五天,苏南的农谚描绘水稻从扬花到收割的景象是:"白露白迷迷,秋分稻莠齐。寒露无青稻,霜降一齐倒。"所以这孩子正好出生在水稻的扬花抽穗之后、秋收冬藏之前。此时与伏天相比则比较凉爽,与秋收相比则比较空闲,夸张一点讲,也算是"生逢其时"了。

历法是个复杂的东西,不是专家是解释不清的。一般人也就是买本历本看看而已,迷信的人可就必定会按着老黄历来起居办事的。对于普通人来讲,比历法有趣得多的是生肖属相。把一个人的一生与某种动物联系在一起,这真是中国人奇妙无比的文化创意。难怪直到眼下的21世纪,许多中国周边的国家地区还保留着这种文化习俗,全世界的华人就更不必说了。在中国各地文化中有关属相还衍生出了种种或有趣、或乏味、或神秘、或荒诞的说法。己未年为羊年,从文字学的角度讲,"羊者祥也""羊大为美"。江南民间流传的说法是"男儿属羊,出门不带粮",不过下面还有半句话对属羊的女性却很不恭敬,所以这里就不引了,看这本书的属羊的年轻女性读者们不要去打听这后半句到底是什么,你们只要相信"羊就是祥""羊大为美"就可以了,"时代不同了,男女都一样"嘛,"女儿属羊,出门也不带粮"。那么,这"出门不带粮"到底作什么讲呢?恐怕没有人真能说得清楚,大概总不外乎吉利、顺当的意思吧。如果读者有耐心把这本传记读下去,就可以看到,钱家的这个属羊的孩子倒真的是从十五六岁起就一直出门在外,先读书后教书,退了休还是读书,而且到老都很有口福的。

中国许多文人还喜欢借属相说事。胡适因为蔡元培、陈独秀和他自己都属兔(蔡元培丁卯最大,是老兔子;陈独秀己卯居中,是中兔子;胡适辛卯最小,是小兔子。因为农历与公历并不完全重合,所以就公历而言,蔡生于1868年,陈生于1879年,胡生于1891年,并不正好都间隔十二年),就很得意地说,五四的时候"三只兔子闹翻了天"。除了上述这三位,周作人还写过好几位五四时期属兔的朋友,个个都写得活灵活现。让人读后不禁奇怪,怎么会有这么多的兔子聚在了北京大学,而且个个都很了得。后来有人发现鲁迅和毛泽东都属蛇(鲁迅辛巳,毛泽东癸巳),又附会出了许多说法。后来钱家的这个孩子也成了文人,他似乎是不大喜欢借属相说事的。巧的是,中国文坛上的周扬也属羊(丁未年,公历是1908年,当然那时他还不叫周扬),这一年已经十二岁了。除了属相,每个使用农历的人还有属于自己的生辰八字。这就是记录出生年、月、日、时的八个干支汉字。干支记时的历史已经有好几千年,甲骨文中就有明确的记载。据说到了唐代有个李虚中能用出生年、月、日的六个干支字来推算人的命运,非常灵验。宋代又有人加上时辰的两字,就演变成了一门以生辰八字推算命运的方术。自从人类诞生以来,人对于生命质量的关心与追求从来就没有停止过。生命的量的指标是客观的,虽然统计的起点有点出入(有的人认为生命起点应该从母亲怀孕开始算起,也有人认为生命的起点应该从母亲分娩开始算起。现在为了胚胎干细胞研究,全世界又在争论这胚胎细胞是不是生命),但大体上可以计算清楚。生命的质的指标则是主观的、相对的,牵涉生理、心理、文化等多个方面,至今也没有一个"放之四海而皆准"的公认指标。生命的质与量既关系到每一个个人,也关系到全体人类。在生命质与量何者为先这个问题上,又是"仁者见仁、智者见智"。"好死不如赖活"是优先考虑生命的量,"拼死吃河豚"则是优先考虑生命的质了。人们试图预测、改善、提升生命质量,所采用的方法随着时代的不同在不断地变化着。总的来说,若论生命的量,现代人的确比古人提高了许多;若论生命的质,就很难说了,至少不能说现代人一定比古人快乐得多。当前与生命质量有关的最热门的据说是基因、遗传、智商等等学说,可是在1919年的时候,请一个算命先生来推算孩子的生辰八字,差不多是普通人家首选的做法。

　　算命先生推算下来的结果是钱家的这个孩子命中缺火。中国文化中充满了辩证的思维方式和操作手段，命运中的很多缺失是可以用种种方法来补救的。最简单的方法就是通过给孩子的命名或者改名来加以补救。于是父亲就给这个孩子起了个大名叫钱国荣。繁体汉字中的榮字上面是两个火，底下还有个木，又是火又是木，"木生火、火依木"，相生相依、相辅相成。也许真的是命中缺火，钱国荣到老也没有表现出多少"火气"来。到了二十岁上大学二年级的时候，钱国荣在写作文《与人求交书》时第一次用了"谷融"这个笔名。写文章时不要火气，大名中的火继续补救命中的缺失。但是人算不如天算，到了钱国荣三十多岁的时候，在中国大陆范围内使用的很多汉字被简化了，荣字头上的两个火字被简化成了草字头，这一下"火"没了，只剩下"草"和"木"了。古时候说人疑神疑鬼、心惊害怕叫"草木皆兵"。奇怪的是，中国大陆"草木皆兵"式的运动就此绵绵不绝，钱国荣也好像是"秀才遇到兵，有理说不清"了。既然大名于事无补了，索性以"笔名行天下"就叫"钱谷融"吧，单位领导又迟迟不予批准。直到过了花甲之年，总算将大名改成了钱谷融。你还别说，以后的路就真的比较顺畅了，这里面到底有什么玄机呢？恐怕是谁也解释不清楚的。命也矣夫？名也矣夫？也许是有过这样的经历，后来钱谷融有时会半开玩笑半认真地建议自己的学生也改改名字。想想也是的，看看历史上中国领导人的名字，大多数都是响当当的。据说有一些姓"刁"和姓"苟"的人就因为双关和谐音的关系遇到了许多意想不到的麻烦，无奈之下甚至还想要改姓氏呢。"人从宋后少名桧"，现在真的很难见到大名叫"桧"的人。"想当年，姓名大事切莫等闲视之"啊。

　　为方便起见，下面我们就不分时间先后只用"钱谷融"这个名字了。一般情况下，这本书中只称"钱谷融"而不加"先生"二字。作者作为钱先生的学生，这样做是很失礼的，在过去是要被逐出师门的。不过对一般读者而言，名字后面没有先生二字，也许会觉得书中的传主与自己更接近、更亲切一些的。另外，如果在一个小孩子的名字后面也加上"先生"二字，现在一些年轻的读者也许会感到味道怪怪的。好在钱先生能够理解我们的难处，我们也就放肆了。对老师的尊敬，礼仪是非常重要的部分，但恐怕还并不是全部。附带说一句，"国"和"谷"在现代汉语普通话里面是不同音的，在吴语的很多地区的发音里也是不同的，但是在常州武进方言中是同音的，在钱谷融的夫人杨霞华先生家乡奉贤方言中也是同音的，真称得上"夫唱妇随"。有趣的是，"融"字在现今《新华字典》里有三个解释："1. 固体受到热变软或变成液体。2. 融合、调和。3. 流通。"与火并不相干。可是在东汉许慎《说文解字》里的解释是"融，炊气上出也"。古时做饭，想来必用明火；"炊气上出"，大概火候已到。

兜了一大圈,最后还是与火有点关系,只不过是由明火变成了暗火呵!

晚年的钱谷融深情地说道:"故乡是和自己的童年纠结在一起的。童年永远是自己的金黄色的梦,而且是已经逝去了的金黄色的梦,梦总是惹人思恋的。它虽已消逝,却又总是缠绕在心头,挥之不去。看来,它将陪伴自己的一生,永远与自己同在。"

2.“五四”的同龄人

每个人都不是自己要来到这个世界上的,自然也没有办法选择出生的时间。现在有一些父母借助剖腹产来为孩子选定生辰,用意当然很好。尚在母亲腹中的钱谷融自然不可能知道,自己出生之前一百几十天的 5 月 4 日,北京发生了那么重大的历史事件。中国文化中的偶像崇拜之风本来就不很浓,再加上当地人自从鸦片战争以来经历过太多的变乱,"曾经沧海难为水",自然是见怪不怪了。这是中国历史中很常见的现象,中国太大,人太多,等到变革波及到底层的时候,不是已经滞后了很长的时间,就是内容和形式都已经发生了很大的衰减和变异。鲁迅在小说《风波》里,再形象不过地刻画了这种现象。当时的五四运动对南夏墅人的直接影响,与后来南夏墅人遇到的抗日战争等相比,用吴地的一句歇后语来说,真叫作"一粒米嘟粥——米气也呒不"(意思是差得太多了)。

按照如今时髦的做法,钱谷融有资格自称"五四的同龄人",但是他似乎从来没有这样说过。中国从鸦片战争开始的文化转型,时至今日还未能定型。这个转型期间的社会变革,大大小小真是数不胜数。"五四"是整个文化转型过程当中极其重要的一个环节。如果我们准备单单从政治的角度去诠释"五四",那么就是一个比较简单的事情,但是如果希望从学术的角度去全面研究"五四",那么就是一件极其复杂而艰巨的工作了。要说清楚重大历史事件的事实就已经很不容易,更遑论去客观评述那些前因后果、影响范围、历史功过等等了。

钱谷融很欣赏他的好友王元化关于"五四"的研究。他说:"王元化认为无论是'文白之争'或'新旧之争',都不能完整地概括'五四'文化论争的性质。至于'民主'与'科学',当时虽然喊得很响亮,但是只停留在口号上,对这两个概念的理解却十分肤浅,甚至可以说是茫然无知,简单地把它们作为五四思潮的主要精神,是大可怀疑的。在王元化看来,'五四'的主要成就,是在于个性解放方面,当时掀起的波澜壮阔的个性解放运动,使人们认识到在社会中每一个人都应该有自己独立的人格和地位,从而在思想上、精神上开始树立起了独立自主的观念。""至于'五四'的缺失,王元化认为主要表现在当时流行的四种观点上。他指的四种观点即庸俗进化观、激进主义、功利主义和意图伦理。他并一一指出了它们的偏向和危害。庸俗进化观逐渐演变成为僵硬地断言凡是新的必定胜过旧的;激进主义则成为极左思潮的根源;功利主义使学术失去其自身独立的目的而成为为自身以外目的服务的一种手段;意图伦理则是先确立拥护什么和反对什么的立场,而不是实事求是地把真理是非问题放在首位。"

2008 年 5 月,王元化去世,正像聂鲁达为哀悼艾吕霞所写的诗那样,"友谊大树上的树叶一片片飘落",钱谷融又少了一位好朋友。中国人在长达七十年的时间里经历了太多,钱谷融能在这风风浪浪中艰难地度过了读书、教书的七十年,继而又能在中国历史上稳定的时期,"随心所欲、不逾矩"地继续读书、教书,朝着九十五岁、一百岁平稳前进,真可谓一只上帝眷顾的羔羊,一位"五四同龄人"中的少有的幸运儿了。

3.“人生多艰,可贵者唯童年”

1919 年前后的中国夭折儿童的数量是很大的(当时的中国还没有确切可靠的统计数据),钱谷融能长大成人的概率并不很大。他们兄弟姐妹一共九人,其中三人夭折了。在当时这种情况下,撇开经济条件不谈,抚养孩子主要靠的是母亲的爱心和经验,此外就只能听天由命了。钱谷融的外婆家姓周,远在三国东吴的时候,周就是江南的大姓了。钱谷融不知道母亲的闺名叫什么,因为当时的女子出嫁以后不仅失去了闺名,连姓也必须改用夫姓,所以他从懂事开始就只知道母亲叫钱周氏。钱谷融回忆道:"我只知道我母亲姓周,却不知道她叫什么名字,因为在过去,女子的名字是秘不示人的。我也从来没有见过外公外婆,也从没有听母亲说起过他们,大概在母亲还很小的时候,他们就去世了。母亲只有一个姐姐,就是我的姨母。另外还有一个弟弟,即我的舅舅,却并非外公外婆所生,而是领养的。外公外婆和我们家一样,也在农村。他们家房屋很多,而且极其轩敞,每年农历三月节,那里举行庙会,我都要跟随母亲去住几天,看看热闹,单从住宅的气派看,外公家至少是个小地主,景况应该还是不错的。但那时候女子无才便是德,特别是农村中的姑娘,很少读书的,所以我母亲不识字,是个文盲。但她秉性善良,心地慈祥,心肠特别软,同情心特别强。不论是看到或听说有人遭了不幸,她总会从心底里发出同情的叹息;必要时还会尽可能给予及时的援助。有叫花子上门,她总要特别多给些。看到有人跌跤,在那人倒地前,她已大声叫着'啊呀!',就像是她自己要跌倒一样。她的仁慈不但是对人,还及于一切有生之物。她对家里豢养的猪、牛、羊,以至猫、狗等小动物,都特别地疼爱和怜惜,即使是一只蚂蚁,她也不轻易加以践踏。对她所生的子女,那当然更是呵护、关怀,照顾得无微不至了。"

人们早就发现,现代医学和遗传学也证明,母亲的基因对孩子的许多方面的发展是决定性的。俗话说:"爷高高一个,娘高高一窝。"青取之于蓝而青于蓝,钱谷融小时候对小动物的疼爱和怜惜,不仅继承了母亲的天性,甚至还超过了母亲。他讲过他与两只鸭子的故事:"十岁那年,有一天放学回家,天井里忽然多了两只小鸭。披着黄茸茸的一身嫩毛,摸上去异常温软;嘴里'哑哑'地嚷个不停,跑起路来,蹒跚得就像一个龙钟的老翁,觉得很可爱。从此,每天放学回家,总是连书包都来不及放,就跑到天井里去看这几个可爱的小东西。有时也喂它们些饭粒糠秕之类的食物,它们那种贪婪的形象,真使我欢喜。母亲又特为它们买了一只水缸,里面装了些萍藻之类的水草,让它们练习游泳。它们游泳时那副像煞很老练的神气,时常使我发笑。渐渐地,我与许多小朋友疏远起来,它们竟成了我最亲密的伴侣。鸭子渐渐大起来,身上的毛变成灰褐色的了。它们也知道嫌天井里的那块小天地太局促,时常到村旁的小河里去游泳了。每天从学校里回来,总凑着它们很起劲地在小河里玩着。我便站下来看着它们,间或抛下些泥土或小石子去吓唬它们。看看天快要黑了,便学着它们的语言,招呼它们上来一同回家。我走在前面,它们在后面大摇大摆地跟着。有时,我装出蹒跚的样子来嘲笑它们,它们便都'嘎嘎嘎嘎'地大笑起来。有一天回家,小河里没有看到它们,便急急地跑回家去;刚跨进家门,便被一个人拉住,原来是姑母来了。她从袋里摸出些糖果来塞在我的手里,一面便拉着我谈起来了。问我这,问我那,我也把我的小伴侣们忘掉了。一直到吃晚饭时才又想起,跑到它们的屋里去看它们时,却只看见一只,很萎靡地伏着,再也找不出第二只来。赶忙跑去告诉母亲,说少了一只鸭子!母亲却笑着说:'傻孩子,急什么,在这里呢!'我爬上凳子,向她所指点的地方看去时,却是一碗热气腾腾的小菜。'今天你姑母来,我叫老四把它杀了,请姑母吃的。'这时,姑母已经递过一碗饭在我面前,并且从母亲指点的那只碗里夹起一块肉来放在我的饭上。我拿起筷子,看了看姑母,忽然'嘎'的一声哭了出来。从此对于姑母便总有一种很不高兴的心理。那个充当刽子手的老四,更曾被我背着母亲埋怨过好几回。"

母亲对自己的孩子是最了解的,她说,钱谷融"小时候很懂事,但也很娇,容易生气,可嘴上又不说,要大人主动前来说好话,加以抚慰,不然会长期地赌气不作声"。一个敏感而内向的孩子就在这样经济条件不宽裕,家庭气氛却很和睦的环境中出生,然后慢慢成长起来了。

如同绝大多数人一样,钱谷融记不得自己从什么时候开始有了"自我"的意识，一个敏感而内向的孩子通常会较早地把自己和其他人区别开来。一般的父母也只关心、只记得孩子开口叫爸爸妈妈的时间，而很少去注意孩子是在什么时候开始用"我"这个词的。钱谷融在不知不觉中完成了他心理发展道路上的第一次飞跃，从此开始以"我"的眼睛来看待这个世界了，而且一辈子都是像孩童时一样，真诚地以"我"的眼睛来看待这个世界。说起来容易做起来难，有几个人能真正相信自己的眼睛，放出自己的眼光去看世界、看别人哦。

儿童第二次心理发展的飞跃，对很多人说来都是一种终生难忘的记忆。当一个孩子忽然意识到自己总有一天会死的时候，无忧无虑的童年生活实际上就已经结束了。钱谷融至今还记得当时的恐惧与无奈，作为一个内向的孩子，他把这一切都深深地藏在心里。中国文化中缺少真正意义上的彼岸意识，钱家又是一个深受儒家思想影响的家庭，钱谷融不可能在宗教的范畴内"了死生"，因此只能在现世的、此岸的人生道路上寻求死生问题的解答了。

八九十年前的农村是绿色的、没有污染的农村，像百草园是鲁迅儿时的乐园一样，钱谷融儿时的菜园也是他的乐园："门前有竹林，林左前方有菜园大亩许，四季皆植蔬菜，以供食用。外围竹篱，防鸡群窜扰。余幼时常在竹林下戏，清凉深绿，颇惬童心。倦则归要母降园中摘蔬果食。夏秋之际，若玉米、甜粟、向日葵子等，可食者尤多。日巡篱边十许次，见鸡在其中，则大声疾走驱之。果熟，亦常自摘食之。春日，园中菜花盛开，日光照之，耀目如金。蜂蝶成群戏舞其上，余追扑之，既而心醉神迷，亦效作婆娑舞，吾母见之，以为笑乐。恐余疲，招手呼归，余笑不顾也。必自来牵之，方踉跄随之归。"

钱谷融回忆儿时的夏天纳凉的情景时说："夏天纳凉真是一件乐事。乡下的纳凉另是一种场面。方式要比城市里自然得多，随便得多；所感受的趣味，也要比都市里更为淳朴，更为自在。每天，当天上还布满着五色晚霞时，各人家的家门口便都已架起了门板、躺椅，摆满了大大小小、长长短短的各种凳子，准备着乘凉了。等吃过晚饭，各人挟着一把团扇，坐到设定的位置后，纳凉便正式开始了。

"纳凉者大体上可以被分做三个集团。一是妇女，一是小孩，另一个便是成年男子。三个集团的趣味都是各不相同的。妇女们谈话的范围总不出家常琐事以及服饰打扮等等。成年男子则总喜欢谈一些奇闻轶事，当然大都只是些道听途说，往往还要加上些自己的想象和夸张的成分。譬如：飞机一个钟点能飞几万里，洋鬼子每个人都有几百万家产等等，或者互相重复地讲述着一些'景阳冈武松打虎''八大锤大闹朱仙镇'之类的烂熟的武侠故事。孩子们对于谈话是不感兴趣的，他们总是三三两两地用扇子追扑着萤火虫，或者玩着捉迷藏之类的游戏。有时弯下腰去从胯下仰望天空,圆的苍穹变成一条青色的海,闪烁着的繁星便变成了一只只银色的小舟。玩倦了时,便加入到父亲或是哥哥们的集团中去,往门板上一躺,听他们讲故事,却不多一会儿便沉沉入睡了。

"胡琴和箫、笛等简单的乐器,有时也会在这里出现。这时,便有人哼起不成腔的京剧或是流行的小调来了,其余的人便都静静地倾听着,发出由衷的赞叹。有时剖起一个西瓜,大家颇为自得地咀嚼着。田野里虫声交织成天然的音乐,繁星在天空闪眼,朴实的脑海里,不免也会涌现起一些牛郎织女的爱情故事之类的幻想。在这短暂的一瞬间,他们是把捉到了生命的永恒了!小时故乡的纳凉,真有无限的乐趣!"

还有捉蜻蜓:"记得我小时候捉蜻蜓最起劲的大概总是在正午时分。吃过午饭,大人们都要午睡。等他们刚一睡下,我便偷偷地出门去了。烈日在头顶射出灼人的火焰,大地像一盆炽热的炭火。我寻找着,捕捉着,尽管遍体被汗浸透了,也满不在乎。对于捉蜻蜓会有这样浓烈的兴趣,今天看来似乎是难以理解的。但在孩子,这却是十分自然的事。"

童年的生活,充满了遐想,钱谷融写道:"余童稚时,尤耽想若痴,闻飞来峰故事,欣羡不已,亦冀有山自天而降也。""举目远眺,但见远山隐隐,如入云雾中,以为琼楼玉宇在其上也,每对之神往矣。"

钱谷融很感慨地说过,"人生多艰,可贵者唯童年"。可是童年也有童年的艰险。那条不知吞噬了多少儿童的永安河,差一点就夺走了钱谷融幼小的生命。那天钱谷融一个人去永安河边,站在水边的一个伐倒的大树根上看风景。永安河畔景色秀丽,就像他后来写的那样:"夕阳衔山,晚霞在天,云水相辉,清流泛红,点点鸦影,跳跃其上,恍若精气徐腾,有飘飘欲举之概。"他被迷住了,"不觉魄定神凝,渺与万物俱化"。没想到树根一晃,脚下一滑,不会游泳的钱谷融跌入河中。他出于求生的本能,两只小手一阵乱扑腾,居然幸运地抓住了那大树根伸出的枝枝杈杈,不知怎么一来,又爬上了树根,好不容易回到了岸上,捡回了一条小命。

有道是"大难不死,必有后福",不过钱谷融人生中的九九八十一难才刚刚开了个头啊。但是不管有多难,即使到了老年,钱谷融仍然保持着一颗童心,对儿童的世界无限留恋。一看到孩子,钱谷融的眼睛里就会有一种异样的光彩,很难说清楚这是一种什么眼神,是羡慕、慈爱、理解、感叹?也许只有孩子才能真正读懂这种眼神吧。在钱谷融看来,儿童在游戏时那种全身心的投入,那种为游戏而游戏的精神,乃是一种人类最高的艺术境界。他很多次在上课时要学生们注意儿童的这种专注的游戏精神。

成人的心中填满尘世俗事，孩子的心中装着整个宇宙。鲁迅说"救救孩子"，孩子说"救救大人"。

4."老师都很喜欢我"

钱谷融与很多孩子不同，是自己要求开蒙的。他说："父亲早年教过私塾，因此当一个比我大两岁的哥哥要上学的时候，尽管当时镇上早已办起了小学，他却仍把我哥哥送进了邻村他朋友办的一个私塾里去。我当时还小，本不到上学年龄，因为朝夕跟哥哥在一起玩，便吵着要跟他一起上学，父亲也就答应了。第一天去拜老师的时候，在红毡毯上向老师磕了头，老师很和蔼，还给点心我们吃，觉得很有趣。可是后来，就渐渐感到太拘束，不如家里自由，就常常想赖学。可父亲在这个问题上很严格，决不容许。先是哄骗，哄骗不成就继之以打，最后还是被强送到老师那里去。记得老师教我和哥哥读的是同一本书——《千字文》。小孩子当然不会懂，老师也并不讲解，每天教一、二句，只教我们跟着他念几遍，然后就让我们自己念。到了一定的时候就要我们背诵。每次我都能流利地背出来。我哥哥却常常要打格顿，甚至要老师提示。于是老师夸我聪明，我自己和家里人也都以为我比哥哥聪明。"

"五四"以后，特别是新中国刚刚成立之初，私塾这种教学形式常常被批判。在这期间只有很少的几位学者认真地进行了研究，对私塾以及传统的教学做出了切中肯綮的评价。比如张志公先生指出传统语文教学有三大经验："一是建立了成套的行之有效的汉字教学体系；一是建立了成套的文章之学的教学体系；一是建立了大量的读、写实践为主的语文教学体系。"简单说来，由于有全世界最先进的文官选拔与考试制度作后盾，中国的私塾曾经是全世界在平等接受教育这一范畴内最先进的教学形式。西方文艺复兴、工业革命、资本主义化以后出现了更先进的现代学校教学。之后中国也慢慢开始社会文化转型了，私塾作为一种普遍的教学形式不能适应中国社会的需要，自然就消亡了。

钱谷融当时的情况就是如此，他回忆说，"在私塾大概读了有一年多点吧，镇上那个被当地人叫作洋学堂的小学，逐渐得到了人们的信任，我老师的私塾办不下去了，我父亲才把我和哥哥送到镇上的小学去。因为我们已经读过一年多的私塾，可以不必从头读起。当小学里的老师拿我们读过的《千字文》来考我们的时候，我尽管能够'天地玄黄，宇宙洪荒'地背诵如流，但当老师用手遮住上下文，单独指着一个一个的字要我认时，我就几乎一个也不认得了。我哥哥过去虽然常常不能背诵，却每一个字都真正认识。所以考试结果，我哥哥进了二年级，我却只能从一年级读起。记得那是一九二七年的下半年,我已经八岁了。

"在小学里读了六年,我一向是班上成绩比较好的一个,老师都很喜欢我。特别是五年级时候的一位老师,我还记得他叫王自治,字眺越,是绍兴一带的人,据说是大夏大学毕业的。他对我特别好,教了我一年就离开了。临走时,还特地把他的一部《天雨花》送给了我。并郑重地把我托付给一位同他比较要好的徐老师,要他以后多照看我。升到六年级时,教语文的级任导师谢老师,是新来的,刚从江苏省有名的省立无锡师范学校毕业。一次上作文课,我的卷子他披阅后发下来时,写了这样的批语:'从别处抄来,何得掩人耳目?'我很惊诧,去向他说明这是我自己写的,不是抄来的。他非常主观,仍一口咬定我是抄来的。我要他指出是从哪里抄来的,他非常自信地说是从《模范日记》上抄来的。当时这本《模范日记》很流行,我就找了一本拿去要他指给我看是抄的哪一篇。他当然找不到,但还是支支吾吾地不肯爽快承认是他冤枉了我。我小孩子家,受不得这冤屈,就在他的批语后面反批道:'批评之权在老师掌握之中,学生何敢乱道,然而……'这还不算,又在要交给老师看的日记中,把这件事写了出来,不指名地说,有一个老师硬把学生自己写的文章说成是抄来的,像这样的老师实在是太没有资格了。我还标上了《胡批》的题目。老师看了,并没有就我所记的内容表示什么意见,只在文后批了'字写大一些'这样几个字。老师是近视眼,但他之所以这样写,也许是为了可以让人理解为他根本没有看过这篇日记吧。事情本来可以到此为止了。不想我的一个正在江苏省立扬州中学高中部读书的表兄,忽然来我家玩,看到了老师的这句批语,并听了我说了事情的经过,便怂恿我说:'他要你字写大一些,其实你的字已够大了,谁叫他自己是个近视眼呢? 你可以反问他:'你看不见吗?'我当时实在不懂事,又抱着一肚子的委屈和愤懑,就真的照他的话在老师批语后面反批上'你看不见吗?'这样一句十分无礼的话。这下子这位谢老师就忍无可忍了。第二天上课时,他怒气冲冲地把我叫到他的讲台旁用戒方当众打了我十来个手心。他别的不提,只抓住我的'你看不见吗?'这几个字,说:'我今天就打你的看不见。'后来,王自治老师临走时拜托他对我多加照看的徐老师知道了我被打的事,特地找我谈了一次话,一面安慰我,一面也责备了我。他说,谢老师最初对你不了解,冤枉了你,后来也有些失悔。但你太不懂事了,怎么可以一再冒犯老师呢? 不过,他又说,谢老师还是喜欢你的,你以后要好好听谢老师的话。后来谢老师果然对我很好,我是班上他最喜欢的两个学生之一,跟我很接近。"

冥冥中自有安排,后来钱谷融也考取了谢老师毕业的省立无锡师范学校;钱谷融从教将近五十年的华东师范大学的前身之一,又正好就是王自治老师毕业的大夏大学。钱谷融自己做了老师以后,"己所不欲,勿施于人",他没有冤枉学生,更没有打过学生。后来反倒被学生批斗过很长的一段时间,他当然宽恕了那些批斗过他的学生。但是他对自己幼时的过分行为,却一直怀着歉意。1988年,钱谷融在《且说说我自己》一文中写道:"我当时年幼,太不懂道理,实在做得太过分了。不知道我的谢老师如今是否还在,虽然事情已经过去了五十多年了,而且我当时已经为此挨过打,我仍旧要在此诚恳地请求他的宽恕。"

韩愈说:"道之所存,师之所存也。"师之所存,道之所传。老师是昨天的学生,学生是明天的老师。教书但求师徒乐,生子方知父母亲。愿普天之下的老师都善待学生,愿普天之下的学生皆幸遇良师。

5.《三国演义》

八十年前的孩子没有电视、没有电脑游戏,但是自有他们的快乐,孩子快乐的多少与玩物的性质数量并不成正比。钱谷融说:"我爱读小说的习惯,早在小学里就养成了。父亲虽然是个私塾先生,但家里并没有多少藏书。四书五经之类我没有多少兴趣,也读不懂,最能吸引我的自然是小说。不知怎的,我第一部拿到手的竟会是半文不白的《三国演义》。而且我家里的还是大本子的木板书,一共有二十本。我一九三七年就离家去了四川,中经战乱,这书自然早已不在了。我毫无版本知识,也不知道是什么时候的刻本。当时我大约正读小学四年级或五年级,看《三国演义》,自然多半只是似懂非懂。但故事情节是看得懂的,而且很有兴趣。譬如曹操的奸诈,刘备的宽仁,张飞的鲁莽,关公的义气等等,给了我很深的印象。他们的事迹使我深深地受到吸引,并开始知道了有好人和坏人之分,初步建立起一种朴素的正义观点。

"书中最打动我、最使我敬慕的则是诸葛亮。刘备为了请诸葛亮出山,三顾茅庐那一大段,把诸葛亮不求闻达的高远襟怀,野云孤鹤般的雅人深致,写得形神俱足,气貌逼肖,充满了动人的魅力。在读《三国演义》之前,我完全不知道诸葛亮是何等样人,读过《三国演义》以后,除了他的料事如神的超人智慧以外,给我印象最深的,并不是他所建立的显赫的功业,而是他出山以前的那副散淡的襟怀和那种飘逸的风神。不知为什么,我当时还只是个十一二岁的孩子,我所最敬慕、钦羡的诸葛亮,竟并不是后来成为蜀汉丞相的诸葛亮,而是高卧隆中时的草野隐士的诸葛亮。我在和小朋友一起玩耍时,也常常带着自豪的感情说自己是'山野散人'。这恐怕只能归因于《三国演义》中的这一段写得实在太迷人了的缘故吧!后来知道了诸葛亮有'淡泊以明志,宁静以致远'的明言,我心目中最初形成的诸葛亮的形象,就益发鲜明高大起来了。

　　"这就种下了我此后遗落世事、淡于名利的癖性。当然,事实上一个人是无法遗落世事,也不可能完全淡于名利的,但总算能够比较超脱一些。因此,在我过去漫长的坎坷岁月中,尽管受到许多不公平的待遇,我也能淡然处之,省却了不少烦恼。《三国演义》还使我能初步读懂一些浅近的文言文,并在写文章时能用'之乎者也'来代替'的了吗呢'。这一点不久就给了我很大的帮助。我小学毕业要上初中了,为了便于照顾,家里自然就让我进了我哥哥已经在读的那所中学。这所学校原来是一所国文专修馆,里面的教师大多是前清秀才之类的旧派人物,他们都不喜欢白话。我哥哥在我考取了该校将要入学就读之前,就用一种半是吓唬我半是自豪的口吻对我说:中学不比小学,作文哪里能用白话,都要写文言了。我听了不免有些紧张。上学后第一次作文,就硬着头皮'之乎者也'地瞎凑了一通,居然顺利通过了,还受到了老师的赞许。这不能不归功于《三国演义》对我的帮助。

　　"读过《三国演义》以后,我对小说发生了极大的兴趣。就把家里所有的小说书,一部一部地找出来读。那时也不能分别好坏,自然更不懂得选择,只能碰到什么就读什么。像《七侠五义》《施公案》《彭公案》《说岳全传》《封神演义》《野叟曝言》《金台平妖传》……,就都是在小学里读的。那些年读过的真正的名著除了《三国演义》以外,就只有一部《水浒传》了。我生长在农村,村里的大人们农闲时常常央我给他们讲故事。我就把从书上看来的故事讲给他们听,他们听得津津有味,我也从中得到了不少乐趣。在初中时代,小说就读得更多了。但主要仍是读中国的旧小说。除章回体小说以外,也看了不少笔记小说。如《子不语》《萤窗异草》《阅微草堂笔记》《两般秋雨庵》之类。同时也开始对中国的古典诗词和散文名篇发生了较浓厚的兴趣。

　　"较多地读外国的翻译小说是进了师范学校以后的事。那些书使我大开眼界,在我眼前仿佛出现了一片新的天地,我结识了许多与旧小说中所写的完全不同的人物。他们的思想爱好,他们所生活于其中的社会和风尚习俗,与我一向所熟悉和知道的完全不同。施托姆的《茵梦湖》、洛蒂的《冰岛渔夫》、歌德的《少年维特之烦恼》等书,给了我无限的欢乐和忧伤。特别是屠格涅夫的《罗亭》《贵族之家》等等,引起了我对人生的思考,在我心头激发起对青春、对未来岁月的朦胧的憧憬和充满诗意的幻想。这时,我已开始深深地迷上了文学,迷上了这绚丽多彩、充满魅力的文学了!我此后的终于走上学文学的道路,可以说就是种因于中、小学时代对小说的爱好。"

　　中国文化中的传统价值观念是由小传统这个渠道走进民间的,甚至深入到穷乡僻壤,许多不识字的乡民也蒙受它的影响。王元化说:"大传统即过去思想家所产生的高层文化或高雅文化,小传统即过去的民间文化,包括谣谚、格言、唱本、评书、传说、神话、小说、戏曲、宗教故事等。民间社会一代又一代，都是通过这个渠道承受了传统的影响。"元明以来的六七百年，一部《三国演义》和一部《水浒传》在这个渠道中曾经发生过很大的作用，至今影响仍然不小。但是《三国》中的奸诈，《水浒》中的残忍，也使很多人担忧，以至民间一直流传着"少不读《水浒》，老不读《三国》"的说法。然而奇怪的是钱谷融不要说对《三国》《水浒》里的奸诈与残忍很不喜欢，甚至对忠勇、谋略之类的东西都不是很感兴趣，偏偏只喜欢出山前的诸葛亮的散淡飘逸。是因为像钱谷融说的"这一段写得太迷人"了，还是人性本来就应该是自由和闲适的，只不过许多人是被人生的短暂和艰难所异化了？

很多人小时候盼望着快长大，长大以后又怀念童年。该来的总会来，该去的终将去。钱谷融由童年步入了少年时代。

（韩星婴　苏州科技大学　邮编 215009）

北大上学记

陈改玲

一、温老师说我"话都不会说了"

1990 年至 1993 年,我师从温儒敏老师读研,入门后才知道我是他的第二届研究生,上面有旷新年、刘海军两位师兄,我下一届是丁晓萍。我们常常一起去温老师家聊天,当然也去其他老师家。我写过一篇回忆硕士生活的随笔,名为《怀念闲聊的日子》,刊发在《中国研究生》2007 年第 1 期,主要是谈在钱理群、陈平原、曹文轩、温儒敏等老师家的读书会和聊天,受文章结构限制,谈到温老师只有如下一段:

> 相对而言,我去温儒敏老师家的次数更多。温老师是我的导师,又住在未名湖边的镜春园,来去很方便。有时到湖边散步,就会拐到他家里坐坐。心情不好时,也会到他家去,只是随便谈点什么话题,郁闷消除了,就走了。温老师家很温馨,师母养了两只猫,一只白色的波斯猫"飘飘",一只黑色的中国猫"狼狼"。"狼狼"耳朵聋,喜欢卧在人的怀里。温老师一边用手摩挲它,一边用温和的语调和我们说些做学问和做人的话。他从不空谈道理,而是根据我们读书做事中遇到的具体问题,给以及时引导。温老师对我们多鼓励少批评,即便批评,也是点到为止。他对我们的宽中有度,他对我们的尊重和爱护,其难能可贵之处,在我带研究生后才有更深的领悟。

1990 年 9 月 1 日,我入校后去温老师家见他,他要求我每天读一本书,每个月交一篇读书笔记。他把旷新年、刘海军的地址给我,让我去找他们要必读书目。图书证还没办下来,我就借老师的书来看,首先读的是《鲁迅全集》,每次背一大包书,看完再去换,开学一个月就把《鲁迅全集》读完了。读完《鲁迅全集》后,又看了几本鲁迅的传记,就写了一篇文章交上去,几天后去找老师听看法。老师只叮嘱我继续往下看书,读书报告不必非要写成文章。后来,我去看旷新年的读书笔记,有的是摘要,有的是三言两语的感悟和体会,而他和温老师合写的《狂人日记》的序的文章,其读书笔记中也就是一句话,大意为文言文的序对白话正文是一种消解,受此启发,我开始有意识地记录自己的思考。

那时候,我喜欢交流,而老师们开的讨论课、老师家的沙龙、同学间自发的读书会,使我受益匪浅。研一第二个学期,老师开了现代作家研究课,适逢鲁迅一百一十周年诞辰,旷新年、刘海军我们三个想写关于鲁迅的文章,旷新年想写鲁迅小说,刘海军想写《故事新编》,我想写《朝花夕拾》,我们三人每人交了一篇,过了几天,到老师家,我们一个个坐在他旁边听他指导。后来在讨论课上,刘海军做了关于《故事新编》的发言,把它命名为新神话,我们争论很热烈,温老师说这次讨论最好,快放暑假时老师让我整理这次讨论课的发言稿,这就是《〈故事新编〉的总体构思和多层面阅读》,刊发于《鲁迅研究月刊》1991年第9期。这篇讨论稿集中了北大89级、90级现代文学研究生的观点,有某种前沿性,在学界产生了一定的影响。

我写其他老师的作业,也会把感受和想法告诉温老师。钱理群给我们开《曹禺研究》,期末作业我想写蘩漪,我给温老师谈到自己对客厅与阁楼的发现,他一边听我说,一边反诘着,引导我思考。我作业的题目为《蘩漪:"阁楼上的疯女人"》,这篇文章后来刊发于1992年第2期的《解放军外国语学院学报》。陈平原老师给我们开了门"现代学术史研究课",我期末作业写的是《胡适与白话文学史》,《北大研究生学刊》的编辑看到想发表,需要导师写推荐信,我就去找温老师,他看了我的文章很高兴,说这篇文章还可以修改一下拿到外边发表。孙庆升老师给我们开设了"现代戏剧研究",写他的作业时,我对高长虹的戏剧创作有了兴趣。适逢那个学期温老师到香港访学,把我和旷新年、刘海军托付给钱理群老师代管。我在钱老师家的读书会中就做了一次关于高长虹的报告,钱老师很有兴趣,他把《高长虹文集》借给我。在阅读《高长虹文集》的基础上我又对论文进行了修改,温老师从香港回来了,我把文章给他,他边看我的文章边说高长虹是否有点名士派呀?这篇文章经温老师修改,给它起了个很朴素的名字《我所理解的高长虹》,刊发在《中国现代文学丛刊》1993年第1期上。

1990年春天我参加面试后,温老师写信来,让我寄两篇文章给他。我寄了两篇,一篇是写张爱玲的,一篇是写接受美学的。我读本科时适逢各种西方文艺理论引入中国,我和同学们也被各种理论所吸引,我的毕业论文写的是文艺心理学方面的,题目是"论假定心理"。在洛阳外国语学院上课时,又反复研读了韦勒克、沃伦的《文学理论》,想以新理论阐释作品。1992年上学期,温老师给我们开了"现代文学批评史"课,有一次他请了艾晓明老师座谈后,让我为其专著《中国左翼文学思潮探源》写一篇书评。我很快写出来就送给他了,几天后,旷新年把我的文章带给我。天呢!全是红笔批注,有打问号的,有批注为套话的,我非常难为情。冷静下来后,我反复研读这部著作,重新写书评,二稿得到老师肯定,他说这是一篇高水平的学术性书评。这篇书评发表在1993年第2期的《中国现代文学研究丛刊》。

可能看到我对理论有兴趣,1991年下半年温老师去香港访学前,曾给我开了一个长长的理论书目,古今中外都有。勃兰兑斯的《十九世纪文艺主潮》、艾布拉姆斯基的《镜与灯》、刘小枫的《拯救与逍遥》等,我都是那时看的,这些书为我打下了较为深厚的理论基础。对于流行的新理论,温老师说不一定有多深的研究,但要了解。温老师的博士论文是《中国现实主义文学流变》,他的第二本专著是《中国现代文学批评史》,但是,对于学生的毕业论文选题,他从来不做限制。考虑到我毕业后还要回到洛阳外国语学院工作,就确定了一个与比较文学相关的题目,当年乐黛云先生曾建议他来写的这个题目。研究"五四"翻译文学与小说创作,既要梳理翻译文学方面的史料,也要梳理小说创作方面的史料,以及寻找两者之间的内在关系。1992年秋冬那个学期,我天天到未名湖畔与红楼毗邻的老馆看旧期刊,基本上把第一个十年的文学刊物翻了一遍,一边看一边摘抄卡片。但是,没想到寒假回洛阳,我竟怀孕。6月份就要毕业,读研前,我已做过两次人工流产,我把这个情况写信告诉老师,很快就接到了他的回信,如下:

陈政玲:

信收到。从长计议,还是建议你们保住这个孩子,否则对身体也不利。可以休息一段再返校,我会为你请假。论文不会有多大妨碍的。在京期间,生活可以安排好一些,我们也会照顾。这一点请小潘放心。王老师也是这个意见。

匆此祝好。

(返校时一定坐卧铺)

温儒敏
1993年1月13日

王老师就是我们的师母,在北大经济系办公室工作。我丈夫阿潘1991下半学期曾在北大中文系访学,和老师一家很熟。

当强烈反应过后,我回到学校,自然成了师友们的重点保护对象了。有一次我重感冒了,校医院给了点板蓝根,为尽快痊愈,我想喝红糖水配葱发汗,学校商店没有红糖,就给温老师打电话,他马上骑车给我送了红糖来。还有一次例行体检,北大医院说羊水少,我很紧张,师妹晓萍给老师打电话,他和师母赶紧到我宿舍来,他们告辞时,师母把老师推出门外,关上门问我,出血没有?我说没有,师母说那就放心了。

毕业论文本来就不好写,加之怀孕,多年后我才意识到这给老师和师母带来了多大的压力!我按温老师的要求很快写出初稿,那时我正对复调理论和对话关系感兴趣,就把翻译文学与创作的关系界定为"对话"关系,老师觉得这个可以作为全文逻辑起点,从这个角度,重新结构论文,落脚在热点现象中,把问题小说热、抒情小说热和乡土小说热各做一章来谈。起初,是我把稿子送到他家,有一次我到他家里拿着修改稿,他一个字一个字地指给我看,对我嘟囔了一句:"话都不会说了。"师母听到后,赶紧打圆场。这是温老师说我最重的话,以往他对我写的东西不满意时,最多只说"没有写出你的水平"。后来,随着胎儿的发育,怕我行动不便,温老师改出一章就送到我宿舍一章,然后把另一章拿走,他改完后再送到我宿舍,再把我新的一章拿走,他就这样骑着车子跑到45号楼下,爬到三楼给我送论文、拿论文,我们整个楼道的人都被他感动了。

定稿时,老师说其实还可以再修改的。6月3号答辩,我的论文成绩是优秀。之后,阿潘接我回家。9月27日,女儿出生。我们给老师发去报喜电报,很快就收到老师、师母和晓萍共同发来的贺电!为纪念这段难忘的生活,我们给女儿的名字里特地带了个"燕"字,燕即燕园。离开北大时,我到老师家辞行,老师交代我要继续做学问,写文章前可以把想法讲给阿潘听。我抱怨说军校学术交流气氛不浓厚,他说他和钱理群平时学术交流也不多,主要以写文章的方式交流。孩子稍大点,温老师又督促我修改毕业论文,这篇长达1.3万字的论文发表于1996年第3期的《中国比较文学》上。

二、怀念"挨骂"的日子

2001年9月,在硕士毕业八年后,我又考回中文系攻读现代文学博士学位,在北大又待了四年。我读硕士时,老师们似乎很少批评学生。但当我考回来攻读博士学位时,却惊讶地看到了老师们凌厉的一面:他们对博士生批评之多之严厉超出了我的想象。他们不仅在私下批评学生,还在集体场合批评学生;不仅批评自己的学生,还批评其他老师的学生。可以说,读博这四年是我和其他同学求学生涯中受到批评最多的阶段。

在倡导欣赏式教育的今天,这种以批评甚至"棒喝"对待学生的方式似乎有些"另类",其效果却极为明显。正所谓"良药苦口利于病",在一场接一场的批评中,博士生——这一将要获得最高学位的群体,在为学与做人方面都有了较为切实的改变。北大中文系现代文学专业是国家重点专业,当年指导我们、批评我们的老师如今一个个都退休了,我想记述读博期间印象较深的几次挨批经历,有助于大家了解北大现代文学博士生培养的特点,也为老师们的育人岁月和风格留下一点儿面影。

(一)

2001年9月,我博士一年级的第一学期,陈平原老师给研究生新开了一门"北京文化研究"课。他说开这门课主要出于个人兴趣,作为广州人,北京是他的居住地,居住久了,就由习惯到品味到研究,但是,该如何进入研究,他并不太清楚,开课既是摸索,也是在找一条进入古老北京的路子。当时的城市研究中,有对古城比如苏州、开封研究的,也有研究现代城市上海的,但是,介于传统与现代之间的北京很独特,它与苏州、开封等古城不同,也与摩登上海不同,陈老师认为北京文化研究应与苏州、开封等古城研究不同,也与现代都市上海研究不同。

对于北京文化研究这门课,陈老师初步的设想是选取能体现文人生活方式又有文字记述的某种景观或场景,在历史记述与文人想象中展现老北京的风貌。课程设计以学生讲述为主,中英文同时进行,每个学生要承担两方面的任务,一是翻译,一是个案研究。他指定一本研究城市的英文著作,要求我们每人翻译一节,希望能拓宽我们的理论视野;个案研究主要是明末清初作家,后来又延伸到现代文学部分。每次上课有两个人发言,一人口译,一人做个案研究报告,然后由陈老师评点。英文著作的名字好像是《文学中的城市》,我们每个人复印了一本,记得里面谈到了波德莱尔,当时我们都读过本雅明的《发达资本主义时期的抒情诗人》,并不觉得难译。加之,陈老师怕英语翻译占用大家太多的时间,要求翻译能够意会即可。难的是个案研究,无例可依。在第一次讨论课中,可能考虑到我是老学生,学术经验会丰富一些,陈老师指定我来做中文报告,我又鼓动硕士师妹李霞一起做报告。

我选讲的作家是林纾,题目是"林纾与北京"。我硕士论文做的是"五四"翻译文学与小说创作,毕业论文发表在《中国比较文学》上。在此基础上,还在原单位申请了一个"现代翻译小说研究"的课题。读博后,在导师商金林老师家看到了全套原版林译小说,就萌发了研究林纾翻译小说的想法。在陈老师课上选讲林纾,也是为了这一研究目的。但是,我对林纾的创作了解甚少,仅局限于现代文学史上提到的短篇小说《荆生》与《妖梦》。阅读其中、长篇小说以及相关材料后,我列出了一个颇为完整的提纲,涉及林纾的散文、小说、绘画等诸多方面。在课堂上,我根据提纲做了发言,之后是李霞发言,她采取的也是这种宏阔的研究方法。陈老师听后很不高兴,我是博士生,他批评的矛头也就主要针对我。

他说:"陈改玲你这样面面俱到,关于林纾散文方面的,王风会给你挑毛病,关于林纾绘画方面葛非会给你提出批评(这两位都是他的博士生,王风刚毕业留校)。你提纲中可以做的就是'菜市口与陶然亭',可以思考一下林纾或其他文人是怎么写菜市口与陶然亭的。"又说:"你可能当老师时间长了,总想给出一个解释";还说:"是不是你硕士毕业后教了几年当代文学的课,轻易就下起结论来?"然后又谈起做文章之道来,他说:"一个人能否写文章,从文章的开头几句就能看出来。诸位都是北大学生,比起其他学校的学生,容易发表文章,不管你们的文章写得怎么样,老师都会帮你们推荐发表。对此,你们自己要清醒。"之后,他又说今天可能对这两个学生批评得严重了点……。

我当时就懵了,整个课堂寂静无声。那是下午的课,地点在五院一楼现代文学教研室,我不知道自己是怎么走出五院,怎么去吃晚饭的,又是怎么回到宿舍的。直到第二天下午,我在宿舍楼下面的停车棚里怎么也找不到自行车,才猛然想起头天晚饭时把它忘在学一食堂前了,待我再赶到学一食堂门口时,自行车早就无影无踪了。

这次批评对我改变很大。我读博士时37岁,已做了三年的副教授,女儿也读小学了,年龄、资历和家庭压力,逼迫我必须学好,否则,面子上过不去,也对不起家人。入学后,我几乎把所有的精力和时间都用在学习上,心弦绷得紧紧的。陈老师的批评使我极度痛苦,我认真反思自己的问题,还找邵燕君、魏泉等上届博士生帮我分析。为了安慰我,邵请我吃饭,说她的同屋一旦被导师批评,也是请她抚慰,看了我的提纲,她也说框架太大了。除了魏泉和邵燕君,我又就这个问题请教已毕业的博士师兄,那几天,我就像祥林嫂一样,诉说着自己的感受。渐渐地,我有了变化,虽然对自己的问题还不太清楚,但心态有了改变,我能够松弛下来了,周末该看电影就看电影,该听音乐会就听音乐会,有聚会就参加聚会。表面看来,我好像不用功学习了,其实,我是恢复了平常心,不再急于求成,能够按部就班地学习了。

(二)

博士二年级第一学期,我们开题答辩。除了要交开题报告外,还要交论文中的一节。我把毕业论文的题目定为"现代文学在五十年代",题目仍然很宏大,包括现代作品出版、文学史研究,以及电影改编等三个部分,提交的论文是《五十年代对已故革命作家的修改》。开题答辩的程序是学生自我陈述后,老师们提看法,谈评价。在我陈述之后,孙玉石老师说:"以前听说你要做的是五十年代现代作品的修改,拿到开题报告后觉得很不一样。"我说我原来是想做现代作品修改的,在收集资料时又扩展到现代作品在五十年代传播的其他方面,就暂且改为现在这个样子了。我还颇为自得地说我给老师们提交的论文很不成熟,我想我暴露得越多,从老师那儿得到的建议就越多。

听了我的话后,孙老师不再说什么了。坐在孙老师身边的方锡德老师却劈头来了一句:"不说了,说了也不听!"气氛陡然紧张,大家都有点吃惊。方老师稍微停顿了一下,又说暑假里我曾经到他家征求过他的意见,却没有按他的建议去做。继而,针对我的论文题目,他开始质疑:"现代文学在五十年代,在五十年代的什么? 是传播,还是接受? 这里的现代文学指的是什么? 是作品? 还是作家? 总之,对象不明确,问题不清晰。"可能怕我对这样的批评承受不了,我硕士时的导师温儒敏老师圆场道:"陈改玲家出了大事,她姐姐出了车祸。"听了他的话,主持人陈平原老师感叹了一句:"我们的学生不是自己有事,就是家里有事。""自己有事"指的是陈均,他是孙玉石老师的关门弟子,开题答辩前还在校医院住院,人很虚弱,从校医院到中文系所在地五院也就几百米的距离他都走不动,还是被人用自行车驮过来的。

开题之后,方老师给商老师打电话,解释他批评我的原因。他说孙老师快要退休了,孙老师第一个发言应该让他多说话,可他还没说几句就被我打断了。又说我暑假期间曾陪同几个博士毕业生到他家里话别,询问过他对我论文选题的看法,当时,对于他的建议我也曾反驳过,以致其他同学都看不过去了。孙老师和方老师都是我敬重的老师,读硕士时,我就选修过他们的课。那时候硕士生较少,我们那届现代文学硕士只有三人,我、杨颖和杨志勇,杨颖的导师是孙庆生教授,杨志勇的导师是唐沉教授。当时,孙玉石老师是系主任,他给研究生开了一门课"现代诗阐释学",我得了 85 分。这门课已经开了几届了,后来由他和学生作业构成的《中国现代诗导读(1917—1938)》出版了,还送给我们研究生每人一本作纪念。方老师当时正主编《中国二十世纪文学研究论著提要》一书，他曾几次到研究生宿舍找我们撰写提要，我和同学也曾到他家闲聊过。读博期间，我仍然喜欢和老师们交流，喜欢辩解，但是心态极为焦灼和浮躁，渴望自我证明，渴望得到老师们的肯定，但又缺乏老师们反复强调的那种"板凳甘坐十年冷"的精神。

我读博士期间，学术界召开了一系列有关"史料与现代文学"的会议，倡导"史料的新发现，文学史的重审视"，我周围的研究生大多做报刊研究，全部从史料做起。我本来要做五十年代现代文学作品修改的，后来听说武汉大学有位博士金宏宇做了当代长篇小说的修改，就想改做选集修改。但是，在摸材料的过程中，发现五十年代不仅出版了新中国第一套现代文学选集"新文学选集"，人民文学出版社也出版了一些选集。按照商老师的要求，在查找史料的同时，我试着对校了一些选集，发现已故革命作家的选集在出版时，也有很多修改。我把论文进展情况告诉方老师后，他说就专门研究"新文学选集"吧。那时，我仍然没有领悟论文要小题大做的道理，觉得仅研究一套丛书似乎选题有点小，但要研究两套丛书，尤其是对人民文学出版社出版的现代文学选集，学术界知之甚少，想到全要靠自己去摸索梳理史料，我的畏难情绪相当大。于是，一听方老师建议我研究"新文学选集"，立马就说："这两套丛书中都有已故革命作家的选集，把它们进行对比分析，会涉及不同年代的历史背景，我就做五十年代已故革命作家选集的修改吧"，语气颇为急切，像是反驳一样，难怪方老师和同去拜访他的其他同学都要诧异了。

（三）

新世纪初，我读博士时，温儒敏老师任北大中文系主任。他在接受台湾地区记者的访谈时说，北大中文系师生感情很好，老师们往往把研究生当作自己孩子一样管教。的确如此，老师们打量一个学生，不仅要看他的学问做得怎么样，还要看他的为人处世，言谈举止。如果哪个老师的学生出了问题，其他老师在公开批评这个学生后，还会在私下里请导师好好管教或者安慰这个学生。其实，即便是没有其他老师的提醒，导师也会针对你在公开场合的行为继续敲打你的。

读博士期间，批评我最多的还是商金林老师。商老师以温和著称，但批起弟子来不仅用语尖锐，还时常把行事与作文相连，他欣赏你的某种做法时会说"你写文章时若也这么聪明就好了"，对你的某种做法有看法时，他又会说"难怪你文章写得疙疙瘩瘩"。这样的敲打实在太多，很快，我就习以为常了。那时候，我不仅自己挨批，还陪师弟师妹们挨批，师弟师妹们去和他谈论文都爱拉上我,当商老师把他们批得痛哭流涕时我负责安慰,并帮他们消化老师的建议,同时我也站在师弟师妹的立场与老师争辩,为他们辩护。但是,尽管挨批较多,也习惯了他的批评,可我还是害怕被其他老师批评后,他那跟踪追击式的深入批评,那感觉真的很糟糕。

在此,仅举资格考试为例。资格考试一般是在博士一年级的下学期进行,老师们主要围绕必读书目提问。只有通过资格考试了,我们才能考虑论文选题。必读书目涵盖了古代文学、比较文学、哲学、史学等学科的二十来本经典著作,新生一入校,老师就把书目发给我们,让我们自修。我们那一届除我之外,还有蔡可、胡慧翼(师从温儒敏老师)、杨早、凌云岚(师从陈平原老师)、陈均(师从孙玉石老师)等其他五位博士生,我们六人按抓阄顺序依次进去面试。我已记不清楚自己是第几个进去的,也记不清楚都抽到什么题目了,只记得是在回答一道可能是孙玉石老师出的题目时,我看了一眼题目就说起来,说了一会儿,就听孙老师说我连题目都没看清楚就开始回答了,接着他问我鲁迅写的一篇关于酒与药的文章名字叫什么,我竟回答不出完整的名字来。

资格考试结束后,我送商老师回他蔚秀园的家,他边走边对我开批,主要批我的言行方式。集中有二:其一是我不该喝水。那天资格考试时,担任记录的秘书是我下一届博士生杨天舒,她可能看我年龄较大,在给老师们倒水时给我也倒了一杯,我在答题的间隙喝了水。商老师说就那几分钟的回答,你至于要喝水吗?当时我有点诧异,以后渐渐明白了,在答辩场合,喝水似乎是老师们的特权,作为考试对象的学生除了紧张招架以外,哪有工夫喝水!其实,喝水本身倒也不是坏了师生之间应有的规矩,可能是传递出对考试不在乎的信息。其二又是我"滔滔不绝"的说话方式。对于我这样的说话方式,商老师已经批评过多次。他说平常你说话就快,还爱抢话,不等别人把话说完就说。你要知道你现在打交道的都是高级知识分子,是学者,他们往往话中有话,你却自作聪明,总以为别人一开口你就明白他们的意思,不等别人说完你就接腔。他虽然没用"没教养"这个词语,但意思已经很清楚了。其实,当时听到孙老师问我鲁迅撰写的与药和酒相关的文章题目,我就意识到他可能是借此提问来批评我基本功不扎实。之后,又经商老师这种"痛打落水狗"似的跟踪追击,想到自己在老师和其他同学心目中可能就是一个"夸夸其谈"、目无师长的形象,顿感无地自容。那时,我有一个强烈的想法就是"以后我再也没脸见这些老师了"。

也许是"知耻近乎勇"吧,几次公开场合的挨批之后,加之商老师持续不断的敲打,我的言行方式和论义写作都有了大的改变。在预答辩和毕业论文答辩中,我的论文都得到了老师们的肯定,预答辩时方锡德老师说我的论文比起开题答辩有了质的飞跃,毕业论文答辩时孙玉石老师是答辩主席,他说"陈改玲身上最令人感动的就是竭力要把论文写好的那股精神"。

2006 年 7 月,博士毕业一年后,我的论文书稿在人民文学出版社出版,在后记中我有如下一段文字:

> 北大中文系现代文学专业的开题、预答辩、匿名评审和答辩之"严"是出了名的。校内同专业的研究生不仅都会到场受教育,周边院校的研究生有时也到场聆听。"会诊"时,老师们既寻"病源",又开"药方",根据你的论文程度,不断提出新的要求,有时为了把学生从某个观念中"扭"过来,他们会"当头棒喝",让你惊醒。

> 读博期间,我们那批博士生常常把挨批称作"挨骂",其实,与"挨骂"相比,"鞭策"这个词语可能更为形象。当时被老师批评、否定,甚至是全盘否定后,曾经非常痛苦,也痛感委屈过,但是,再次进入写作时,我们都会尽力消化老师们的建议。渐渐地,我们把老师的要求内化为自己的标准,开始用老师的眼光来看待问题,慢慢地,我们告别了浮躁和空论,开始以"论从史出""小题大做"来自我要求,养成了反复修改论文,自我否定的习惯并日渐显示出与老师们相似的某种风格来——就像一棵被老师们剪去了多余枝杈,只得集中力量向主干上发展的树!也许在学术森林里,我们还都是一些小树,但是,我们也在以自己的方式认真而努力地成长着。为此,我们要感谢那些为了学术的薪火相传,不惜扮演"恶魔"角色来"修剪"我们的老师们!

(陈改玲　浙江理工大学史量才新闻与传播学院　邮政编码 311121)

短诗一束

金丽娜

日　子

今晨他醒来的时候
身边躺着两条河
一条叫青春,一条叫暮年
渔人的船漂在老人河上
渔人的妻子在河底
一边是突来骤雨,一边是阳光
他们没有船桨

一个人,一条狗,
一张长长的瘦椅
一双疲倦的鞋
风带走了他的头发和叹息
他没有妻子,河水无声,草地张皇
世人不懂他的眼睛
他说他看到渔人拖拽着辛苦的步伐上岸
撑起一根竹竿
作为明天的桨

(2019. 3. 13)

夜雨寄南

吃一口寒冷的春风

就暂且与白猿告别
坐两百公里的长途汽车
做三个小时摇摆的梦
沉船的残骸
静默在两万英尺之下
有些咸味源远流长
而有些随着海风
成为不解之谜

因此有些错误的决定飞上云端
抵扣了今晚理想的晚餐
也有些不该发生的悲哀
将在不久后得到偿还

（2019.3.31）

孤独者的示爱

我感到彷徨
仅仅这一刻

无关乎雨
无关昼夜
我说过的
无关一切

但是我彷徨
关于一些隐现的快意
关于一些沉默的恩仇
就像今天
彷徨属于我也不属于我

（2017.4.2）

致 歉 书

我在你的眼中

看到了我自己

和一个水汪汪的世界

在这个问题上

我一直规避

你是枕套上的一朵花

唯我忍心彻夜闭眼

选择睡眠

对你的美丽置若罔闻

原谅我们的不配套

谢谢你在黑夜

仍然爱一个诗人

(2016.10.7)

过完今天

过完今天

我们就做一对

像秃树干一样的伴侣

没有谁,浇灌

我们手牵着手

在很高的天空

只有麻雀偶尔造访

为我们拔去一些白头发

(2016.8.1)

春天叙事

车门打开的一刻

我同春天一起来到

春拂万物

我来看我的哥哥

暗地下的泥土重见天日

命运交替永生永世的咒语

空气中涨满了思念的果实

春的手在湖面三寸以上停止
哥哥挥锄一声令下
所有的白色梅花含羞待放
这时候我没有任何不适
哥哥在高高的丝瓜藤后
不停地朝我挥手

(2017.2.26)

（金丽娜　浙江工商大学人文与传播学院　邮编 310018）

花镜(外五首)

盛 栩 莹

宝珠茶吹落粉色曼陀罗，
一只鸟飞离一棵失落的鹅掌楸。

"枝干交加，叶似木樨，阔厚而
尖长"①攒簇一个低垂的苏杭。
他说：只要冬一来，
人们便不会无花可谈。

"面深绿光滑，背浅绿，
经冬不凋"②只要曲面不迟到，
迅疾的定格也具备美的可能。
塔斯曼海灯台泅灭，位于
时间线另一端，历史终于两全。

更不能忘记的，
是春日负暄高攀屋檐。③
只要季风一走，
山茶还会重新盛开。
"但你知道有限的意义，"他说，
"固结在蕊中的雪粒陨落，
有限的雪粒只在有限的冬夜累积。"

---

① 语出清代陈淏子《花镜》。
② 同上。
③ 语出白先勇《树犹如此》。

你听陨落在河岸的星，
星星从不累积，
玛格丽特不会回来。

贪暖的人席枕在新时代火炉旁，
围观着亚洲大陆燃烧的盛况。
暗影中窗台凛然栾树栗栗有声
房屋鳞鳞拥护着不洁的文明
只要风一来，
天空便飘起灰烬。

（2018/12/14）

七月九日答友人
——给 L

像夏天的风一样清澈、一样是蓝，
一样是边界清晰。理性的热情。
像海浪第一次到达干燥的
沙滩，想象关于海洋——
茫茫的生命，茫茫的古老一个个死去，
而海洋迟迟来，迟迟不来。
来了是玻璃碎片，
绿色、廉价又危险；
来了又不是茫茫的你。

她的来去，带有自身所固定的言语，
让你听懂，让你以为她就是你。
来了是她，来了是自己不朽，
痕迹多么荒诞，多么不易忘记。

你看见她迟迟来，迟迟不来。
不来后身影也神秘，如：
蓝的风，凉的海。
无事的人蹲在原地，

排好队等待黑夜降临。

然后将她怀念，怀念荒谬的她
来去无踪迹。
我怀念你，
在你来之前，在我远去；
归途有如来路漫长。

而我依然将你怀念——
像沙滩怀念海，
清澈怀念蓝。

（2017/07/09）

池　　鱼

（一）

池鱼主义者唱着悲歌，
浅浅银河相隔。

那头，固执、疲倦，
依旧是穿过层层水流将我注视的
伤痕累累的远行。
你依旧，如此生长，
衰老或不衰老听凭风的讯息；
你依旧，如此善变，
如此不平安下自己的心。

是光谋害了你；
是光将每一个往来面孔变成知己。
不反应，每一片诚实或不诚实的树影；
不衬托，每一笔绽透或不绽透的辛夷。
将每一时，讳莫如深的记忆
迭入身体，

在夜晚回归自己,指向地心。

池鱼主义者唱着悲歌,
是光谋害了你。

你仍记得、深渊里,鱼群;
将所有悲剧、托付于梦境——
鱼群!
是没有梦的梦的背脊。
一个个背脊迁移,
搅乱了池水的心绪,
却带不走星星;
星星带走光明。

池鱼主义者唱着悲歌,
是光谋害了你。
他们逃离,
像一只年老的昆虫苦苦逃避
干燥的、乞拉朋齐的眼睛。

（二）

灯火映在池水里
一闪一闪
变成了星星

星星映在银河里
远近明灭
变成了你

(2017/03/02)

恋爱者阿囡

区别也许就是快乐的症结
你说着将晚饭的每一颗米粒

划成不对等的两半
任何不均匀而且表皮破损的事物
全都无法独立成活
你说着把盘子另一边也吃完
我们必须要将相遇和重聚对立
不然白色桌布究竟在等待谁
我们必须洞察一只地瓜
寡淡的私心呜啦啦呜啦啦
这样可能就没有必要吃掉它

你吃饱了吗如果你吃饱了的话
那么我们一起离开这里吧
让我们一起离开然后走完
一条枯燥的街或者妇人的长舌
让我们牵起手同时也牵起
店铺来不及编织完的白昼
我不和你谈论目之所及的问题
两只刺猬坐在云朵上碰杯
周日的节庆就这样光滑地破碎

上午我从一摊葡萄汁里醒来
英国梨牵着小苍兰在耳边走失
你经过这场新闻
是我的理想的美妙的织着白昼的
是神

亲爱的你看见我了吗
夏天满手荆棘披就遍身蝉噪
留在院前擦着伤口的雷鸣
台阶洒扫如新镜

亲爱的你看见我了吗
你看见我拖走夏天的尸体
仔细梳洗和冰冻好所有云朵作为

为你洗尘的说明

(2018/04/15)

八　月

我与八月分隔，
也正好一条河的距离；
我在河岸，八月在河底。

河水终日放歌，
歌声一半沉入水底，一半织入白云；
白云以梦为边际，将影投入河水里。
这是云的影，也是河水的身形。

这世上的河水少有身形，
更不必说：梦、美丽。
我于是贪看——
一只溪鬼由晦转入明，

千万只溪鬼歌唱，
河水中流沙漫溢。
此刻八月在河岸也变得不清晰；
我嚼着河底的冷泥。

(2018/08/17)

此　地

人群在广场上集聚，
彼此遥遥相望，吞吐同一片潮热的空气。
他们看到：山岭在山岭之外远移，
平静的面目令人安心。

我仍然不可避免地与人群产生关联：
丁香花菜、米酒和盐；

我仍然一丝不苟地享用生活，
好像素白的月被群星绑架在夜空，
久久凝望的是，
愁苦而不解的面。

我徒步陟山岭，寻找一个边际；
寻找一个边际将自己掷进去，
掷进去跌落哭泣的谷地，
延广它的宽度，滋长它的生息。

我徒步陟山岭：此地
此地日行行而月疾驰：山岭

（2017/09/14）

（盛栩莹　浙江工商大学人文与传播学院　邮编310018）

编后记

年初,浙江工商大学正式下文,成立"浙江工商大学中国文史研究院",挂靠人文与传播学院。基本队伍包括兼职特聘教授和学院内一些文史研究人员。学校里的研究院很不少,在以财经专业为主的大学里,这个新研究院静悄悄地诞生,一点都不显山露水,普通得不能再普通。这倒是人文学科的常态。在我的眼里,人文学科是相对好静,不爱热闹,不喜欢赶浪潮的。

挂出了招牌,总得做点事。经过一段时间的寻觅、筹划与协商,决定先出一本成果集,取名"江南文史纵横"。学校这一类的研究院多数是不拨经费的,得自己找"粮食"。幸得旧日学生周华君的好友张先生主持的浙江天启教育咨询有限公司慷慨资助,以及浙江工商大学出版社的大力支持,使得这一设想得以成功落地。

因为学校坐落在杭州,作者队伍中的多数也来自杭州及周边地区,话题及氛围也多带上一点江南烟雨的风味。如此而已吧,书名并无其他深意。

编辑队伍都来自本学院,各自凭自己的学缘与人脉去约稿。本院兼职特聘教授周武先生慷慨赐稿,使得《江南文史纵横》一诞生就踏在了坚硬的理论基石上。

其他编辑约来的稿子也都各有千秋,精彩纷呈。有兴趣的读者一读便知。

为给青年学子提供练笔的机会,《江南文史纵横》特辟了相应的专栏,展示他们苦吟而成的各式习作。有人的地方就有文心诗笔,而这种心与笔如果长期得不到哺育和浇灌,也同样容易淹没在碌碌风尘中。故《江南文史纵横》有意发现新人,奖掖后进。从这些习作当中,无论是论文还是创作,均可见证江南文心的汩汩涌动、川流不息。

"江南文苑"也是编者的一点小小心意。如今的文史论文要写得文质彬彬或文采斐然,都委实不易。那么在读论文的间歇,读点叙事抒情想象性的文字,或者也可以让我们耳目一新?具体实现得怎样,当然需要仰赖作者们的生花妙笔。

　　《江南文史纵横》没有什么宏伟计划或远大抱负，只是文史著作队伍里的一株小小幼苗吧。今后如何成长，以及成长得怎样，土壤、气候，天时地利人和，缺一不可。当然，能借着这个小小园地，编者、作者及读者之间以文会友、抱团取暖，亦属一桩不失风雅的好事儿。所以临末要衷心感谢本书的资助者，以及全体作者、编委和出版社责编王耀君。

　　编完顺手写上几句话，权当后记。

编者

2019 年 11 月